法治中国

从上海世博会到进博会的探索实践

周汉民　主　编
邱一川　张圣滢　副主编

上海人民出版社

本书编写组成员：李　帅　黄　骅　朱秋沅
储欣颖　丁羽佳　刘　磊

目 录 CONTENTS

主编序

上海世博会作为一百多年世博史上首次在发展中国家举办的盛会，是我国改革开放再出发的一大动力；进博会作为唯一一个由国家主办的以进口为主题的博览会，更加坚定了全球对中国在开放道路上继续前行的信心，两者都是中国与世界进一步融合的重要标志。从上海世博会到进博会，世界关注着中国，中国亦拥抱着世界。

作为全程参与了上海世博会申办、筹办、举办的亲历者，我有幸实现了一个知识分子最大的理想——零距离为国家服务，并且深切感受到了我国经济社会的快速发展，特别是法治建设的全面进步。世博会的筹办就是以法治为先导，我们将筹办世博会的各项工作纳入《国际展览会公约》和国际展览局相关规则的框架之下。犹记得，申博成功后，最大的一项挑战就是按时完成并由国际展览局全体会议顺利通过《注册报告》，这是举办世博会必经的法律程序。我和我的同事们，夜以继日研究国际法和相关规则，反复推敲、拾遗补阙，一个一个盲点去攻克，编制了上海世博会的《注册报告》《一般规章》《特殊规章》等法律文件，在我国现行立法与实践基础上实现了与办博国际规则和国际惯例相衔接，最终获得了国际展览局全体会议史无前例的一次性通过，中国人民举办了一场堂堂正正、举世瞩目的世博会，这些都是我至今难以忘怀的。同样，进博会也在法治方面作了许多努力，我连续六年赴进博会调研，深入了解我们如何将坚持中国特色和遵循国际惯例相结合，以及在地方立法方面开展的开创性探索。

我常常思考，在融入世界的进程中，什么才是主轴？毫无疑问，那就是法治。高水平开放离不开法治保障，要在法治轨道上“试、闯、改”，当人们称赞一个国家的时候，能够用“依法办事”来形容，我认为是很高的褒奖。立法先行，是高质量发展的基石，这也是我创作此书的一个初衷，想要尝试将从上海世博会到进博会的我国法治化的进程和探索实践加以总结梳理，把自己亲身感受的东西，真诚、真实地表达出来，把有意义的内容，永恒地保存下来，留待历史检验。

在与国际规则衔接的时候，我们不是要“凑热闹”，而是要“看门道”，真正了解与世界存在哪些差距，找到努力的方向，找到更多的合作空间，把我国对外开放提高到新水平。如果本书能够在这些方面给人以启示和思考，能够将自己力所能及的贡献化为涓涓细流，汇入人民不断奋斗的江海，与有荣焉。

本书的编写过程中，我得到厦门大学法学院陈安教授的热情鼓励和帮助。近年来他十余次催促我要对从上海世博会到进博会的历史进程进行总结，我们需要有全面总结上海世博会和进博会对我国涉外法治的推动和贡献的专门著述。我与几位志同道合者一起努力，几易其稿，最终完成，希望能做到承前辈之宏愿、励后人以图新。

非凡二十年，轻舟已过万重山。从上海世博会到进博会，中国一次次书写辉煌，在越过“万重山”后，我国涉外法治一定会有更大发展！

周汉民

第一章　改革开放以来我国涉外经贸法治的发展演进

中国多年来风起云涌的改革开放历程，既创造了令人瞩目的辉煌成就，也克服了无数的艰辛和挑战。改革开放不仅回应了中国人民对美好生活的向往和追求，也符合中国与世界发展相融合的时代趋势。我国涉外经贸法治的发展离不开改革开放提供的政策保障，涉外经贸法律制度的建立也为外资提供了稳定可预期的营商环境，助力当时主动寻求变革的中国加速向外发展，进一步拥抱世界、与国际接轨。

从我国涉外经贸法治的发展历程来看，总体可以分为三个阶段：1978年至2000年是改革开放初期的初步建设阶段，2001年至2011年是我国入世后逐步成熟的稳定发展阶段，2012年至今是我国涉外经贸法治在新时代的转型创新阶段。

第一节　改革开放初期：涉外经贸法治的初步建设

1978年至2000年，在我国不断加快的改革开放步伐中，中国对外贸易的总量和结构持续优化，利用外资的规模和质量逐步提高，中国的国际经济合作和竞争的能力与水平也不断提升。在改革开放初期中国所进行的改革和开放在很大程度上是自主的改革和开放、自觉的改革和开放、摸索前进的改革和开放。[1]在这一过程中，涉外经贸法治建设起到了重要的支撑和保障作用。改革开放初期，中国面临着国内建设资金不足、技术落后、市场经济体制不完善等问题，为了实现四个现代化的奋斗目标，中国决定大力开放对外经济，吸引外资、引进技术、扩大出口、参与国际竞争。为了适应对外开放的需要，我国不断建立健全涉外经贸法律制度，为外商来华投资经营创造一个良好的法律环境。改革开放不仅深刻改变了中国的经济社会发展，也深刻影响了中国的涉外经贸法治建设。不断完善的涉外经贸法律制度，为我国对外开放提供了坚实的法治支持，进而推动了国内外法治的共同进步。

一、我国涉外经贸法治构建的背景和条件

1. 政策环境

计划经济体制下中国高度垄断的对外贸易制度在国内经济快速发展的阶段中，已无法适应中国亟须对外开放的新趋势，零散不成体系的涉外经贸法律制度也无法为中国贸易走向世界提供制度保障，在此背景下的改革开放成为中国涉外经贸法治发展的坚强政治保证和正确方向。邓小平指出："就要尊重社会经济发展规律，搞两个开放，一个对外开放，一个对内开放。"对外开放是改革开放的重要内容和手段，也是推动社会主义现代化建设的必然要求。为了吸引外资、促进对外贸易、参与国际合作、学习先进经验，中国必须建立符合国际惯例、适应市场经济的涉外经贸法律制度。

改革开放初期，我国涉外经贸管理体制的建设尚处于初步探索与尝试中，从完全封闭、半封闭向相对调整状态过渡。我国政府出台了一系列鼓励和保护外商投资、促进对外贸易发展的政策措施，为涉外经贸法治的建设提供了有力的支撑。1984 年 10 月，党的十二届三中全会通过《中共中央关于经济体制改革的决定》，提出我国的社会主义经济是有计划的商品经济，明

---

① 周汉民：《以入世为契机加快中国外贸体制的改革》，载《世界贸易组织动态与研究》2000 年第 4 期。

确提出对外贸易体制改革的基本原则：政企职责分开、经贸部专门管理；外贸经营实行代理制；工贸结合，技贸结合，进出结合，简化外贸计划内容、推行出口承包经营责任制。此后的中国开始了对经济体制的改革，逐步走向社会主义市场经济。1985 年 4 月我国开始实行出口退税政策，有力支持外贸高速增长，对外贸易中指令性计划范围明显缩小。

1986 年 10 月国务院发布了《关于鼓励外商投资的规定》，在税收、信贷、进出口等方面给予外商投资企业优惠待遇。1992 年 10 月中共第十四次全国代表大会召开，第一次明确提出建立社会主义市场经济体制目标。1996 年 3 月国务院下发《关于经济特区企业进出口经营权问题的批复》，规定五个经济特区的企业申请进出口经营权试行自动登记制，中国的进出口经营权自此从许可制开始向登记制过渡。1997 年 9 月中共第十五次全国代表大会进一步明确了以公有制为主体、多种所有制共同发展的基本经济制度，指出非公有制经济是社会主义市场经济的有机组成部分，解决了对外贸易体制改革中的所有制问题。1998 年 4 月，中共中央、国务院发布了《关于进一步扩大对外开放，提高利用外资水平的若干意见》，全面阐述了利用外资在对外开放中的重要意义，提出"更多更好地利用外资，促进国民经济持续快速健康发展和社会全面进步"的指导思想。20 世纪 90 年代实施的"大通关"、外贸发展基金、招商引资系列措施①，形成了系统的开放型经济的政策支持体系。随着经济体制的改革和"复关"进程的推进，对中国涉外经贸法律制度的建设提出了更高要求。1986 年 7 月 10 日，我国正式提出"复关"申请，围绕《关于加快和深化对外贸易体制改革若干问题的规定》，建立以外汇、税收为主要杠杆的调节体系，推动外贸企业实行自负盈亏的改革。

自改革开放以来，我国坚持贯彻对外开放的基本国策，持续、稳妥地扩大对外开放。我国对高度集中的经营体制进行改革、下放外贸经营权，实行

① 参见王子先主编：《中国对外开放与对外经贸 30 年》，经济管理出版社 2008 年版。

指令性计划、指导性计划和市场调节相结合，实行进出口管理许可证制度，建立外贸经营权审批制度，授予有条件的企业外贸经营权，壮大外贸队伍，探索促进工贸结合的途径；采取鼓励出口政策，实行外贸减亏增盈分成制度和地区差别的外汇分成制度，积极改革对外经贸管理体制，我国的涉外经贸法治建设也达到崭新的高度。

2. 市场需求

自改革开放以来，中国国内市场需求发生了巨大的变化。一方面，随着经济体制改革的深入，国内计划经济逐步向社会主义市场经济转型，商品流通和价格机制逐步放开，市场竞争和消费者主权日益增强，这都对涉外经贸法治提出了更高的要求；另一方面，随着国民收入水平的提高，国内消费结构和消费方式发生了显著的变化，对国外商品和服务的需求不断增加，对涉外经贸法治建设提出了更多的挑战。中国社会发生了深刻的变化，人民思想观念和生活方式都有了很大的更新。人民对于改善生活水平、提高消费水平、享受多样化服务等有了更高的期待和需求。同时，人民也对维护自身合法权益、参与社会管理、监督公共事务等有了更强的意识和能力。这些都要求中国涉外经贸法治能够保障人民群众在涉外经济活动中的合法权益，满足人民群众在涉外经济活动中的多元化需求。

此外，国际市场需求也发生了巨大变化。20 世纪 70 年代末，国际经济环境发生变化，不少发达国家出现产能过剩的情况，大量资本和技术需要寻找新的投资对象，这为中国承接国际产业转移、吸引外资提供了机会。随着对外开放的扩大和深化，中国对外贸易规模和结构不断扩大和优化，对外投资领域和水平不断拓展和提高，世界经济一体化和区域经济合作的趋势日益明显，国际贸易规则和标准不断更新和完善，对我国参与国际分工和竞争提出了更高的要求，也对涉外经贸法治提出了更高的要求。我国原有的封闭半封闭的对外开放政策和对外贸易体制已经不能适应这种变化，已出现市场萎缩、竞争处于劣势、发展滞后等问题。因此，为了满足国内外市场需求，促进经济社会发展，必须进行对外贸易体制改革，打破原有的束缚和障碍，完善符合市场经济规律和国际惯例的涉外经贸法治体系。为了适应世界多极化、经济全球化、区域一体化的发展趋势，我国需要进一步积极参与国际经济规则的制定和完善，维护国家利益和发展空间，促进建成自由、公平、开放、有序的国际贸易体系。

3. 国际环境

“冷战”结束后，世界格局发生了深刻变化，国际关系趋于缓和，国际合作空间扩大。经济全球化加速发展，国际市场竞争日趋激烈，国际规则不断完善。这些都为中国参与国际分工与合作、融入世界经济提供了难得机遇。新兴工业化国家和发展中国家的经济实力不断增强，世界经济格局出现多极化趋势，国际经济合作和竞争日益激烈，国际贸易规模和范围不断扩大，国际贸易体制和秩序不断完善和发展。这些变化为我国参与国际分工和竞争，拓展对外贸易空间和渠道，提高对外贸易水平和地位提供了有利条件。例如，我国于 1971 年恢复了在联合国的合法席位，于 1978 年恢复了在世界银行、国际货币基金组织等国际金融机构的会员资格，于 1986 年申请恢复关贸总协定缔约国地位，于 1991 年加入亚太经合组织等多边、双边以及区域性经济合作组织。我国在国际社会中逐步树立了良好的形象，在各领域建立了广泛而深入的交流合作关系。这些都进一步要求中国在涉外经贸法治建设方面必须与国际接轨，灵活适应国际经贸环境的演变。

一方面，在加入世界贸易组织(WTO)之前，中国需要遵守《关税与贸易总协定》(GATT)等多边或双边协定所规定的原则和规则；另一方面，在加入 WTO 之后，中国需要履行入世承诺，在涉及市场准入、服务贸易、知识产权等问题时按照 WTO 规则进行调整或改革。与此同时，中国积极开展国际合作，在引进外资方面，中国与发达国家或地区签订了双边投资协定(BIT)，以保护投资者权益、促进投资流动；与一些发展中国家或地区签订了优惠贸易协定(PTA)，以享受关税优惠或其他优惠条件；与一些邻近国家或地区签订了自由贸易协定(FTA)，以实现货物、服务和投资自由流动等。在参与对外贸易方面，中国加入了亚太经合组织(APEC)、亚欧会议

(ASEM)、金砖国家(BRICS)等多边机制,在区域合作框架下推动互联互通、共同发展等议题,这些都要求中国在涉外经贸法治建设上增强协调性和兼容性。

二、改革开放初期我国涉外经贸基本法律制度

改革开放前的中国经济面临着严峻的困难和挑战,如资金短缺、技术落后、市场狭窄、效率低下等。为了解决这些问题,中国需要利用外资来弥补国内建设资金不足、引进先进技术和管理经验、拓展国内外市场、提高生产效率和产品质量等。1978 年 12 月召开的党的十一届三中全会确立了中国全面实行"对内改革,对外开放"政策,自此中国的涉外法治建设进入了一个崭新的阶段,以更加包容开放、大胆实践的姿态向全世界展开怀抱,在这一阶段涉外经贸立法的主要目的是解决对外开放、外商投资的体制障碍,为吸引外资营造良好的法治环境。因此,中国需要建立一套有利于利用外资和发展对外贸易的涉外经贸法律制度。在这一阶段,以"外资三法"① 以及 1994 年生效的《对外贸易法》为核心,一系列涉及进出口贸易和商品、涉外税收、外汇信贷、海关、对外运输和保险等外贸配套法律制度先后出台,为中国经济长足发展打下坚实基础。

1. 关于涉外经贸法律制度

在改革开放的进程中,中国的涉外经贸法律意识也发生了显著变化,逐渐强调从管制转变为积极参与国际经贸活动。中国的对外贸易制度也从过去的国家统治模式逐步向更加开放的方向转变,这一转变促进了涉外经贸法律制度的发展完善,从而更好地适应和推动了中国的对外开放进程。

20 世纪 80 年代初期,中国先后颁布多项改革举措,取消了外贸计划指标,放宽外贸经营权,允许各类企业参与对外贸易,并实行了外汇留成制度,

---

① "外资三法"指《中外合资经营企业法》《外资企业法》《中外合作经营企业法》。

鼓励出口创汇，动摇了新中国成立几十年来形成的对外贸易垄断经营局面，增强了外贸主体的活力和竞争力。1982年，第五届全国人民代表大会第五次会议通过第四部宪法(以下简称"1982年《宪法》")，明确了对外贸易的主权原则及其他指导原则，规定了国务院负责管理外贸的权利。1982年《宪法》为新时期中国的涉外经贸法治的发展和完善提供了基本准则，确立了中国对外开放的宪法基础，自此我国涉外经贸法治建设告别了以内部规定"红头文件"为主的"初步建设"阶段，进入以法律法规公开透明为特征的"基本成型"阶段。①

1992年至2000年，随着国家确立了建设社会主义市场经济目标及依法治国基本方略，一系列外贸立法先后出台，我国对外贸易体系开始成形。1994年1月国务院发布《关于进一步深化对外贸易体制改革的决定》，指出"争取尽快建成比较完善的对外贸易法律体系"。1994年7月1日，《对外贸易法》正式生效。《对外贸易法》是我国对外贸易管理的基本法，为各项立法提供了指导规则，其中大量引用和借鉴了世贸规则，与国际规则逐步接轨。该法共8章44条，分为总则、对外贸易经营者、货物进出口和技术进出口、国际服务贸易、对外贸易秩序、对外贸易促进、法律责任和附则。确立了我国货物、技术贸易自由化和服务贸易逐步自由化的原则，确立国家统一管理对外贸易原则和运用国际通行做法维护国家利益原则。②这是中国管理货物、技术进出口和国际服务贸易的第一部基本法，也是我国整个外贸制度初步建设的核心，规定了对外经营许可证制度、配额关税和海关制度、检验制度、"两反一保"制度③、货物进出口制度等。它进一步规范了中国的对外贸易，突出强调对外贸易的国内秩序以及进口秩序规范④，以保障我国对外贸

---

① 余敏友、王追林:《改革开放30年来我国对外贸易法制的建设与发展》，载《国际贸易》2008年第11期。

② 曹建明、贺小勇:《依法治国与对外经贸立法》，载《世界贸易组织动态与研究》1998年第10期。

③ 两反一保指反倾销、反补贴和保障措施。

④ 曹建明:《中国对外贸易法的发展与改革》，载《法学》1997年第1期。

易的公平竞争和依法经营。

1994年《对外贸易法》的颁布标志着我国涉外经贸发展进入规范化、法治化轨道[①]，也是我国涉外经贸制度与国际接轨的重要标志，到20世纪末，我国基本建立起以《对外贸易法》为核心的对外贸易法律体系。为了保障1994年《对外贸易法》的顺利实施，我国紧接着出台了一系列配套法规以应对实践中的新情况。1997年国务院发布《反倾销和反补贴条例》，使《对外贸易法》中关于反倾销和反补贴的原则得以具体化。此后，国务院于2001年通过《反补贴条例》和《保障措施条例》，标志着中国贸易救济制度进入了实质性运行阶段。

2. 关于外商投资法律制度

改革开放后，中国开始积极制定外商投资领域的法律制度，进一步规范合理利用外资、保护外国投资者的合法权益，同时也反映出中国对外经贸政策的不断深化和市场化改革的不断推进。

这一时期，我国以"外资三法"为代表的一系列外资立法开创了中国涉外经贸体系建设新局面。第五届全国人大第二次全体会议于1979年7月通过并颁发《中外合资经营企业法》，作为新中国成立以来第一部吸收外商投资法律，揭开了中国涉外经贸立法体制建设的序幕。这标志着我国发展国民经济思路的重大转变，标志着我国利用外资政策的制度化和法律化。[②]该法首次从法律层面明确允许外国公司、企业、其他经济组织和个人与中国的公司、企业或其他经济组织共同设立合营企业。该法的颁布奠定了我国吸引外商直接投资的法律基础，也是中国公司企业制度走上法治化的新起点。

在该法颁布之后，国务院自身及相关部委相继出台了一系列配套的行

① 邓敏、王清：《改革开放30年：我国外贸法律法规的回顾与展望》，载《国际贸易问题》2009年第2期。

② 对外贸易经济合作部条约法律司主编：《全国对外经贸系统"四五"普法教材》，法律出版社2002年版，第268页。

政法规、部门规章和规范性文件，涉及劳动、税收、外汇等方面，其中1983年9月20日国务院颁布的《中外合资经营企业实施条例》最为全面、具体地规定了实施操作问题，条例的出台使中外合资经营企业在各方面都有法可依。

1986年4月，第六届全国人大第四次会议通过《外资企业法》。该法规定，外国投资者既可以在中国独立成立外商投资企业，也可以在中国与其他外国投资者联合设立外商投资企业，而不是必须与中国的企业或者其他经济组织联合，体现了我国对外开放程度的不断提高，利用外资水平的不断提高。

1986年10月，国务院发布了《关于鼓励外商投资的规定》，对外商来华投资在各方面给予一系列鼓励。1988年4月，外资领域的第三部重要法律《中外合作经营企业法》由全国人大常委会颁布实施。该法最大的意义在于为外国投资者提供了一种更为灵活的投资方式，投资者之间可以不划分股权比例，而是约定利润分配比例，在一定条件下允许外国投资者先行收回投资。1995年9月4日，原对外经济贸易部以部令形式发布了《中外合作经营企业法实施细则》。

1990年12月原对外经济贸易部发布《外资企业法实施细则》，以保障《外资企业法》的顺利实施。第七届全国人民代表大会又于1991年4月通过《外商投资企业和外国企业所得税法》及其实施细则。一系列外商投资法律法规的颁布在对外资实行普遍优惠政策的同时建立起针对外商直接投资的分级分类管理体系。①“外资三法”等规范我国外商投资的基础性法律，及时填补了外商投资领域的国内空白，扩大了外商投资的领域和方式，增加了外商投资的灵活性和选择性，同时规定了相应的审批程序、管理制度、税收政策等内容，为外商投资提供了更加明确和完善的法律保障，对于优化我国营商环境、促进国民经济发展发挥了至关重要的作用。原对外经济贸易部

---

① 张广婷、王陈无忌：《主动变革、开放包容与制度创新：新中国70年吸引外资的内在逻辑》，载《世界经济研究》2019年第12期。

于1996年9月发布《关于设立中外合资对外贸易公司试点暂行办法》，允许中外合资公司从事对外贸易活动，外贸经营权开始向外资开放。

除了上述法律法规之外，国务院自身及相关部委还颁布了一系列外资方面的行政法规、部门规章和规范性文件，如《外商投资电影院暂行规定》《旅行社管理条例》《外商投资电信企业管理规定》《城市市政公共事业利用外资暂行规定》《外商投资道路运输业管理规定》《外商投资国际货物运输代理企业管理规定》《外商独资船务公司审批管理暂行办法》《合作医疗机构管理暂行办法》《外商投资租赁公司审批管理暂行办法》《关于外商投资设立研发中心有关问题的通知》《金融资产管理公司吸收外资参与资产重组与处置的暂行规定》《音像制品管理条例》《外资保险公司管理条例》《关于设立外商投资创业投资企业的暂行规定》等，主要是对相关行业准入进行了具体规定，一般包括利用外资的形式、对中外各方的资质要求、企业注册资本、股权比例、经营范围等。

3. 关于进出口管理及海关法律制度

自改革开放以来，海关在对外贸易管理中起着至关重要的作用。随着对外开放的深入发展，中国在不断地完善和修改海关法律制度，如《海关法》《进出口关税条例》《进出口税则》《进出口商品检验法》等，使之与国际惯例相适应，保障了国家的海关主权和利益，维护了国际贸易秩序和规则。在这一时期，中国在进出口管理及海关法律制度方面取得了显著的成就。这些成就不仅极大地促进了国内经济的发展和社会的进步，而且也为中国融入世界经济体系和参与国际经济合作奠定了坚实的基础。

各地海关于1980年1月对外贸公司进出口货物实行统一的报关制度，恢复海关征税，同年国务院发布《关于改革海关管理体制的决定》，恢复设立中华人民共和国海关总署。海关确保应收尽收，发挥了积极的财政作用，国家通过关税的征收、减免与税率的调整，运用关税政策杠杆，对宏观经济进行调控。1985年3月国务院颁布新修订的《进出口关税条例》以及《海关进出口税则》，对进出口税款的缴纳和退补以及关税减免、审批、申诉程序进行了详细规定，进一步贯彻了中国对外开放的政策。

1987 年 7 月，《海关法》正式实施，这是新中国成立以来第一部系统规范海关工作的法律文件，充分考虑了海关立法现实需求，规定了海关监管区域、报关手续、查验验放、征税与免税、法律责任等内容，明确海关监督管理进出境货物、运输工具、旅客行李物品等职责。在篇章安排上受到当时立法“宜粗不宜细”的影响，进行了简化，对当时《暂行海关法》条文内容进行缩减，仅作出原则性规定，具体规定则交给行政法规进行明确。该法的实施为中国海关履行监管进出境运输工具、货物和物品、征收关税、查缉走私和编制对外贸易统计等职能提供了必要的法律依据。同年，海关总署发布了《进出口关税条例》。1989 年 2 月中国通过《进出口商品检验法》，同年海关总署发布《海关审定进出口货物完税价格办法》。以《海关法》为核心的海关法律法规体系，对当时的对外贸易的促进发挥了重要作用，为维护国家主权和利益、维护公平竞争秩序提供了法律依据，我国沿着建立社会主义商品经济体制和“复关”所要求的方向，取得了涉外经贸法律法规建设的重要成就。

在进出口管理方面，改革开放后为适应建立社会主义市场经济体制的需要，进出口管理从改革开放前严格的审批制度开始转变，大幅度削减进口配额、放宽非关税措施、放松出口商品许可证管理要求。1992 年 12 月国务院在批转经贸部关于《出口商品管理暂行办法》中，取消了对出口商品的分类管理，大部分商品放开经营。1996 年 10 月《进出口货物检验法》正式实施，这是新中国成立以来第一部专门规范进出口货物检验工作的法律文件，规定了检验机构及其职责、检验方式及其程序、检验结果及其效力等内容，并明确了检验机构应当遵守的原则和担负的责任，为保障进出口货物质量安全提供了法律依据。

4. 关于外汇市场法律制度

随着经济体制改革和对外开放的深入推进，中国对长期以来实行的集中统一管理的外汇管理体制进行了一系列改革，为对外贸易体制改革提供了有效补充，为保障国家财政收入、调节社会分配、促进经济发展和社会公平正义提供了重要的法律保障。

改革开放前，中国的外汇政策高度依附于集中管理体制的行政体系，对外贸易处于高度垄断的背景中，导致了外汇短缺这一突出问题。为了对外贸易收支的平稳发展，我国通过发布一系列条例法规以调整外汇政策。1979年开始，中国开始推广外汇留存办法，对外贸易收支平衡由国家统一调节，外汇留成制度的建立和外汇调剂中心的诞生标志着我国外汇管理体制改革已经开始。1980年12月国务院发布《外汇管理暂行条例》，规定"对外汇实行由国家集中管理、统一经营的方针"，新组建的国家外汇管理局成为外汇政策和外汇交易的主管机关，中国银行继续担负外汇领域中许多政策性功能，同时也逐步走向企业化、商业化的经营模式。①此后中国人民银行发布关于实行外汇留成制度的通知，规定对外贸易企业和其他单位可以按照规定留存一定比例的外汇。这些措施都为进一步扩大对外贸易和吸引外资创造了有利条件。

1985年中国开始进行深层次的经济体制改革，进一步推进对外开放。1985年10月国务院发布《关于进一步深化经济体制改革若干问题的决定》，提出要逐步建立统一、开放、竞争、有序的商品和要素市场。随后国务院接着发布《关于进一步深化经济体制改革若干问题的补充意见》，提出要在全国范围内实行"双轨制"，即在保持原有计划管理体系不变的基础上，允许部分商品和要素在市场上自由流通和定价。这一改革涉及外汇领域，即在保持原有外汇调节制度不变的基础上，允许部分外汇在市场上自由买卖和兑换。1986年4月国务院批准了中国人民银行关于在部分地区试办个人自由兑换外汇业务的方案。同年7月1日，在北京、上海、广州、深圳等14个城市开办了个人自由兑换外汇业务，这标志着中国开始形成计划汇率与市场汇率并存的"双轨制"。1994年开始我国在汇率并轨和结售汇制的基础上，建立起银行间外汇市场，实行了以市场供求为基础的、单一的、有管理

① 贺力平：《新中国成立七十年来外汇政策的改革调整和成就》，载《国际金融》2019年第11期。

的浮动汇率制度。与金融体制改革相配套，1994 年 1 月 1 日起，在全国范围内实施了统一管理、单一浮动、可兑换货币、有利于平衡收支的新型外汇管理体系，主要内容包括：(1)取消原有以计划性质的官方汇率和市场性质的外汇调节制度为主的外汇管理体系；(2)建立中国外汇交易中心，形成银行间外汇市场，实行以市场供求为基础的、单一的、有管理的浮动汇率制度；(3)取消外汇券，实行银行结售汇制度，规范外汇市场秩序；(4)开放人民币经常项目的有条件兑换，逐步实现人民币经常项目可兑换。这次改革是我国外汇管理体制改革的重要里程碑，为我国加入世界贸易组织和参与国际经济合作创造了有利条件。

1996 年 1 月国务院颁布《外汇管理条例》，进一步推进人民币可兑换进程，使得对外贸易企业的外汇收支管理实现了从直接控制、具体审批到间接监督管理的转变。①1996 年 12 月人民币在经常项目下实现自由兑换，改变了外汇市场供求失衡的现象，推动对外贸易和国际投资的正常发展，提高中国经济的开放程度。②在改革开放初期，从我国外汇市场总体来看，这一阶段我国初步确立了适合国情、与社会主义市场经济体制相适应的外汇管理制度框架，市场配置外汇资源的决定性地位初步奠定。

5. 关于经济特区等特殊经济功能区法律制度

中国经济特区制度诞生于改革开放初期，在彼时中国百废待兴的历史背景下，这一大胆创新的制度无疑是在“摸着石头过河”。为了突破传统的计划经济体制，探索市场经济的运行规律，吸引外资和先进技术，促进对外开放和经济发展，我国在沿海地区设立了经济特区、开放城市、经济技术开发区等特殊经济功能区。这些特殊经济功能区是改革开放的重要窗口和试验田，也是我国法治建设的重要领域。改革开放以来，中国经济特区制度从特殊到一般，引领中国从商品市场化向要素市场化转型。

中国第一代经济特区诞生于 1979 年，党中央、国务院批准广东、福建

---

① 邓敏：《新中国对外贸易制度变迁》，西南财经大学出版社 2020 年版，第 213 页。

② 周汉民、邱一川：《新世纪中国资本市场的开放前景》，载《国际商务研究》2000 年第 6 期。

在对外经济活动中实行“特殊政策、灵活措施”，并依次在深圳、珠海、汕头、厦门及海南建立经济特区试点，成为新中国对外开放的突破口，这是中国恢复和发展涉外经贸的重要举措。这一批经济特区的设立通过“试验、推广、创新”的方式，在贸易、投资、金融领域形成可以全国推广复制的经验模式，推动中国经济发展。随后，我国进一步加快改革开放的步伐，经济特区的建设逐渐从沿海地区扩展到沿江、沿边以及内陆省会城市，全方位对外开放。

1980 年至 1984 年，全国人大常委会分别通过了《广东省经济特区条例》《福建省厦门市经济特区条例》《广东省汕头市经济特区条例》等，规定了这些经济特区的行政体制、财政税收制度、外商投资管理制度、外汇管理制度、土地使用制度、劳动用工制度等方面的具体内容。此后中国继续扩大对外开放的范围和深度，1984 年 9 月国务院发布《关于进一步加强沿海部分城市对外开放工作的规定》，将沿海 14 个城市扩展为沿海开放城市和沿江开放城市，并在沿海 14 个沿海港口设立了保税区，赋予这些城市在外商投资、外贸管理、金融业务、税收优惠等方面的一些自主权和优惠政策。这些措施使得中国与世界各国在经贸、科技、文化等领域的交流合作更加频繁和密切。随着对外开放区域由沿海向内陆的推进，特区试点向全面开放转变，中国逐渐形成了“全方位、跨领域、多层次”的对外开放格局。1984 年至 1992 年，国务院又批准设立了 14 个国家级经济技术开发区，颁布《国家级经济技术开发区管理条例》。1990 年 4 月 18 日，国务院正式宣布“同意上海市加快浦东地区开发”。1992 年 10 月中共第十四次全国代表大会确立了浦东新区“一个龙头、三个中心”的上海发展战略目标，以浦东开发开放为先导，带动整个长三角及长江流域的经济发展，同时进一步推进沿海、沿边、沿江和沿路开放。到 20 世纪 90 年代中期，我国已基本形成全方位、多层次的区域开放格局。[①]在此过程中，全国各个特殊功能经济区既是各地区对外开

① 王子先：《中国以开放促体制转型的成功之路》，载《宏观经济研究》2008 年第 11 期。

放的示范基地，也是经济体制改革的试验区。

三、改革开放初期我国涉外经贸法治的总体特征

改革开放初期，我国在利用外资、对外贸易、对外投资等方面取得显著成就的同时，涉外经贸法治建设也得到了重大发展。实行改革开放是中国特色社会主义的必然选择，也是推动我国涉外经贸法治进步的重要动力。涉外经贸的快速发展为我国经济社会发展和国际地位提高奠定了牢固的基础，同时也增加了税收、扩大了就业，极大地改善了中国的国际收支状况。从1990年开始，中国扭转了进出口长期处于逆差的状态。改革开放以来，我国对外贸易进出口总额从1978年的2 038亿美元发展到2001年的5 097亿美元，扩大近2.5倍，外汇储备持续增加，在世界贸易的位次由1979年的第32位上升至第6位，对外贸易增长率年平均为15%左右，大大高于国内生产总值年均增长9%的水平。①

改革开放使我国的对外贸易发生了巨大和深刻的变化，改革开放使依法治国成为真正的建国方略、基本目标；改革开放使我国法学工作者得以真正解放思想、实事求是，在涉外经贸法治领域进行前所未有的大胆探索和具有创造性的研究。②改革开放是中国现代化建设的重要契机，也是中国涉外经贸法治建设的重要阶段。改革开放初期，中国面临着与国际市场接轨、保护国家利益、促进对外贸易和投资等方面的新挑战，需要建立一套符合国际规则、适应市场经济、反映中国特色的涉外经贸法律体系。回顾我国改革开放初期至入世前的涉外经贸法治建设历程，可以归纳总结出以下几个特征。

1. 历经从无到有，初步建立涉外经贸法律制度

改革开放初期，我国的涉外经贸法治建设随着经济领域的对外开放，进入从无到有、体系初步建立的发展阶段。新中国成立初期，我国虽建立了对

① 李小年：《新中国60周年外经贸法制建设的辉煌成就》，载《国际经贸探索》2009年第25期。

② 周汉民：《二十世纪中国国际贸易法回顾》，载《国际商务研究》1999年第6期。

外贸易管理法律框架，但以计划经济体制为基础的法律制度无法适应改革开放要求。彼时我国对外法律制度领域几乎一片空白，面对百废待兴的国内环境，我国对外法治建设受到极大重视。为了适应对外开放的实践需要、加速融入世界发展格局，我国涉外经贸法治建设进行了大胆改革与积极探索。

这一时期，中国开始推进市场经济体制建设，进行外贸体制改革、建立外汇市场、制定并颁布了一系列关于外汇管理、统一税制、知识产权保护法律法规，1994 年制定《对外贸易法》，颁布“外资三法”等规范外商投资的基础性法律，及时填补国内法律空白。这一时期的立法重点在于与对外开放直接相关的经贸立法，立法的核心目标是清除对外贸易、外商投资领域的固有体制机制障碍。[①]这些法律法规为改革开放提供了基本的法律框架和制度保障，为涉外经贸活动创造了良好的法治环境。

2. 突出原则性，兼具实用性和灵活性

改革开放初期，中国涉外经贸立法面对的是复杂多变的国际市场和不断变革的国内经济形势，需要在不确定性和变动中寻求发展与平衡。为了适应这一情况，中国的涉外经贸立法以确立总体性原则作为指导方向，坚持社会主义市场经济的基本原则，以满足实际需要为目的，以保持灵活性为手段，既不拘泥于形式，也不追求完美，伴随着对外开放步伐的不断加大，我国涉外经贸法治发展也步入生机勃勃的春天。

在突出原则性方面，1994 年颁布的《对外贸易法》坚持了对外贸易的计划管理、自主经营、统一调节、分级授权等原则，标志着我国外贸管理制度由行政管理走向法治化管理的轨道。关于对外贸易中的技术进出口、反不正当竞争、反倾销反补贴及其保障措施等问题，《对外贸易法》仅作出原则性规定，无法在实践中进行具体操作，于是中国随后进一步制定配套法规对上述问题作出具体规定，以保障《对外贸易法》中的原则性规定都能得到贯彻落实。

改革开放初期，中国涉外经贸法治既要顺应国际趋势，又要符合国内需

① 刘敬东：《中国涉外立法从何处来？向何处去？》，载《国际法研究》2023 年第 2 期。

求，既要促进对外交流合作，又要维护国家主权利益，既要保护市场主体的自主权利，又要规范市场秩序和保证公平竞争。为了实现这些目标，中国在涉外经贸立法中需要协调平衡，兼具实用性以及灵活性。随着“外资三法”的出台，一大批涉及进出口贸易、外资管理、外汇管理、海关监管等对外贸易投资领域的立法陆续出台，不断满足对外开放对涉外相关领域的实际需求。①在处理涉外经贸争端时，中国尊重国际仲裁或司法机构的裁决或判决，坚持自身的司法主权和管辖权，在承认或执行外国仲裁裁决或判决时进行必要审查，在适用或排斥涉外民事关系法律时进行必要选择；在规范涉外经贸行为时，中国既保护涉外经营者的合法权益和自由选择，又加强对其监督管理，在鼓励其参与国际竞争时进行必要指导，在限制其从事有损于国家利益或社会公共利益的活动时进行必要干预。

3. 积极利用外资，注重借鉴国际惯例及国外经验

1978 年党的十一届三中全会后进行对外开放，为了学习和借鉴国外经验，中央派出多个代表团访问日本和欧洲一些主要国家，在这一次主动打开国门看世界的过程中，强化了中国改革开放的必要性和紧迫性。

1992 年邓小平南方谈话以后，再次明确国家发展对外开放的决心，此后吸引了大量来自西方发达国家的外商投资。在逐步开放的基础上引进和利用外资，是中国快速工业化的经验之一。②在引进外资方面，中国不仅采用了合资、合作、独资等多种形式，还创设了特殊经济区、开发区、保税区等多种区域模式，在税收、关税、汇率等方面给予优惠政策，在审批、登记、监管等方面进行简化和便利化，在保护外商投资权益方面进行明确和加强。这些改革创新为吸引外资、促进对外开放发挥了重要作用。改革开放初期，中国涉外经贸法治面临着与国际接轨、与市场协调、与实践相适应等方面的新课题，需要不断进行改革创新，完善和发展涉外经贸法律体系。为此，中国在涉外经贸立法中充分借鉴国际惯例和先进经验，同时根据中国的国情和

① 刘敬东：《中国涉外立法从何处来？向何处去？》，载《国际法研究》2023 年第 2 期。
② 刘建丽：《新中国利用外资 70 年：历程、效应与主要经验》，载《管理世界》2019 年第 11 期。

实际需要，有针对性地进行创新和调整。

改革开放初期是中国涉外经贸法治建设的起步阶段，也是快速发展阶段。在这一阶段中，中国涉外经贸立法工作以立法先行、改革创新、协调发展为主要特点，在推动对外开放、促进对外交流合作、维护国家主权利益等方面发挥了重要作用。我国通过体制改革和法律法规建设，逐步确立了社会主义市场经济体制，构建了符合国际多边贸易规则和中国国情的涉外经贸法律体系，使外贸管理更加法治化、规范化和透明化，为营造开放、统一、公平、可预见的市场环境提供了法律保障，同时我国在利用外资、对外贸易、对外投资等方面取得了显著的成就，为我国经济社会发展和国际地位提升奠定了坚实的基础，也为此后我国加入世界贸易组织奠定了基础。

第二节　入世后阶段：涉外经贸法治的成熟与发展

中国加入世界贸易组织是我国改革开放进程中具有历史意义的重要里程碑，不但对推动中国的市场经济体制改革和法治现代化建设产生了深远影响，对世界格局变动也产生了重大影响。作为中国发展的一个重要转折点，入世的意义不仅是开放，更在于开拓。相较于有数百年市场经济法治历史的西方国家，中国的法治基础和传统较为薄弱。改革开放以来，我国的社会主义法治进程不断提速，全方位出台涉外经贸法律法规，法治建设受到前所未有的重视，法治建设成果也十分显著。入世使我国获得了对国内涉外经贸法律体系进行全面检视和清理的机会，为履行入世承诺而进行的涉外经贸法律清理工作，显著推进了我国涉外经贸法律的立法进程。

一、入世与我国涉外经贸法律的清理概况

（一）入世背景下的义务遵循

中国在加入世界贸易组织之后，既享有世界贸易组织成员应当享有

的权利，同时也承担世界贸易组织成员应当承担的义务。在入世背景下，我国应当承担的义务主要包括 WTO 成员通过谈判所形成的约束各成员国的国际协议下的规范性义务，以及根据我国的入世法律文件所确立的特殊义务。

1. 规范性义务

世界贸易组织是在《建立世界贸易组织马拉喀什协定》(Marrakesh Agreement Establishing the World Trade Organization, WTO Agreement，以下简称《WTO 协定》)的基础上建立的，它涵盖了《关税及贸易总协定》调整的货物贸易规则，把过去未曾涉及的农产品、纺织品等"灰色领域"纳入了调整范围，并涉及服务贸易、技术贸易，以及与贸易有关的投资措施等。作为 WTO 的"小宪章"，其核心功能在于确立了 WTO 作为国际经济组织的法律地位。

《WTO 协定》的正文就 WTO 的宗旨、职能、组织结构、成员制度、决策机制等问题进行了规定，而实质性规定主要体现在 4 个附件当中，即附件 1A：货物贸易多边协定，包括 GATT1994 及 13 个专项贸易协议；附件 1B：《服务贸易总协定》(General Agreement on Trade in Services，以下简称"GATs")及服务贸易领域后继谈判所形成的四个议定书；附件 1C：《与贸易有关的知识产权协议》(Agreement on Trade related Aspects of Intellectual Property Rights，以下简称《TRIPs 协议》)，附件 2：《关于争端解决规则与程序的谅解》(Understanding on Rules and Procedures Governing the Settlement of Disputes，以下简称"DSU")，附件 3：《贸易政策评审机制》(Trade Policy Review Mechanism，以下简称《TPRM 协议》)，附件 4：诸边贸易协议(其中《国际奶制品协议》和《国际牛肉协议》已失效)。

《WTO 协定》及其附件构成了中国在入世背景下需要履行的规范性义务，包括在货物、服务、知识产权等方面，给予其他成员最惠国待遇、国民待遇；扩大货物、服务的市场准入程度；进一步规范知识产权保护；增加贸易政策、法规的透明度；规范货物贸易中对外资的投资措施；按争端解决机制与其他成员公正地解决贸易摩擦等义务。

因此，WTO所确立的基本原则和义务，和《WTO协定》下确立的规范性义务，构成了我国在入世背景下所应当承担的与其他成员国相同的共同义务。

2. 特殊义务

除规范性义务之外，依据我国的入世法律文件及入世承诺，我国在入世背景下还应当承担相应的特殊义务，该义务及我国履行WTO义务的时间表体现在《关于中华人民共和国加入的决定》《中国加入世界贸易组织议定书》（以下简称《加入议定书》）及其附件《中国入世议定书工作组报告》（以下简称《工作组报告》）三个入世法律文件中。

而涉及我国需要承担特殊义务的实体规定主要体现在《加入议定书》第一部分"总则"中的18个正式条款及其后所附的9个分别与正式条款内容相对应的附件中。正式条款所体现的特殊义务，从中国实施《WTO协定》的整体性、制度性规定出发，再细化至涵盖贸易经营权、非关税措施、进出口许可程序、倾销与补贴、关税等方面的具体领域制度安排，全面表明了中国入世之后在实施《WTO协议》和履行具体承诺方面的相关制度安排，是入世后中国调整对外经贸制度改革的承诺，也是中国入世法律文件中最为重要的内容。

在第一部分"总则"关于中国实施《WTO协定》的整体性规定中，最核心的内容是第2条关于"贸易制度的实施"的规定，它明确表明了《WTO协定》在中国实施的整体性要求，即统一、透明同时以司法审查为保障。在《加入议定书》的总则部分，实施《WTO协定》的统一、透明要求事实上已经转化为对国内"有关或影响货物贸易、服务贸易、《TRIPs协议》或外汇管理的法律法规及其他措施"在制定、公布和实施上的要求。WTO始终将各成员方内部贸易制度的统一和透明作为其制度和规则真正得以贯彻的基石。

在关于中国实施《WTO协定》具体性规定的内容中，涉及对各具体领域的制度安排，这一部分的内容很大程度上强调了中国国内法律法规和相关措施必须符合《WTO 协定》的精神，尤其是要体现 WTO 在非歧视和透明度方面的要求。同时，《加入议定书》也要求中国应当保持与 WTO 相关委员会的沟通和联系，从而使国内的贸易措施置于多边的监督和审议之下。

除此之外，总则部分还对中国实施《WTO 协定》的过渡期特殊安排进行了规定，主要涉及过渡期内如何确定倾销和补贴商品的价格、外国对中国的进口产品如何采取保障措施以及 WTO 如何在这一期间对中国进行贸易政策评审。①

而对应的 9 个附件则用以列明正式条款的具体制度中所涉的减让、承诺或其例外的清单。其中最为重要的是"附件 8 第 152 号减让表-中华人民共和国"和"附件 9：服务贸易具体承诺减让表"，它们分别载明了中国在货物贸易领域和服务贸易领域作出的具体承诺。②

在遵循 WTO 所确立的基本原则和义务的框架下，以履行《WTO 协定》下的规范性义务和我国入世法律文件确定的特殊义务和承诺为驱动，我国自此进入了涉外立法的升级阶段。

(二) 我国涉外经贸法律清理概况

在加入世贸组织前，中国政府代表团就承诺，中国在加入世贸组织前后将完成与入世承诺相关的法律法规修改。《WTO 协议》要求，除了国家公共利益和企业的商业秘密以外，所有的法律法规都要迅速地公布，中国为此作出了历史性的国内法治建设与改革。

为全面彻底地履行入世承诺并保持我国贸易法律体系的一致性，我国在入世时进行了全国法律法规清理工作，国务院近 30 个部门共清理各种法律法规和部门规章 2 300 多件，通过全国人大及其常委会制定修改的法律 14 件，通过人大、国务院各部门修订 325 件，废止 830 件，范围涉及货物贸

---

① 参见周汉民主编：《与 WTO 规则的融合——中国外经贸法律新制度》，上海人民出版社 2003 年版，第 32—45 页。

② 参见周汉民主编：《与 WTO 规则的融合——中国外经贸法律新制度》，上海人民出版社 2003 年版，第 32 页。

易、服务贸易、知识产权、投资等各个方面，国务院制定修改行政法规 38 件、废止 12 件，国务院有关部门制定修改及废止部门规章等 1 000 多件。各地共清理 19 万多件地方性法规、地方政府规章和其他政策措施，并根据要求分别进行修改和废止处理。整个法律清理工作时间跨度长，涵盖领域多、范围广，自中央到地方分层次、有组织、有规则地进行，这在中国法制史，乃至国际法历史中都有着非常重大的影响，标志着我国在不断提高对外经济贸易的透明度，同时也大大改善了对外营商环境。同时，中国实现了所有法律、行政法规、部门规章、地方性法规乃至一般规范性政策文件的全部公开，为中国与外国投资者营造了平等一致的法律高度透明的营商环境。中国对于执行 WTO 法律所作的贡献是巨大的。①

（三）我国涉外经贸法律清理活动的特点及法治建设

入世以后，以清理与 WTO 规则相冲突的国内法律，尤其是涉外法律的立、改、废为主线，我国进入了改革开放以来规模最大的法律变革阶段。在履行 WTO 义务和承诺的驱动下，我国以“条约驱动型法治建构模式”开启了涉外立法建设的进程。

这一阶段我国的涉外经贸法律清理活动呈现如下几个方面的特点：

1. 时间跨度长、涵盖范围广

为迎接入世，中国对当时的法律、法规、规章进行了一次大规模的清理。自 1999 年之后，中国与 WTO 规则接轨的修法工作一直持续进行，个别清理始终持续，以保证国内立法符合 WTO 规则，并且确立了符合市场经济要求的法治原则：法制统一原则、透明度原则、非歧视原则。②该次法律清理涉及中央到地方各级政府，包括两千多条全国性法律法规、上万条地方性法规、难以计数的大小文件，范围涉及货物贸易、服务贸易、知识产权、投资等

---

① 参见张月姣：《坚定维护多边贸易体制，促进国际经贸法治》，载《民主与法制》2021 年第 45 期；周汉民主编：《与 WTO 规则的融合——中国外经贸法律新制度》，上海人民出版社 2003 年版，第 62 页。

② 《入世十年聚焦：中国推动法治建设与世界对接》，国务院新闻办公室新闻发布会，http://www.scio.gov.cn/xwfbh/xwbfbh/wqfbh/2011/1207/xgbd/Document/1060424/1060424.htm。

各个领域。

2. 分阶段、分层次

分阶段是指此次法律清理工作在时间上可分为入世前和入世后两个阶段，入世前主要是对包括三部外资法、三部知识产权法和一部海关法进行了修改，同时国务院各部委和各省、自治区、直辖市的法律清理工作开始展开，入世后，我国涉外经贸法律清理进一步向纵深发展。

分层次是指分为中央和地方两个层次，从1999年下半年到2001年上半年，涉外经贸法律清理的中心在中央各部委这一层面。2001年9月19日，中共中央办公厅及国务院办公厅发布《关于开展地方清理法规工作的意见》并正式下发至各省、自治区、直辖市，标志着地方清理法规工作正式启动。

3. 有组织、有规则

有组织是指在本次涉外经贸法律清理过程中，从中央到地方都建立了相应的法律清理领导机构，从全国人大常委会法律委员会，到国务院法制办公室、各级地方政府法制办公室，形成了完整的法律清理组织体系，从组织上保证了法律清理的顺利进行。有规则是指根据《立法法》的有关规定，制定了《行政法规制定程序条例》《规章制定程序条例》和《法规规章备案条例》，为本次法律清理的顺利进行奠定了程序上的基础。

二、入世后我国涉外经贸法治发展与成熟的表现

2001年中国加入WTO，2010年入世承诺履行到位，中国始终作为WTO规则的恪守者，积极促进国际贸易、多边贸易不断向前发展，积极参与、推动国际规则的制定，推动国际经济贸易法治发展。中国正式成为WTO成员，不仅意味着中国经济深层次融入了全球化进程，更意味着我国的对外经贸法律制度建设得到了良性发展的机会。根据入世承诺，我国对整个外经贸法律制度进行了全面的法律清理和修订工作，以确保我国的入

世承诺与 WTO 规则之间的一致性。①

我国入世时，对相关法律展开了及时、全面的清理工作，并根据要求分别进行修改和废止处理。我国为履行入世承诺所进行的涉外经贸法律清理工作涉及众多部门，涵盖外贸、金融、税法、知识产权等诸多领域的法律法规，规模浩大，影响空前，成果丰硕。②

（一）对外贸易法律制度

1994 年 7 月 12 日实施的《对外贸易法》是调整我国对外贸易法律关系的“根本大法”，其第 2 条规定，“本法所称对外贸易是指货物进出口、技术进出口和国际服务贸易”，确定了我国对外贸易的三种形式。

1. 国际技术贸易领域

我国技术出口起步较晚，但发展很快，截至 2001 年年底技术出口已超过 11 000 项，合同总金额近 500 亿美元。随着我国经济深入发展，我国的国际技术贸易法律制度得到不断完善，亦为迎接入世作出了较大调整。③

入世之前，我国关于技术进口方面的专门立法主要是 1985 年 5 月 24 日颁布的《技术引进合同管理条例》及 1988 年 1 月 20 日发布的配套施行细则；而在技术出口及其合同管理方面，未有过专门的法律或行政法规，仅有相关的指导性文件或部门规章，如 1990 年发布的《技术出口管理暂行办法》。而由于投资往往以技术出资，所以外商投资企业相关法律也是技术进出口方面的重要立法。

我国就应对入世在管理技术贸易方面所作的修订，主要包括 2001 年公布的《技术进出口管理条例》及与其同日实施的配套规章，即《禁止进口限制进口技术管理办法》《禁止出口限制出口技术管理办法》和《技术进出口合同

---

① 参见贺小勇：《中国外经贸法律制度与 WTO 规则的接轨》，载汪尧田主编：《中国对外贸易法制与 WTO 规则的融合》，上海人民出版社 2005 年版，第 97 页。

② 参见周汉民主编：《与 WTO 规则的融合——中国外经贸法律新制度》，上海人民出版社 2003 年版，第 60 页。

③ 参见周汉民主编：《与 WTO 规则的融合——中国外经贸法律新制度》，上海人民出版社 2003 年版，第 176 页。

登记管理办法》,以及两个目录,即《中国禁止进口限制进口技术目录》和《中国禁止出口限制出口技术目录》。

2001 年《技术进出口管理条例》与 1985 年《技术引进合同管理条例》等旧法相比,将技术进口和出口管理合二为一,进行统一管理;由原来的管理合同为主改为管理技术为主;采取对禁止类、限制类进出口严格管理,对自由类技术进出口宽松管制的"宽严结合",事前核准与事后监管、处罚相结合的管理模式。其作为与技术贸易关系最密切、最直接的立法,详细规定了对技术进出口管理的有关内容,并对相应的法律责任进行明确,是管理技术进出口最主要的法规,亦是在旧法滞后的前提下,我国迎接入世积极接轨国际,应对经济全球化和贸易自由化的结果。

2. 国际服务贸易领域

随着我国服务贸易市场的逐步开放,我国自 20 世纪 80 年代起即着手制定和逐步健全有关服务贸易对外开放的国内立法,1994 年《对外贸易法》将国际服务贸易确认为对外贸易的三种形式之一,并在第四章中专门规定了国家促进国际服务贸易逐步发展的宗旨,确立了与 GATs 中服务贸易自由化宗旨相一致的市场准入和国民待遇等基本原则。[①]1994 年《对外贸易法》中对于国际服务贸易的规定是我国制定具体的服务贸易规则的指导思想,但其规定过于抽象,仅具有指导意义。

调整服务贸易市场主体和行为的宏观法律法规,主要包括 2000 年 10 月 31 日修正的《中外合作经营企业法》及《外资企业法》,2001 年 3 月 15 日修正的《中外合资经营企业法》及 2001 年 7 月 22 日修订的配套实施条例。商业存在作为国际服务贸易的存在形式之一,是最重要的国际服务贸易形式,也是各国进行监管的重点。主要表现为外国服务业提供者到中国设立独资企业、合资企业或者合作企业,因此,在没有专门的法律法规调整的情况下,外资企业法及其实施细则中关于设立服务业公司、企业的程序、要求

① 余先予主编:《世贸组织法律规则与中国》,中国财政经济出版社 2001 年版,第 425 页。

及其监管、法律责任等都适用于服务贸易领域。1999年至2001年，我国对三资企业法及其部分实施细则进行了修改，删除了与《与贸易有关的投资措施协定》(以下简称《TRIMs协定》)取消数量限制和国民待遇原则相违背的有关规定。此外，我国调整服务贸易市场主体和行为的宏观法律法规还包括《外商投资产业指导目录》和《指导外商投资方向规定》，外商在服务贸易项目上的投资属于国家逐步开放的产业领域的投资，即限制类项目。

在商业方面，2004年4月16日商务部颁布了《外商投资商业领域管理办法》，对1999年《外商投资商业企业试点办法》进行了全面修订，体现了中国入世关于分销服务的承诺。按照WTO的国民待遇原则和减让表中所承诺的具体开放时间，明确了商业领域对外开放的地域、时间进程，并降低了对于中外投资者的限制性资格要求和外商投资商业企业的注册资本要求。在放宽市场准入实体条件的同时，进一步简化了审批程序。①

在银行业方面，中国入世以来积极履行银行业开放的入世承诺，随着我国改革开放的不断深入，结合加入WTO的国际形势，国务院于2001年12月10日修订颁布了《外资金融机构管理条例》，规定外资银行与内资银行拥有相同的业务范围；2006年《外资银行管理条例实施细则》的出台，基本取消了外资进入中国的地域、客户、业务上的非审慎限制，银行业实现了全面的开放。

在保险业方面，为履行保险领域开放的入世承诺以及实现对外资保险公司的有效监管，由国务院制定并自2002年2月1日起实施的《外资保险公司管理条例》，对外资保险公司设立的条件、业务范围、法律责任等进行了全面的规定。2002年《关于修改有关条文的决定》发布，对与WTO原则和入世承诺不符的条款进行清理。2003年12月，外资财险公司被允许经营除法定保险业务以外的全部非寿险业务。2004年，我国放开外资非寿险机构在华设立公司形式限制。

---

① 贺小勇:《中国外经贸法律制度与WTO规则的接轨》，载汪尧田主编:《中国对外贸易法制与WTO规则的融合》，上海人民出版社2005年版，第105页。

在证券业方面，我国在入世过渡期内亦出台了一系列扩大开放的重要政策措施。2002 年，中国证券监督管理委员会（以下简称“证监会”）出台了《证券公司管理办法》，规定境外机构可在境内设立合资公司；2002 年 6 月，证监会颁布了《外资参股证券公司设立规则》和《外资参股基金管理公司设立规则》，对外资参股证券公司和基金公司的条件、程序、业务范围作出明确规定。

在电信业务方面，中国政府严格履行入世承诺，采取了一系列切实有效的措施。根据中国在增值电信和基础电信方面的承诺，国务院制定并于 2001 年 12 月 11 日——中国入世当日正式颁布了《外商投资电信企业管理规定》，该规定自 2002 年 1 月 1 日起实施。信息产业部相应地制定了有关的行政规章，为外商投资中国电信业提供了法律保障。

在我国入世谈判所涉及的行业当中，电信业因其在国家经济社会以及安全事务中的重要地位，一度成为拉锯最为激烈的一个领域。我国针对电信市场对外资开放的入世承诺主要包括逐步允许外资与中国企业共同设立合资公司开展电信业务和允许外资开展基础电信业务、增值电信业务两部分电信服务。承诺开放的增值电信业务有：信息服务业务、存储转发类业务、在线数据处理与交易处理业务三项，外资股权比例不超过 50%；移动语音与数据业务方面，允许外资最终在合资企业中占比 49%。①

此外，服务贸易领域中的行政法规和部门规章还包括《国际海运条例》《电影管理条例》以及《音像制品管理条例》等，为兑现入世承诺，我国对此类法律也进行了相应修订。

3. 国际货物贸易领域

1994 年《对外贸易法》的第三章“货物进出口和技术进出口”部分的内容，构成了入世之前我国国际货物贸易基本框架和总体指导原则。

2001 年 12 月 10 日公布的《货物进出口管理条例》是我国对货物进出口

---

① 《入世 20 年，中国电信业向顶峰攀登》，载界面新闻，https://baijiahao.baidu.com/s?id=1718815691083483767&wfr=spider&for=pc，访问日期：2023 年 5 月 5 日。

制度进行大调整和大统一的起点和基石，使我国过去较为零乱而散见于各处的货物进出口法律制度有了一个总纲性的法律文件。①自该条例开始施行起，1984 年 1 月 10 日由国务院发布的《进口货物许可制度暂行条例》等系列法律文件同时废止。

为配合 2001 年《货物进出口管理条例》的贯彻实行，有关部门还颁布了一系列的法律文件。其中较为重要的有 2002 年 1 月 1 日生效的《纺织品被动配额管理办法》《货物进口指定经营管理办法》和 2002 年 2 月 5 日实行的《农产品进口关税配额管理暂行办法》等。

2001 年《货物进出口管理条例》及其他相关法律法规的颁布与实施，使我国的货物进出口经营摆脱了过去严格按照出口和进口、配额和许可证以及不同种类的货物和主管部门分别进行管理的状况，并同时依照 1994 年《对外贸易法》、WTO 规则及中国入世承诺对我国过去的货物进出口管理制度进行了重构，是我国入世以后涉外经贸法律清理的重要一步，为我国整个货物贸易进出口制度的改革搭设了平台，构建了框架。

此外，我国还对 1997 年颁布的《反倾销和反补贴条例》进行修订，2001 年 11 月 26 日《反倾销条例》发布，为了保证该条例的有效实施，我国原对外经贸部还发布了《反倾销调查立案暂行规则》《反倾销调查听证会暂行规则》等一系列暂行规则。

其后，2004 年对于《反倾销条例》的修订，以 WTO 的各项相关协议规定为基础，遵守其基本规则，使用其基本概念，充分重视各项程序规定的一致性，并参考、借鉴美国、欧盟以及一些发展中国家的有关立法及司法实践，紧密结合我国国情，尤其注意到我国作为发展中国家需要运用反倾销、反补贴、保障措施等手段抵制不公平竞争、限制过量进口，保护我国国内产业的特殊情况。因此，修订后的 2004 年《反倾销条例》总体上呈现出内容上与 WTO 规则的一致性，条款设计上适应国情的灵活性的特点。

---

① 参见周汉民主编：《与 WTO 规则的融合——中国外经贸法律新制度》，上海人民出版社 2003 年版，第 76 页。

我国对1997年颁布的《反倾销和反补贴条例》修订之后，2001年《反补贴条例》也和2001年《反倾销条例》同时出台。2001年《反补贴条例》是“两个遵循，一个单立”的结果，即遵循WTO《补贴与反补贴措施协定》(Agreement on Subsidies and Countervailing Measures，以下简称《SCM协定》)和我国1994年出台的《对外贸易法》而制定，并出于反补贴的重要性，而特别将反补贴从《反倾销和反补贴条例》中分离出来，单独立法。

该条例总体呈现出对《SCM协定》的移植接纳的特点，其对补贴的界定和反补贴措施的实行基本依照《SCM协定》中的相关规定，严格履行了中国入世后的法律调整义务，使反补贴法规与国际接轨，进而避免了因国际国内法规不同造成的法律冲突与漏洞。

2001年《反补贴条例》是对我国市场实施自我保护的必然选择，能够有效防范或抵销外国补贴行为给我国造成的损害，赋予国内产业以有效的法律保障和政策工具，以维护对外贸易秩序和公平竞争。

4. 2004年《对外贸易法》的修订

立足我国加入WTO的现实，我国基于所作出的入世承诺，积极付诸行动将中国的入世承诺和WTO有关规定转化为国内法。结合中国世界贸易大国的地位已经确立以及“依法治国”基本方略的实施和推进等大背景①，2004年4月6日，第十届全国人大常委会第八次会议通过了修订后的《对外贸易法》，这标志着将WTO规则转化为国内法的工作已在全国人大常委会制定的法律层面上系统地进行，亦标志着我国涉及外贸领域的基本法与WTO规则全面接轨。

总体来看，在对外贸易基本法律原则的发展方面，贸易制度统一实施原则、贸易自由化原则、非歧视待遇原则以及积极参加区域一体化等原则通过国内法的形式在我国得以确立，并在2004年《对外贸易法》及2001年《货物进出口管理条例》等法律法规中对外贸经营权的取得、关税的降低及进口行

---

① 参见陈福利：《中国〈外贸法〉修订的主要成果》，载汪尧田主编：《中国对外贸易法制与WTO规则的融合》，上海人民出版社2005年版，第71—72页。

政管理措施等方面，根据入世文件中的承诺进行了相应的修改调整和细化。

就外贸经营权的取得而言，修订后的2004年《对外贸易法》规定外贸经营权由“审批制”过渡到“登记制”，即“对外贸易经营者经依法登记可以从事货物进出口和技术进出口”。外贸经营权登记制的实行使得更多民营企业获得了外贸经营权，顺应了市场经济运行规律，有利于我国扩大出口，强化企业间的竞争，建立社会主义市场经济体制。①

就降低关税而言，WTO的基本要求就是关税减让。入世前我国关税的平均税率为15%，不仅远远高于发达成员当时的平均税率，与发展中成员13%的平均税率相比也偏高。②因此，根据我国的入世承诺，我国在关税和非关税措施上采取了一系列举措，将总体关税进行了不同程度的下调。

入世同时也加速了我国的行政管理体制改革进程，行政管理体制改革是我国经济体制改革深化的必然要求和主动选择。就配额、许可证等进出口行政管理措施而言，我国长期以来对一部分商品实行配额许可证制度的目的在于避免过量进口直接影响我国进出口结构和产业结构，以保证国家产业政策和行业发展规划的实施。但基于此类目的所实施的配额许可证制度并不完全符合WTO的规定，我国在《加入议定书》中承诺，到2005年取消所有产品的非关税措施③。因此我国在此后陆续取消了摩托车及其关键部件、成品油、天然橡胶等进口配额许可证管理，较大幅度地减少了实行出口配额许可证管理的商品种类，放宽了进口数量限制④，并通过命令、公告的形式向社会各界发布国家关于进口商品的管理办法、目录和实施细则等信息，使得我国的进口商品管理更加公开、透明，进一步规范化和制度化。

---

① 贺小勇：《中国外经贸法律制度与WTO规则的接轨》，载汪尧田主编：《中国对外贸易法制与WTO规则的融合》，上海人民出版社2005年版，第103—104页。

② 参见蔡建敏：《WTO与我国对外货物贸易管理制度的改革》，载汪尧田主编：《中国对外贸易法制与WTO规则的融合》，上海人民出版社2005年版，第147—148页。

③ 贺小勇：《中国外经贸法律制度与WTO规则的接轨》，载汪尧田主编：《中国对外贸易法制与WTO规则的融合》，上海人民出版社2005年版，第104页。

④ 参见蔡建敏：《WTO与我国对外货物贸易管理制度的改革》，载汪尧田主编：《中国对外贸易法制与WTO规则的融合》，上海人民出版社2005年版，第149页。

在中国加入WTO初期，由于中国和各成员国各自履行了削减关税、取消非关税贸易壁垒以及给予最惠国贸易待遇等承诺，推动了中国对外进出口贸易的高速增长，2004年中国的进出口贸易额超过1.1万亿美元，成为世界第三贸易大国。

入世为中国带来贸易、投资和经济快速发展的机遇的同时，也增加了与WTO成员间贸易摩擦的概率[①]，在世界经济增长整体乏力的态势下，中国进出口贸易的高速增长引发了针对中国的贸易保护主义浪潮，一些WTO成员越发频繁地采取贸易救济措施和技术性贸易壁垒对中国的出口产品进行限制。据统计，加入WTO的前两年，各成员国对中国产品发起的反倾销和保障措施调查达112起，其中特别保障措施8起。据商务部的调查，2002年，中国有71%的出口企业遭受国外技术性贸易壁垒的不同程度的限制，39%的出口产品受到影响，涉及的出口金额达到170亿美元。[②]

发达国家对华发起的贸易保护措施不断增加，又由于一些发展中成员的发展水平和产业结构相近，因此亦常将矛头指向中国，对华发起贸易救济措施。国外对华发起贸易保护措施的案件数量在不断上升，国外对我国出口设置贸易壁垒案件的形式也越加复杂和多样化，并且出现了根据《加入议定书》第16条对于“特定产品过渡性保障机制”规定而专门制定的特殊保障措施条款以及加拿大和美国等国家对我国发起的反补贴调查等。[③]

我国在入世前期所面临的国际贸易保护主义压力和所遭受的贸易保护措施，也进一步驱动了我国相应法律的修改，具体体现在修订后的2004年《对外贸易法》第七章“对外贸易调查”和第八章“对外贸易救济”中对于实际操作性的实施细则的规定，进一步细化了我国对外贸易救济的实施细则，加

① 参见汪明：《中国入世后过渡期贸易保护任务及立法对策》，载汪尧田主编：《中国对外贸易法制与WTO规则的融合》，上海人民出版社2005年版，第130页。

② 王新奎：《中国入世的后过渡期：评估与前瞻》，载汪尧田主编：《中国对外贸易法制与WTO规则的融合》，上海人民出版社2005年版，第14页。

③ 参见汪明：《中国入世后过渡期贸易保护任务及立法对策》，载汪尧田主编：《中国对外贸易法制与WTO规则的融合》，上海人民出版社2005年版，第133页。

强了我国出口应诉的立法建设。[①]相应地，我国还于入世时相继出台了《保障措施条例》及配套法规，对1987年《海关法》、1989年《进出口商品检验法》等贸易相关法律进行了修订和更新，使国内法符合WTO规则的同时，达到保护正常贸易秩序及国内相关产业，促进公平竞争的作用。

（二）外商投资法律制度

世界贸易组织的法律制度调整范围较广泛，但其对于投资措施的规范较为有限，在乌拉圭回合谈判中，谈判方在GATT体制的基础上达成了一系列新的协定。其中，《TRIMs协定》和GATs被公认为是WTO与投资有关的协定。

自实行改革开放以来，我国在引进外资方面取得了举世瞩目的成就和进展，先后制定了“外资三法”，共同构成我国外资法律体系的核心，对贯彻我国对外开放方针，促进外商投资，扩大对外经济合作和技术交流发挥了重要作用，同时我国也利用外资政策和立法逐步实现了与国际惯例和规则接轨。

为了更好地适应我国经济形势变化，适应进一步扩大对外开放的形势，适应我国加入世贸组织后的国际经济形势，有必要对这三部外资法及条例、细则进行修订，使我国外资法与其他法律法规更加协调一致，与我国改革开放和法治建设的新形势更加适应，使我国外商投资法律更加有利于外国投资者改善经营、提高效益、开拓市场，进一步改善我国投资环境，增强国际竞争力。

2000年10月31日，第九届全国人民代表大会常委会第十八次会议通过《外资企业法》修正案及《合作经营法》修正案。2001年3月15日，第九届全国人民代表大会第四次会议决定通过《合资经营企业法》第二次修正案。这期间“外资三法”的修改主要集中在当时业界反映比较集中、需求比较大

---

① 参见汪明：《中国入世后过渡期贸易保护任务及立法对策》，载汪尧田主编：《中国对外贸易法制与WTO规则的融合》，上海人民出版社2005年版，第134—135页。

的五个方面:取消外汇收支平衡要求、取消"当地含量"要求、取消了出口业绩要求、取消了企业生产计划备案条款、取消了外资企业必须采用先进技术和设备条款。

另外,我国也对外商投资产业政策进行了修订。在外商直接投资领域,东道国为确保外商投资有利于其经济发展,避免外资对其国内产业和行业造成损害,须对外商投资的行业范围加以规定,体现在世界各国法律中,即为禁止、限制、允许或鼓励外国投资的相关规定。1996 年 6 月 20 日,经国务院批准,原国家计委、国家经贸委、对外经贸部联合发布了《指导外商投资方向暂行规定》,将外商投资项目分为鼓励、允许、限制和禁止四类,并将鼓励类、限制类和禁止类的外商投资项目列入《外商投资产业指导目录》。2002 年国务院颁布了新修订的《指导外商投资方向规定》,原国家计委、国家经贸委、外经贸部颁布了修订后的《外商投资产业指导目录》,加大了对外商投资的开放程度,并通过颁布《关于设立外商投资创业投资企业的暂行规定》等法律文件,引进了外商投资新方式,拓宽外商投资企业的服务功能。

为了顺应国际形势及在 WTO 所确立的国际调节机制规制下实现我国所作出的入世承诺,我国通过及时对外商投资方面法律法规及相关政策进行修订和调整,进一步完善了外商投资的法律体系,不断开放投资领域、放宽国内市场,实现与 WTO 规则的接轨。

(三) 税收法律制度

入世以来,基于各国税制差异过大可能会扭曲贸易及资本的自由流动等情况,世界税制的发展从总体上看是一个逐渐趋同的过程,而在国际背景下我国的税制改革则是一个不断适应、融入世界税制改革潮流的趋同过程。

1. 关税

2000 年,我国对《海关法》进行了修订,在关税征收管理方面作出了新的规定,但是 2000 年《海关法》无法对关税问题作出专门的比较系统和具体的规定,因此为了保证关税法律制度得以完善和有效实施,与世贸组织有关规则相衔接,并解决我国当时的法律法规对于完税价格的确定和有关税率设置等没有具体、明确规定，以及海关执法实践中存在的一些新情况和新问题需要立法等情形，新修订的《进出口关税条例》于 2003 年 11 月 23 日由国务院第 392 号令公布，并于 2004 年 1 月 1 日起施行。2003 年《进出口关税条例》的公布和施行，对履行我国入世承诺，进一步完善我国税收法律制度，规范进出口关税征管和缴纳行为，保障国家关税收入，维护纳税义务人的合法权益，具有十分重要的意义。

在关税方面，我国逐年降低进口关税税率，实现了在关税方面作出的相应入世承诺。2002 年关税算术平均税率由 15.3%降到 12.0%，2003 年关税算术平均税率由 12.0%降到 11.0%，降幅达 8.3%。

为履行承诺，全面实施《WTO 海关估价协定》，海关总署对 1992 年《海关审价办法》进行了修改、完善，并于 2002 年 1 月 1 日付诸实施。为保证新的海关审价办法顺利实施，增强新的估价方法、技术、程序的规范化和可操作性，海关总署又陆续制定了《海关计核涉嫌走私的货物、物品偷逃税款暂行办法》《海关关于进口货物特许权使用费估价办法》《海关估价工作规程(暂行)》《海关估价和质疑程序操作办法》等规范性文件，作为《海关审价办法》的补充，以更好地指导现场海关依法审价。世贸组织海关估价技术委员会于 2002 年 11 月和 2003 年 10 月对我国执行《WTO 海关估价协定》进行了两次过渡性审议，均顺利通过。①

2. 国内税制

在国内税制方面，我国自入世以来顺应 WTO 规则要求，逐渐融入世界税制发展潮流。置身于 WTO 的法律框架之中，则意味着国内税制须与 WTO 规则相衔接，这使我国税制更加科学、有效、公平和规范，为各类市场主体提供更为稳定、公平、透明的税收环境。②

就增值税而言，其作为我国第一大税种，在税制体系中举足轻重。我国

---

① 《遵守世贸组织规则　依法完善关税征管》，载国务院新闻办公室新闻发布会官网，http://www.scio.gov.cn/m/xwfbh/xwbfbh/wqfbh/2003/1209/Document/327284/327284.htm。

② 张思佳：《中国国际税收 40 年：发展与变革》，载《中国税务报》2018 年 12 月 12 日 B1 版。

入世后面临的一项很重要的任务就是提高国内企业的竞争力，以便适应WTO时代激烈的国际市场竞争。当时我国增值税实行生产型，企业外购机器设备的进项税不能用于抵扣销项税，加大了企业税收负担，影响企业的国际竞争力。为此，国家从2004年在东北地区选择了八个行业进行增值税转型试点，允许机器设备的进项税用于抵扣。2008年12月财政部、国家税务总局下发《关于全国实施增值税转型改革若干问题的通知》，决定从2009年起将增值税转型推广到全国。通过增值税从生产型改为消费型和营业税改增值税（以下简称"营改增"）两次重大增值税改革，我国消除了双重征税，实现了增值税对货物和劳务的全覆盖，再简并税率，标志着与现代型增值税的接轨。同时，实行消费地征税原则，理论上可以使货物与劳务都以零税负进入国际市场。现行增值税在进一步简并税率、减少征纳成本等方面还有改革空间，但总体上已趋向规范化、现代化与国际化。

就企业所得税而言，2008年内、外资企业所得税合并（以下简称"两税合并"）是我国入世之后税制改革中最具标志性意义的举措。通过对税法、税率、税前扣除与税收优惠的统一，给内、外资企业提供公平竞争的税制环境，体现了对WTO国民待遇原则的贯彻，同时也实现了在税制要素设计上与国际惯例接轨。另外，还通过调整旧企业所得税制度中与WTO规则冲突的税收优惠条款，实现国内税法与国际贸易规则的进一步协调。

（四）知识产权法律制度

我国知识产权保护起步较晚，始于20世纪50年代，主要以决议、条例、实施细则以及政策性文件的形式予以规定。20世纪80年代以来，中国知识产权立法保护水平迅速提高，党的十一届三中全会后，我国初步建立起以《商标法》《专利法》和《著作权法》为核心，相关法律法规为辅助的知识产权法律保护体系；加入了《保护工业产权的巴黎公约》（以下简称《巴黎公约》）、《伯尔尼保护文学和艺术作品公约》（以下简称《伯尔尼公约》）等公约。

中国入世之后，作为WTO一揽子协议的组成部分的《TRIPs协定》同时对中国生效。中国作为WTO的成员方，有义务履行承诺，承担国际义务并按照协定规定，对中国的知识产权保护领域的法律作出相应修改。自入世以来，中国积极践行自由贸易理念，全面履行入世承诺，坚定不移扩大开放，持续推进贸易便利化，推动建设开放型世界经济。

随着入世准备工作的深入，我国对知识产权方面的法律法规进行了全面修订，对《专利法》及其实施细则、《著作权法》及其实施条例作了多次修改，并新制定了《计算机软件保护条例》《集成电路布图设计保护条例》《最高人民法院关于审理涉及计算机网络域名民事纠纷案件适用法律若干问题的解释》等行政法规和司法解释①，进一步健全和完善了我国知识产权保护法律体系。可以说中国的知识产权保护法律体制的发展，呈现从无到有、逐步发展和完善的图景。

三、入世后我国涉外经贸法治的发展特点

入世为我国涉外经贸法律的发展和成熟注入了巨大的外部动力，在履行 WTO 义务和承诺的驱动下，我国涉外经贸法治建设进程全面开启，符合我国国情和 WTO 规则的涉外法律体系得到基本建立，支撑了我国全方位对外开放的新格局。

同时，入世对于我国涉外法治的构建和发展也产生了重要的影响，具体而言，我国涉外法治的发展在入世之后的这一阶段呈现如下特点：

（一）条约义务驱动：WTO 规则转化为国内法

从改革开放到加入 WTO，我国一直信守国际承诺，在 WTO 相关规则及我国作出的入世承诺推动下，开展法律清理工作，将 WTO 规则转化为国内法并实施。我国为入世而进行的规模浩大的法律清理工作，体现为“条约驱动型法治建构模式”。因此，入世后这一阶段我国涉外法治发展的重要和显著特点之一，即在条约驱动下，中央政府使用条约缔结制度，将 WTO 规

① 韩永红：《论我国涉外立法的转型》，载《东方法学》2023 年第 2 期。

则、《中华人民共和国加入议定书》和《中国加入工作组报告书》中的条约权利、义务和承诺转化为国内法并加以实施。这促使我国在较短时间内直接接纳国际贸易法治或GATT/WTO法治成果，从而极大地推动了我国涉外经贸法治建设进程并初步实现与国际接轨。

（二）结合国情实际：阶段性清理与常态化调整相结合

在入世背景下，我国的法律清理工作和涉外法治体系的构建呈现出“条约驱动”的特点，同时也因为入世这一重要里程碑而呈现阶段性的特点。但涉外法治作为中国法治发展的关键路向，是中国国家治理结构和治理能力的重要方面，在履行国际义务对国内法律进行短时间内的阶段性清理和调整过程中，从我国国情和实际出发，立足于准确界定和衡量国家利益，结合我国涉外法治发展的目标和需求，常态化调整我国涉外法治体系亦成为我国涉外法治建设、推进和完善的重要特点。

（三）国际贸易摩擦：贸易保护措施倒逼立法完善

乘着入世带来的外贸和投资热潮，中国对外进出口贸易的高速增长也同时加剧了我国与WTO成员之间的贸易摩擦，发达国家对我国发起的贸易保护措施不断增加，与中国的发展水平及产业结构相近的发展中国家亦对华发起贸易救济措施。贸易政策审议与谈判、争端解决机制并称世贸组织的三大功能。根据WTO现有规则，世贸组织对中国的审议每三年一次，自2001年入世以来至2021年，中国共接受了9次过渡性审议和8次贸易政策审议，是接受审议次数最多的成员。在此背景下，我国在入世这一阶段，所面临的贸易保护主义压力和所遭受的贸易保护措施，也在一定程度上倒逼我国通过修改完善《对外贸易法》、出台《保障措施条例》等方式加快我国涉外法律体系的建设和完善。

第三节　转型创新期：涉外经贸法治的深化与完善

随着中国特色社会主义道路、理论、制度、文化不断发展，我国进入了全面深化改革和全面推进依法治国的新时代。这一时期，我国经济社会发展取得了显著成就，对外开放水平不断提高，涉外经贸活动日益频繁，这些都对涉外经贸法治建设提出了新的更高的要求。涉外经贸法治的深化与完善不仅是对国内外经贸环境深刻变化的积极回应，更是国家法治建设整体布局中的关键一环。

一、转型创新期我国涉外经贸法治深化与完善的背景

党的十八大报告中明确指出，“全面提高开放型经济水平”“适应经济全球化新形势，必须实行更加积极主动的开放战略，完善互利共赢、多元平衡、安全高效的开放型经济体系”。这为我国涉外经贸法治的完善定下了基调。在全球化的大背景下，我国与世界各国的经贸联系日益紧密，涉外经贸活动愈发频繁。为了更好地融入全球经济体系，保护我国企业在国际市场上的合法权益，涉外经贸法治的强化成为迫切需求。

党的十九大报告进一步强调，“推动形成全面开放新格局”“实行高水平的贸易和投资自由化便利化政策”。这一政策导向不仅要求我国涉外经贸法治要跟上时代的步伐，还需要在保障国家安全的前提下，提供更加开放、透明、公平的涉外经贸法治环境，以吸引更多的国际投资和贸易伙伴。

党的二十大报告中对推进高水平对外开放提出了更为明确的要求，强调“稳步扩大规则、规制、管理、标准等制度型开放，加快建设贸易强国，推动共建‘一带一路’高质量发展，维护多元稳定的国际经济格局和经贸关系”。在此背景下，涉外经贸法治的深化与完善不仅是对外开放政策的法律保障，更是提升我国国际竞争力的重要手段。通过不断完善涉外经贸法律体系，加强国际经贸规则的对接与适应，我国能够更好地参与国际经济合作与竞争，提升在全球价值链中的地位。

我国进入新时代以来，涉外经贸法治的深化与完善是在国内外经贸环境深刻变化、全面依法治国战略深入推进、“一带一路”倡议实施等多重背景

下进行的。通过不断完善涉外经贸法律体系，提高涉外经贸法律服务水平，我国将为国内外企业和投资者提供更加稳定、可预期的法治环境，推动形成全面开放新格局，实现经济高质量发展。

二、转型创新期我国外贸制度的深化与完善

（一）2016 年《对外贸易法》的修订

2016 年 11 月 7 日，根据第 57 号中华人民共和国主席令《全国人民代表大会常务委员会关于修改〈中华人民共和国对外贸易法〉等十二部法律的决定》，对《对外贸易法》进行了第二次修正，将第 10 条第 2 款修改为："从事对外劳务合作的单位，应当具备相应的资质。具体办法由国务院规定。"从而对服务贸易主体资格限制进一步放宽，从事工程承包的单位无须再经有关部门审批获得相应的资格，即可从事对外工程承包。①

（二）2022 年《对外贸易法》的修订

2022 年 12 月 30 日，第十三届全国人民代表大会常务委员会第三十八次会议决定删去《对外贸易法》第 9 条关于对外贸易经营者备案登记的规定，自公布之日起施行。

根据该决定，自 2022 年 12 月 30 日起，各地商务主管部门停止办理对外贸易经营者备案登记。对于申请进出口环节许可证、技术进出口合同登记证书、配额、国营贸易资格等相关证件和资格的市场主体，有关部门不再要求其提供对外贸易经营者备案登记材料。

需要注意的是，取消"对外贸易经营者备案登记"并不等于取消"进口备案"，企业仍需办理海关登记，获取报关权限、电子口岸 IC 卡、外汇管理局企业名录备案。

这次修订虽然只有一条，但却是关系到外贸经营者主体资格的关键条

① 《〈中华人民共和国对外贸易法〉的适用与解读》，载淮北市商务局官网，http://swj.huaibei.gov.cn/swzx/fzjs/57225571.html，访问日期：2024 年 1 月 23 日。

款，是外贸经营管理领域的重大改革举措，是我国政府坚定推进贸易自由化便利化的重要制度创新，有利于进一步优化营商环境，释放外贸增长潜力，推进贸易高质量发展和高水平对外开放。

对此，商务部外贸司表示，商务部认真落实党中央、国务院决策部署，指导各地方商务主管部门做好取消对外贸易经营者备案登记相关工作衔接，及时掌握外贸企业生产经营情况，进一步提高公共服务水平。同时，加强部门间信息共享，强化外贸形势分析研判，完善外贸政策措施，推动货物贸易优化升级，创新服务贸易发展机制，持续推进贸易创新，推动高质量发展。

(三) 外贸经营者主体资格的演进

对外贸易经营者是我国高水平开放的参与者、推动者，是连接国内国际双循环的主体。据商务部数据，2022 年，中国货物贸易进出口总值 42.07 万亿元人民币，首次突破了 40 万亿元人民币关口，比 2021 年增长 7.7%。我国外贸主体直接和间接带动就业超过 1.8 亿人。可以说，外贸经营者这一群体的健康发展是关系到国际贸易和国民经济发展的重要因素。如何通过立法有效激发、管理好外贸经营者，是促进外贸发展的基础与核心要素。

1994 年，我国颁布《对外贸易法》，对外贸经营者实行审批制。限定外贸经营者只能是“从事外贸经营活动的法人和其他组织”，将自然人排除在外。根据我国加入世贸组织的有关承诺，贸易权应给予所有外国个人和企业。外国的自然人能在中国做外贸，中国的自然人也应能够从事对外贸易经营活动。特别是在技术贸易和国际服务贸易、边贸活动中，业已存在自然人从事对外贸易经营活动的事实。因此，作为外贸领域的基本法，修订后的《对外贸易法》对对外贸易经营者的范围作出了新规定。

2004 年，《对外贸易法》依据 WTO 规则进行完善修订，按照贸易自由化便利化的基本原则，确立外贸经营者备案登记制度。修订后的《对外贸易法》第 8 条规定：“本法所称对外贸易经营者，是指依法办理工商登记或者其他执业手续，依照本法和其他有关法律、行政法规的规定从事对外贸易经营活动的法人、其他组织或者个人。”这样就扩大了外贸经营者的范围。根据该制度，新进入或者准备进入外贸领域的企业需经过备案登记才能获得外贸业务资质，从事外贸业务。企业办理备案登记需要先在商务部相关网站注册申请，线上填写材料，携带相关材料至线下审核后，领取备案登记表。有了备案登记表的纸质版原件，才能办理下一环节的海关注册。整个过程需前往多个部门，耗时 4—5 天。

为优化营商环境，2019 年 10 月，十三届全国人大常委会第十四次会议通过了《关于授权国务院在自由贸易试验区暂时调整适用有关法律规定的决定》，授权国务院在自由贸易试验区暂时调整适用《对外贸易法》第 9 条，取消对外贸易经营者备案登记，试点三年。

这次修改标志着在立法层面全面取消备案制，是我国持续推动外贸领域"放管服"的重大改革举措，也是我国全面推进贸易自由化、便利化的重要制度型创新，这将有利于进一步优化营商环境，推进高水平对外开放。全面取消备案制既是与国际通行规则的衔接，也有助于企业降低交易成本，提升企业效率，对中小企业积极开拓国内国际两个市场带来较大便利。当今世界面临百年未有之大变局，全球化遭遇逆流，我国外贸发展面临多重挑战。在此背景下，备案制的取消将有助于进一步激发外贸活力，通过高标准的开放，为企业创造良好的市场环境，有助于提升市场主体对外贸稳定发展的预期，进一步推动我国对外贸易健康发展。

三、转型创新期我国外资制度的深化与完善

(一) 外资立法修订的必要性

当前世界经济正经历深刻调整，保护主义、单边主义抬头，逆全球化思潮涌动，我国对外开放的条件和环境发生了很大变化。在这种国际形势下，只有继续实行更加积极主动的开放政策，才能帮助我国实现自身发展。需要创新原有的外商投资管理制度，坚持市场化、法治化、便利化的改革方向，向国际社会尤其是各国企业宣示我国将继续扩大对外开放的坚定立场，为

我国营造良好的外商投资环境提供重要法治保障。

三部外资法为我国外商投资企业发展提供了有力的法治保障，创造了良好法治环境，但不可否认的是，在新形势下这一法律体系已经难以适应现实需要。早期的“外资三法”不仅规定“三资企业”的组织形式、组织机构、订立合同等生产经营活动规则，还规定国家专门适用于“三资企业”的外汇、土地、税收、劳动等特殊政策。随着改革开放的深入，我国市场经济体制不断发展，“外资三法”中关于外商投资企业的组织形式、组织机构和生产经营活动准则的规定，已逐步为市场主体和市场交易方面的法律所涵盖，与上述法律之间出现了重合、冲突。

总之，这种对外商投资单独立法、双轨管理的制度，以准入审批加优惠措施的传统管理方式，都需要进行修订调整，以适应构建开放型经济新体制、推动新一轮高水平对外开放的新形势新要求。通过制定新的外商投资法对外商投资活动作出统一规范，以实现内外一致、并轨管理，确立新时代外商投资法律制度的基本框架，实现我国外商投资法律制度的升级换代。

（二）修法的现实基础

在这期间，还发生了一件对我国涉外经济法治具有重大意义的事件。自 2008 年启动的中美投资协定谈判，历经 5 年 10 轮谈判以后，在 2013 年 7 月第 5 轮中美战略与经济对话期间，中方首次同意以准入前国民待遇加负面清单为基础开展中美双边投资协定的实质性谈判。这标志着中国宣布将采用负面清单模式即高水平开放模式进行投资开放。

2013 年 9 月 29 日，我国宣布中国（上海）自由贸易试验区挂牌运行，投资开放压力测试是上海自贸区试验的重要内容之一。从 2013 年 10 月 1 日起，相关外资管理法律中涉及审批的规定在自贸区范围内暂停实施 3 年，第一个自贸区外资准入负面清单同时公布实施。

此后中美谈判历经多轮完成了大部分条款，但最终因两国政治关系等因素导致未能最终达成，但谈判本身启动了我国业界对外商投资体制改革的广泛讨论。而历经数年谈判锻炼出来的一批涉外法治人才也正是修订外商投资法的主力，他们以更高的水平、更新的理念投入外商投资法修订中。

自2013年设立上海自贸试验区后，党中央、国务院先后决定设立海南、重庆、天津等12个自贸试验区，积极探索外商投资管理模式创新。2016年9月，全国人大常委会表决通过关于修改外资企业法等四部法律的决定，将不涉及国家规定实施准入特别管理措施的外商投资企业的设立变更，由审批改为备案管理。

（三）《外商投资法》颁布及其重大意义

在前期总结先行先试成功经验的基础上，历经多次讨论修改，2019年3月，备受瞩目的《外商投资法》经第十三届全国人民代表大会第二次会议通过，自2020年1月1日起施行。此前的《中外合资经营企业法》《外资企业法》《中外合作经营企业法》同时废止。此前依照上述三法设立的外商投资企业，在本法施行后5年内可以继续保留原企业组织形式等。具体实施办法由国务院规定。

《外商投资法》总结改革开放40年我国外商投资法律制度的实践经验，适应新形势新要求，确立了我国新型外商投资法律制度的基本框架，对外商投资的准入、促进、保护、管理等作出了统一规定，是我国外商投资领域新的基础性法律，为推动更高水平对外开放提供了有力法治保障。《外商投资法》将国家坚持对外开放的基本国策法定化，明确对外商投资实行准入前国民待遇加负面清单管理制度，明确国家支持企业发展的各项政策依法平等适用于外商投资企业，明确对外商投资促进和保护的具体规范。该法的颁布表明了在新的历史条件下中国将改革开放进行到底的决心，展现了新时代中国积极对外开放的姿态。《外商投资法》的出台，是中国涉外法律体系建设中的一件大事，为中国更高水平的对外开放和更加积极有效利用外资提供了更加坚实的法律基础和制度保障，开启了中国制度型开放新征程。

（四）《外商投资法》主要内容

该法共计六章42条，分为总则、投资促进、投资保护、投资管理、法律责任、附则六章。42条的篇幅，远远少于2015年版草案征求意见稿的170条。

除了一般法案通常都有的总则、法律责任和附则之外，剩下三章分别是投资促进、投资保护和投资管理，可谓立意明确、简单扼要。

1. 强调公平原则

综观该法，非常强调外资的公平待遇、国民待遇。先后四次出现“公平”、五次出现“平等”的表述，国民待遇更是在总则第 4 条中作出专门规定。第二章“投资促进”既规定了准入前促进措施，也规定了准入后外商投资企业所享有的公平待遇，如第 9 条规定“外商投资企业依法平等适用国家支持企业发展的各项政策”；第 15 条规定“国家保障外商投资企业依法平等参与标准制定工作”；第 16 条规定“国家保障外商投资企业依法通过公平竞争参与政府采购活动。政府采购依法对外商投资企业在中国境内生产的产品、提供的服务平等对待”；第 17 条规定“外商投资企业可以依法通过公开发行股票、公司债券等证券和其他方式进行融资”。

从第 9 条原则规定到第 15—17 条关于标准制定、政府采购和融资方面的平等待遇的规定，这都是外商投资企业多年来反映问题最集中的业务领域。通过立法保护其公平待遇，具有很强的针对性。这些条文的规定，也在客观上为我国参与 CPTPP 等高标准自贸协定、接纳竞争中性条款作好了立法上的铺垫与准备。

2. 关于征收与资金自由汇入汇出

在第三章“投资保护”中对征收和资金自由汇入汇出这两个过去常见于双边投资保护协定的保护性条款进行了规定。第 20 条规定，“国家对外国投资者的投资不实行征收；在特殊情况下，国家为了公共利益的需要，可以依照法律规定对外国投资者的投资实行征收或者征用。征收、征用应当依照法定程序进行，并及时给予公平、合理的补偿”。第 21 条规定，“外国投资者在中国境内的出资、利润、资本收益、资产处置所得、知识产权许可使用费、依法获得的补偿或者赔偿、清算所得等，可以依法以人民币或者外汇自由汇入、汇出”。

3. 强化对外企的知识产权保护

这也是近年来在华外资企业反映最为强烈、最为关注的事项，尤其是针对近年来最为突出的强制技术转让问题。第 22 条第 1 款强调:“国家保护外国投资者和外商投资企业的知识产权,保护知识产权权利人和相关权利人的合法权益;对知识产权侵权行为,严格依法追究法律责任。”第 2 款要求各级政府“不得利用行政手段强制技术转让”。第 23 条则是关于商业秘密保护,规定“行政机关及其工作人员对于履行职责过程中知悉的外国投资者、外商投资企业的商业秘密,应当依法予以保密,不得泄露或者非法向他人提供”。第五章“法律责任”第 39 条规定,行政机关工作人员“泄露、非法向他人提供履行职责过程中知悉的商业秘密的,依法给予处分;构成犯罪的,依法追究刑事责任”。

4. 外资准入负面清单及相关准入制度

第四章“投资管理”第 28 条具体规定了外资准入负面清单制度,并明确外商投资准入负面清单以外的领域,按照内外资一致的原则实施管理,与本法第 4 条准入前国民待遇条款形成呼应。第 29 条至第 35 条分别规定了外资项目核准与备案制度,行业许可制度,外资企业的组织形式、组织机构及活动准则适用《公司法》和《合伙企业法》等法律规定,企业税收、会计、外汇等事宜,经营者集中审查制度,外商投资信息报告制度及外商投资安全审查制度。外商投资准入特别管理措施(负面清单)从 2016 年 10 月 8 日外商投资企业设立与变更备案制开始实施后即已经形成,最初包括《外商投资产业指导目录(2015 年修订)》中限制类和禁止类以及鼓励类中有股权要求、高管要求的有关规定,有 93 条特别管理措施。到 2017 年减少到 63 条,2018 年减少到 48 条。2021 年已经减少到 31 条(国家发展改革委和商务部令第 47 号,下文另有详述)。行业许可手续也是外国投资者关注的重点,“准入不准营”是一个存在多年的问题,也是本法重点关注、试图解决的难点。

(五)《外商投资法实施条例》公布及其主要内容

“瘦身”后的《外商投资法》各项规定相对原则性较强,需要制定和完善配套法规,细化《外商投资法》确定的主要法律制度,形成可操作的具体规则。制定外商投资法配套法规列入国务院 2019 年立法工作计划,确保与外商投资法同时实施。司法部会同商务部、发展改革委等部门，在广泛听取各方面意见、反复研究修改的基础上起草形成了《外商投资法实施条例(草案)》。

2019 年 12 月 12 日，国务院第 74 次常务会议通过，并于 12 月 26 日以第 723 号国务院令公布了《外商投资法实施条例》，自 2020 年 1 月 1 日起施行。条例共有六章 49 条，与《外商投资法》的六章 42 条结构相同，内容几乎一一对应。多出的 7 条，主要体现在标准制定、政府采购、地方政府承诺、投诉机制等方面，这恰恰是外资企业在经营中最为关心的问题，也是实践中最容易出现问题的领域。条例回应企业关切，予以重点规范。

一是保障外商投资企业依法平等参与标准化工作。条例第 13 条、第 14 条明确外商投资企业依法和内资企业平等参与国家标准、行业标准、地方标准和团体标准的制定、修订工作，可以向标准化行政主管部门和有关行政主管部门提出标准的立项建议，在标准立项、起草、技术审查以及标准实施信息反馈、评估等过程中提出意见和建议，并按照规定承担标准起草、技术审查的相关工作以及标准的外文翻译工作。国家制定的强制性标准对外商投资企业和内资企业平等适用，不得专门针对外商投资企业适用高于强制性标准的技术要求。条例第 41 条第 2 款规定了政府和有关部门及其工作人员违法限制外商投资企业平等参与标准制定、修订工作，或者专门针对其使用高于强制性标准的技术要求的法律责任。

二是保障外商投资企业依法公平参与政府采购活动。条例第 15 条、第 16 条、第 17 条明确政府及其有关部门不得阻挠和限制外商投资企业自由进入本地区和本行业的政府采购市场。政府采购的采购人、采购代理机构不得在政府采购信息发布、供应商条件确定和资格审查、评标标准等方面，对外商投资企业实行差别待遇或者歧视待遇，不得以所有制形式、组织形式、股权结构、投资者国别、产品或服务品牌以及其他不合理的条件对供应商予以限定，不得对外商投资企业在中国境内生产的产品、提供的服务和内资企业区别对待。外商投资企业可以依法就政府采购活动事项向采购人、采购代理机构提出询问、质疑，向政府采购监督管理部门投诉。条例第42条则规定了政府采购的采购人、采购代理机构的法律责任，以及对监管部门对外商投资企业投诉逾期未作处理的行政责任。

三是保障地方政府承诺效力。根据条例第27条，地方政府承诺效力指的是“地方各级人民政府及其有关部门在法定权限内，就外国投资者、外商投资企业在本地区投资所适用的支持政策、享受的优惠待遇和便利条件等作出的书面承诺（限制条件是政策承诺的内容应当符合法律、法规规定）”。这是在实践中经常出现的问题。地方政府往往在招商引资过程中许以各种优惠政策和便利条件，待企业落地生产经营后，出现国家宏观政策导向变化、政府换届、地方财政紧张、给惠力度难以维系、土地升值等因素时，地方政府容易出现失约失信行为。为了解决这一突出问题，首先在《外商投资法》第25条规定“地方各级人民政府及其有关部门应当履行向外国投资者、外商投资企业依法作出的政策承诺以及依法订立的各类合同。因国家利益、社会公共利益需要改变政策承诺、合同约定的，应当依照法定权限和程序进行，并依法对外国投资者、外商投资企业因此受到的损失予以补偿”，并在条例第28条细化规定“不得以行政区划调整、政府换届、机构或者职能调整以及相关责任人更替等为由违约毁约”。

四是保障外商投资企业通过投诉机制维护自身权益。继在《外商投资法》第26条规定了“国家建立外商投资企业投诉工作机制，及时处理外商投资企业或者其投资者反映的问题”后，条例又以第29—31条具体细化了投诉机制的设置及对投诉人的保护。2020年8月25日，商务部又发布第3号部令，公布《外商投资企业投诉工作办法》，设立全国外商投资企业投诉中心（暂设在商务部投资促进事务局），以有效处理外商投资企业投诉，保护外商投资合法权益。办法自2020年10月1日起施行。值得注意的是，根据该办法，外商投资企业投诉不包括外商投资企业、外国投资者申请协调解决与其他自然人、法人或者其他组织之间民商事纠纷的行为。同一投诉事项已经由上级投诉工作机构受理或者处理终结的，或由信访等部门受理或者处理终结的，或已经进入或者完成行政复议、行政诉讼等程序的，都属于不予受理事项。投诉工作机构应当在受理投诉之日起60个工作日内办结受理的投诉事项。

（六）相关行政法规清理

2020年11月29日，为了贯彻实施《外商投资法》，国务院对与外商投资法不符的行政法规进行了清理。经过清理，决定："一、对22部行政法规的部分条款予以修改。二、废止《外国企业或者个人在中国境内设立合伙企业管理办法》(2009年11月25日中华人民共和国国务院令第567号公布)。"

在后续清理过程中，国务院累计推动各地区各部门修订或废止399部与外商投资法不相符的法规、规章和规范性文件，取消了一系列涉及外资企业设立和变更事项审批的规定。有关部门出台外商投资企业投诉工作办法、外商投资信息报告办法、外商投资安全审查办法、资本项目外汇业务指引等多部配套规章和规范性文件，做好相关司法解释和审判工作，出台了100余件地方性法规和文件。

（七）实施情况检查评估

1. 实施检查

《外商投资法》颁布实施以来，对外商投资的促进和保护效果究竟如何？有没有实现当初的立法目的和效果？还存在哪些问题？针对这些问题，全国人大常委会对16个省（区、市）外商投资法的实施情况进行了全面检查，对天津、南京、青岛、苏州4市进行了专项检查，覆盖了全国多半省份，这些省份外商投资额占全国的90%以上。此次执法检查将准入前国民待遇加负面清单管理制度等7个方面作为执法检查重点，累计听取了200余家外商投资企业和10余家外国商协会关于法律实施情况的意见和建议。2022年10月28日，执法检查组将检查外商投资法实施情况的报告提请十三届全国人大常委会第三十七次会议审议。

报告指出，在党中央坚强领导下，各级政府深入贯彻实施外商投资法，建立健全外商投资促进、保护、管理各项制度和工作机制，外商投资环境持续改善，吸收外商投资规模不断提升，法律实施取得了积极成效。商务部联合中国政府网对 3 130 家外资企业调查显示，近九成企业认为外商投资法落实较好，投资环境得到优化，法律实施后对中国市场的预期和信心均有提升。效果具体体现为：外商投资金额稳步上升，在全球跨国投资低迷背景下，我国吸收外资逆势增长，2020 年和 2021 年分别实际使用外商直接投资金额 10 000 亿元和 11 494 亿元，占全球外国直接投资的比重连续两年超过 10%。外商投资企业数量持续增长，2020 年和 2021 年我国年均新设外商投资企业 4.3 万户，截至 2022 年 9 月底登记在册的外商投资企业 45.5 万户(不含分支机构)。跨国公司在华设立地区总部、研发中心超过 2 000 家。外商投资布局不断优化，服务业实际使用外资占比达 80%，制造业外商投资企业效益提升，高技术产业实际使用外资金额占比近 30%。东部地区新设外商投资企业数量和实际使用外资金额占全国 80%以上，中西部地区吸收外资快速增长。

在建立健全工作机制方面，报告显示，国务院组建外贸外资协调机制重点外资项目工作专班，发布中国外商投资指引，出台保障外资企业公平参与政府采购制度，鼓励和支持外资企业平等参与国家标准、行业标准、地方标准的制定工作；支持外资企业通过资本市场直接融资，2020 年以来共有 45 家外资企业实现上市，45 家外资企业实现再融资；针对新冠疫情对产业链供应链造成的冲击，对集成电路、汽车、高端装备等领域外商投资企业平等给予政策帮扶。

报告显示，2021 年全国版和自贸试验区版的外商投资准入特别管理措施(负面清单)已分别减至 31 条、27 条，自贸试验区版制造业条目清零；放开金融领域外资准入限制，实现了负面清单全国版和自贸试验区版金融业条目清零，截至 2022 年 8 月底外国金融机构在华共设立 41 家外资法人银行、117 家外国银行分行、68 家外资保险机构；推出鼓励外商投资产业目录，引导外资更多投向制造业、生产性服务业和中西部地区。

2. 存在的突出问题

报告指出，当前仍然存在负面清单制度未完全落实、内外资区别待遇、外商投资权益保护不足、外商投资管理有待优化等方面的困难和问题。

外商投资准入前国民待遇加负面清单管理制度有待完善，是法律实施中存在的主要困难之一。外商投资企业反映，由于配套制度不够完善，在负面清单之外的领域，“准入营”问题比较突出，投资自由化水平还不够高。存在负面清单限制或禁止进入领域不够具体和明确、负面清单与部分行业政策不够一致、外商投资对进入负面清单以外领域缺乏明确预期、安全审查制度不够明确等问题。

外商投资企业对内外资一致公平待遇方面存在问题的反映和诉求较多。存在在招投标和政府采购中被区别对待、参与标准制定工作受限、获得政府支持和补贴的机会不平等、参与国家重大项目的机会受限等有待改进的问题。

外商投资权益保护有待加强，在知识产权保护、商业秘密保护、投诉工作机制等方面存在短板。对外商投资的管理水平有待提升，仍有外商投资信息报告制度不够完备，政策的稳定性、透明度、可预期性不高，行政执法存在随意性，新兴领域制度政策不完善等问题需要解决。对外商投资违法违规行为的监管存在薄弱点，存在偷逃税款、垄断和不正当竞争等违法违规行为。

此外，《外商投资法》自 2020 年实施以来，受到新冠疫情影响，增加了外商投资企业在华经营发展的不确定性，对法律实施效果带来一定影响。

3. 改进建议

执法检查报告从三个方面分析了产生问题的原因，即法律和配套制度还不完善、“放管服”改革尚未完全到位、国内外形势发生深刻调整。在此基础上，报告提出了加强配套制度建设、全面落实内外资一致原则、完善外商投资管理制度、加大法律宣传普及力度四个方面的建议。

（八）应知应会与《外商投资法》实施前景

2023 年 8 月 2 日，新华社发布消息称，中共中央办公厅、国务院办公厅印发了《关于建立领导干部应知应会党内法规和国家法律清单制度的意见》，并发出通知，要求各地区各部门结合实际认真贯彻落实，《外商投资法》位列其中。

通知要求领导干部带头尊规学规守规用规，带头尊法学法守法用法，做到在法治之下想问题、作决策、办事情。在学习重点中包括“国家法律”，其中“认真学习推动高质量发展相关法律。根据工作需要，学习循环经济促进法……外商投资法、著作权法等，学习与建设现代化产业体系、优化营商环境、全面推进乡村振兴、推进高水平对外开放、实施科技兴国战略、推动绿色发展等相关的法律，增强领导干部推动高质量发展本领”。

只有各级政府部门、领导干部能够真正“带头尊法学法守法用法，做到在法治之下想问题、作决策、办事情”，才能使《外商投资法》充分发挥出其投资促进、投资保护和投资管理的功能，保障我国外资事业不断发展，推动国民经济稳步前进。

(九) 外资 24 条

2023 年 8 月 13 日，国务院印发《国务院关于进一步优化外商投资环境加大吸引外商投资力度的意见》(国发〔2023〕11 号)，指出为全力实现利用外资促稳提质目标，为外国投资者营造更加优化的投资环境，有效提振外商投资信心，从提高利用外资质量、保障外商投资企业国民待遇、持续加强外商投资保护、提高投资运营便利化水平、加大财税支持力度、完善外商投资促进方式六个角度提出 24 条促进措施，又称“外资 24 条”。应该说，上述六个角度确实是当前外资引进、留住、增资面临的最重要的六个关键节点。上述意见具有四个主要特点：

一是拓展对外开放广度和深度。比如，加大服务业扩大开放综合试点示范先行先试力度；鼓励外商投资企业及其设立的研发中心承担重大科研攻关项目；建立健全合格境外有限合伙人外汇管理便利化制度，支持以所募的境外人民币直接开展境内相关投资等。

二是提升投资经营便利化水平。比如，为外商投资企业的外籍高管、技术人员本人及家属提供入出境、停居留便利；为符合条件的外商投资企业建立绿色通道，高效开展重要数据和个人信息出境安全评估；开展保障经营主体公平参与政府采购活动专项检查；推进标准制定、修订全过程信息公开，支持外商投资企业依法平等参与标准制定工作；健全知识产权快速协同保护机制，对事实清楚、证据确凿的案件依法加快办理进度等。

三是加大外商投资引导力度。比如，支持各地区在法定权限范围内对符合鼓励外商投资产业目录规定的外商投资企业实施配套奖励措施；支持先进制造等领域外商投资企业与职业院校、职业培训机构开展职业教育和培训；研究创新合作采购方式，通过首购订购等措施，支持外商投资企业在我国创新研发全球领先产品等。

四是强化外商投资促进和服务保障工作。比如，建立健全外商投资企业圆桌会议制度；鼓励各地区探索对外商投资促进部门和团队的非公务员、非事业编制岗位实行更加有效灵活的用人机制和薪酬制度，加强外商投资促进人员配备；做好自由贸易协定原产地证书签证工作，为外商投资企业享受关税减免政策提供便利等。

2024 年 2 月，商务部召开外资企业圆桌会议，商务部、税务总局、市场监管总局、国家移民局等部门有关负责人就“外资 24 条”具体落实情况进行了介绍，认为“外资 24 条”的大部分措施已落实或取得积极进展，下一步将继续加强实施，增强外资企业的政策获得感。

2024 年 2 月，国务院办公厅印发了《扎实推进高水平对外开放更大力度吸引和利用外资行动方案》提出 5 个方面 24 条措施，主要涉及扩大市场准入，提高外商投资自由化水平；加大政策力度，提升对外商投资吸引力；优化公平竞争环境，做好外商投资企业服务；畅通创新要素流动，促进内外资企业创新合作；完善国内规制，更好对接国际高标准经贸规则。要求各地区各部门狠抓落实、切实增强外资企业获得感。

对于上述政策举措能否起到应有的促进激励作用，目前还有待观察。根据商务部年初例行新闻发布会公布的数字，2024 年 1—2 月，我国新设外商投资企业数增长 34.9%，是一个正面的例证。其他注入投资额、投资质量、相比其他外资引进国的增减对比，还有待更多发布数据论证。

2024年2月，商务部组织开展了“外资24条”落实情况评估会议，了解听取外资企业评价。总体来看，“外资24条”超过六成的政策举措已经落实或者取得积极进展，绝大部分外资企业对政策效果表示肯定。根据今年中国美国商会、欧盟商会、日本商会等在华外资协会最新发布的调查显示，计划持续在华经营的美资、欧资和日资企业比例均超过四分之三。根据中国日本商会2024年7月发布的《中国经济与日本企业2024年白皮书》，2023年白皮书中所提及的多条政策建议已被“外资24条”所采纳。可见，“外资24条”的落实增强了外资企业的投资信心，外资企业在华投资经营预期稳定，也为我国经济高质量发展注入了新的动力。

第二章　上海世博会对我国涉外经贸法治的重要推动

自2002年12月3日中国获得2010年注册类世博会的举办权以来，“中国政府和上海世博会的组织者始终把举办一次法治的世博会作为崇高的工作目标，上海世博会组织和举办的全过程秉承‘依法办博’的理念”①。

“依法办博”不仅要求上海世博会的组织和举办工作必须遵循中国相关法律法规的规定。更为重要的是，作为在国际合作规制下所举办的世博会，“依法办博”同时要求作为世博会主办国的中国政府在组织和举办上海世博会过程中必须遵循《国际展览会公约》、国际展览局各专项规章等世博会国际规则，必须遵守中国政府在申办和注册上海世博会时所作出的各项国际承诺。由此，要在国际法层面做到依法办博，中国政府必须以我国现行的法律制度为基础，针对我国现行法制与世博会国际规则不相吻合的内容，出台针对上海世博会的一系列特殊立法②，以确保国内法制切实遵循世博会国际规则的要求。

---

① 周汉民:《上海世博会与城市法治化》，载上海世博会事务协调局等主编:《城市与法治》，法律出版社2010年版，第26页。

② 本书所述的“特殊立法”，基本是相关政府部门颁布的规范性文件，并不属于我国《立法法》意义上的立法行为。

第一节　遵循和融入以《国际展览会公约》为基石的国际规则体系

纵观世界博览会 170 多年的历史发展，从制度规则视角来看，世博会的发展就是一个不断从国内规制走向国际共同规制的历程。20 世纪初期以来的一个多世纪里，在世博会逐步从主办国规制走向国际合作规制的过程中，逐步形成和完善了以《国际展览会公约》为核心的一套世博会国际规则。

由于世博会各主办国的历史文化、国情现状和法律制度不尽相同，世博会国际规则中事实上包含着适用于所有世博会和适用于特定世博会两个层面的国际规则。

一、适用于所有世博会的国际规则

（一）《国际展览会公约》

1928 年 11 月 22 日缔结《国际展览会巴黎公约》，以国际公约的形式确立了世博会组织和管理的基本制度，是世博会国际规则的基石。

《国际展览会公约》1931 年 1 月 17 日生效后，经历了 1948 年、1966 年、1972 年三个议定书和 1982 年、1988 年两个修正案的修正，世博会的分类、举办时长、间隔期限、主办国义务、国际组织设立、世博会评奖制度等在 90 多年的演进中不断修订完善，主要修订内容详见表 2.1。为区分方便，本章所称的《国际展览会公约》指 1928 年 11 月 22 日签订，1931 年 1 月 17 日生效，迄今为止历经五次修正的《国际展览会公约》；所称的 1928 年《国际展览会巴黎公约》，则专指《国际展览会公约》的 1928 年文本。

表 2.1 《国际展览会公约》主要修订内容

国际展览会公约	时 间	主 要 内 容
1928年《国际展览会巴黎公约》(Convention of Paris Relating to International Exhibitions)	1928年11月22日签订,1931年1月17日正式生效。	《国际展览会巴黎公约》共四部分(sections),包括40个条款和4项提议,涉及世博会的定义、分类、举办期限和颁奖制度等。《国际展览会公约》还决定成立协调和监督《国际展览会公约》实施的国际组织,即国际展览局。《国际展览会巴黎公约》的订立和国际展览局的成立,标志着国际社会合作规制世界博览会的法律体制正式确立,标志着国际展览事业从主办国法制时代迈入国际合作规制的崭新发展阶段。
《1948年议定书》(全称《修正1928年11月22日国际展览会巴黎公约的1948年5月10日议定书》, Protocol of the 10th May, 1948 Amending the Convention Relating to International Exhibitions Signed at Paris on the 22nd November, 1928)	1948年5月10日签署,1949年6月20日正式生效。	《1948年议定书》共4条,在世博会举办所涉及的三个基本问题上对《国际展览会公约》进行了修正: 1. 完善了世博会的分类 在《国际展览会巴黎公约》将世博会分为"一般展览会"①(General Exhibition)和"特殊展览会"(Special Exhibition)两大类的基础上,《1948年议定书》中明文规定特殊展览会上不得设有国家馆,从而也明确了特殊展览会上展馆建造费用的承担问题。 2. 进一步明确了世博会的举办期限要求 《1948年议定书》坚持了世博会的举办期限一般不超过6个月的规定,并要求世博会的展期应在该次世博会获得注册时予以明确,且对延长世博会举办期限设置了严格的条件:(1)必须在世博会工作启动后出现不可抗力致使世博会不可能按业已确定的日期如期举行或无法在确定的时间内正常完成;(2)必须由主办国提出延期申请,并经国际展览局批准;(3)延期后的期限无论如何均不得超过原已正式确定的闭幕日期后的6个月。

① 1928年《国际展览会巴黎公约》第4条进一步将一般展览会区分为"第一类一般展览会"(General Exhibitions of the First Category)和"第二类一般展览会"(General Exhibitions of the Second Category)。前者是指受邀参展国政府应自行建造展馆的一般展览会,后者是指受邀参展国不必自建展馆的一般展览会。

续表

国际展览会公约	时　间	主　要　内　容
		3. 完善了世博会举办时间间隔的规定 《1948 年议定书》采取了更为细化的方案，并将全世界分为 3 个地区，即欧洲区、美洲区和其他地区①，并以区域划分为基础细化了《国际展览会巴黎公约》有关世博会举办时间间隔的规定，其要点在于： （1）任何缔约国，只有在同一地区举办的上一次第一类一般展览会结束至少 6 年后或在其他地区举办的上一次第一类一般展览会结束至少 2 年后，方可以组织参加第一类一般展览会。 （2）任何缔约国，只有在同一地区举办的上一次一般展览会结束至少 2 年后或在其他地区举办的上一次一般展览会结束至少 1 年后，方可以组织参加第二类一般展览会。但是，如果展览会的性质相同，则上述间隔应相应被延长至 4 年和 2 年。
《1966 年议定书》（全称《修正 1928 年 11 月 22 日国际展览会巴黎公约第 4 条的 1966 年 11 月 16 日议定书》，Protocol of 16th November 1966 Amending Article 4 of the Convention Relating to International Exhibitions Signed at Paris on the 22nd November, 1928）	1966 年 11 月 16日签署，1967 年 11 月 10 日正式生效。	《1966 年议定书》共 7 个条款，主要涉及对世博会举办时间间隔问题的进一步修正，删除了《1948 年议定书》中将成员国划分地区的做法，将在不同国家举办一般展览会的时间间隔区分为四种情形：(1)如果展览会同为第一类一般展览会，间隔时间为 6 年；(2)如果展览会同为性质相同的第二类一般展览会，间隔时间为 4 年；(3)如果展览会为性质不相同的第二类一般展览会，间隔时间为 2 年；(4)如果展览会分别为第一类和第二类一般展览会，间隔时间为 2 年。除此之外，《1966 年议定书》在举办间隔上保持了与《1948 年议定书》相同的规定。 经过 1966 年的修正后，《国际展览会公约》关于世博会举办时间间隔的规定完全回归到《国际展览会巴黎公约》的规定上。

① 根据《1948 年议定书》第 1 条的规定，跨区的国家可自主选择希望被分入哪一个区。

续表

国际展览会公约	时　间	主　要　内　容
《1972年议定书》（全称《修正1928年11月22日国际展览会巴黎公约的1972年11月30日议定书》，Protocol of the 30th November, 1972 to Amend the Convention Signed at Paris on the 22nd November 1928 Relating to International Exhibitions）	1972年11月30日签署，1980年6月9日最终生效。	1972年的修正是《国际展览会公约》自1928年缔结以来最为全面、最为综合的一次修正。《1972年议定书》共7条，主要内容涉及以下方面： 1. 确立了新的世博会分类方式 《1972年议定书》改变了《国际展览会巴黎公约》以来区分一般展览会和特殊展览会的做法，将世博会分为"综合类世博会"（Universal Exhibition）和"专业类世博会"（Specialised Exhibition）①。 根据1972年修正后《国际展览会公约》第14条的规定，如果综合类世博会由国家馆组成，参展国政府应自费建造其各自展馆。但作为例外，经国际展览局事先同意，综合类世博会的组织者也可建造展馆租赁给无力承担国家馆建设的参展国政府②。对于专业类世博会，建造展馆的费用则应由世博会的组织者承担。然而，1972年修正后的《国际展览会公约》并没有吸收《1948年议定书》中禁止在特殊展览会上建造国家馆的做法。这也成为20世纪80年代各国纷纷举办专业类世博会的重要原因——各国可以独立国家馆的形式参与竞争，且还不用承担展馆建造费用③。 2. 对世博会的举办期限作出更严格的规定 1972年修正后的《国际展览会公约》第4条规定，世界博览会的展期不应超过6个月，在任何情况下均不得超过。世界博览会开幕和闭幕日期应在注册时予以确定，并且不得改变，除非因为不可抗力且获得国际展览局的同意。

① 1972年修正后的《国际展览会公约》第3条规定，综合类世博会是指那些展示人类在数个领域的奋斗历程中使用的方法、取得的或者行将取得的进步的展览会；而专业类世博会则是指那些致力于展示人类在单一领域取得的奋斗成果的展览会。

② 西班牙1992年塞维利亚世博会和德国2000年汉诺威世博会上，组织者均采用此种方式向一些参展国租赁场馆。

③ 由于如此，当时的许多专业类世博会在规模和影响方面事实上已演变成为变相的综合类世博会。马塞尔·加洛潘指出，"1972年修正造成了这个意外的结果，它的本意是区分两类不同博览会，结果却明显地缩短了它们的距离，使得公众在很多场合不分彼此"。参见[法]马塞尔·加洛潘：《20世纪世界博览会与国际展览局》，钱培鑫译，上海科学技术文献出版社2005年版，第31页。

续表

国际展览会公约	时　间	主　要　内　容
		3. 确立有关世博会举办时间间隔的新规定 根据新的世博会分类方式，1972 年修正后的《国际展览会公约》第 5 条确立了有关世博会举办时间间隔的新规则： （1）在同一国家举办两次综合类世博会，其间隔期至少为 20 年；在同一国家举办综合类世博会和专业类世博会，其间隔期至少为 5 年； （2）在不同国家举办两次综合类世博会，其间隔期至少为 10 年； （3）在同一国家举办类别相同的专业类世博会，其间隔期至少为 10 年；在同一国家举办类别不同的专业类世博会，其间隔期至少为 5 年； （4）在不同国家举办两次类别相同的专业类世博会，其间隔期至少为 5 年；在不同国家举办两次类别不同的专业类世博会，其间隔期至少为 2 年。 在上述四项规则的基础上，《国际展览会公约》第 5 条第 2 款同时规定，在例外情形下，国际展览局可以依照全体大会 2/3 多数表决通过，缩短前述规定的专业类世博会的间隔期；并可缩短在不同国家举办的综合类世博会的间隔期，但不能少于 7 年。 此外，《1972 年议定书》完善了对官方参展者参展条件的有关规定，并借鉴 1961 年 6 月 8 日《布鲁塞尔海关公约》①（The Customs Convention of Brussels），制定了一份有关参展者进口货物在通关制度方面应遵循的制度，作为《国际展览会公约》的附件。与此同时，《1972 年议定书》授予国际展览局更为明确的权限，扩大了其规范的权力和实施《国际展览会公约》的权力。《1972 年议定书》还对国际展览局的机构设置进行了重新整合，将管理行政事务的权力授予了国际展览局秘书长。新的《国际展览会公约》文本还对国际展览局批准新成员加入的条件作出了更为严格的规定，并首次明确了《国际展览会公约》后续修正的相关规则。

① 《布鲁塞尔海关公约》全称为《关于便利在展览会、交易会、会议或类似活动中展示或使用的货物进境的海关公约》(Customs Convention Relating to the Facilities Granted for the Importation of Goods Destined for Presentation or Use at an Exhibition, Trade Fair, Congress or Similar Event)，共六章 25 条，于 1961 年 6 月 8 日签订。该公约要求展览会、交易会、国际会议的主办国对这些活动中涉及的进口商品在通关时给予一定程度的便利措施。

续表

国际展览会公约	时　间	主　要　内　容
《1982年修正案》(全称《1982年6月24日关于修正1972年11月30日议定书附件第5条第2段的修正案》,Amendment of 24th June 1982 to Article 5 Paragraph 2 of the Appendix to the Protocol of 30th November 1972)	1982年6月24日国际展览局第91次全体大会审议并通过，于1983年6月15日正式生效。	在维持10年通常间隔期限规定(不同国家举办相邻两次综合类世博会的期限)的同时,《1982年修正案》给予了国际展览局在特殊情形下更大的自主权，即经过全体大会2/3多数表决通过，可以缩短10年间隔期限，但缩短后的时间间隔不再锁定为7年，而是可根据实际情况予以确定。
《1988年修正案》	1988年5月31日，国际展览局第103次全体大会审议并通过，于1996年7月19日开始对国际展览局的所有成员国产生法律效力。	《1988年修正案》共6条，主要涉及世博会的类型划分和举办时间间隔这两个重要的方面。 在世博会的类型方面,《1988年修正案》取消了原有综合类世博会与专业类世博会的区分，并创设出与注册类世博会(Registered Exhibitions)相对应的一类新类型的世博会，即认可类世博会(Recognized Exhibitions)。 与以往文本中的做法相区别，1988年修正后的《国际展览会公约》没有对注册类世博会和认可类世博会进行定义，而是从举办期限、展馆建设、时间间隔和场地面积等方面对这两类世博会进行了区分①: (1) 在举办期限方面，注册类世博会的展期不短于6周，不超过6个月;认可类世博会的展期不短于3周，不超过3个月。 (2) 在间隔时间方面，从1995年1月1日起，两次注册类世博会的举办间隔期限至少为5年;如为纪念某种具有国际重要性的特殊事件，在不改变原已列入计划的5年间隔的前提下，国际展览局可以接受比规定日期提前不超过一年的举办日期。在两次注册类世博会的间隔期间，只能举办一次认可类世博会。 (3) 在展馆建设方面，注册类世博会的主办国应将展馆建馆的条件在《一般规章》中予以明确;而就认可类世博会，原则上组织者应建造展馆，并以免收租金、税费(服务费除外)的方式提供给参展者使用②。 (4) 在场地和面积方面，认可类世博会的场地总面积不能超过25公顷，分配给一个国家最大的面积不得超过1 000平方米，而注册类世博会没有这些方面的限制。 此外，1988年修正后的《国际展览会公约》还要求认可类世博会应当具有明确的主题。

① 参见1988年修正后《国际展览会公约》第3条和第4条。

② 根据1988年修正后《国际展览会公约》第4条的规定，如果主办国的经济和财政状况证明确有必要，国际展览局可对无偿提供展馆的规定适当放宽。

（二）国际展览局制定的专项规章

在《国际展览会公约》自身不断修正完善的同时，作为监督《国际展览会公约》实施的国际组织，国际展览局还在《国际展览会公约》的框架下就与世界博览会有关的一些重要事项制定了一系列专项规章，细化充实有关世博会组织举办以及国际展览局内部运作和管理的相关制度。

1928 年《国际展览会巴黎公约》第 11 条规定，行政理事会有权就《国际展览会公约》管辖的所有事项作出决定，并有权讨论和通过有关国际展览局组织和管理事项的规章。1972 年修正后的《国际展览会公约》第 27 条进一步明确规定，全体大会有权就根据《国际展览会公约》规定属于国际展览局权限的所有问题作出决定，且具有最高权威性。全体大会有权讨论、通过和公布有关世界博览会注册、分类和组织以及国际展览局正常运作的规章。[①]

据统计，由国际展览局全体大会根据上述规定所制定的且仍然生效的专项规章主要有如下 15 项：

（1）《国际展览局规章》(Regulations of the International Bureau of Exhibitions)：该规章于 1931 年 1 月通过，主要涉及国际展览局内部的组织架构及运作方式，包括四个部分，即国际展览局内部规章、各委员会规章、工作人员规章、财务规章。

（2）《国际展览局注册展览会的程序和期限的有关规章》(Regulations Relating to the Procedures and Deadlines for Registration of an Exhibition by the International Bureau of Exhibitions)：这一规章由国际展览局第 125 次全体大会于 1999 年 5 月 28 日通过，涉及申办注册类世博会的程序，规定了各步骤的时限、内容与文件要求。

（3）《国际展览局认可展览会的程序和期限的有关规章》(Regulations Relating to the Procedures and Deadlines for Recognition of an Exhibition by the International Bureau of Exhibitions)：同《国际展览局注册展览会的

① 《国际展览会公约》在 1988 年修正时，在“注册”后加了“或认可”，以适应认可类世博会创设后的需求。

程序和期限的有关规章》一样，此份规章也是由国际展览局第125次全体大会于1999年5月28日所通过，涉及申办认可类世博会的程序，同样规定了各步骤的时限、内容与文件要求。

(4)《国际展览局注册或认可国际展览会之前的考察》(Preliminary Enquiry for BIE Registration or Recognition of International Exhibitions)：这一规章由国际展览局行政理事会于1975年4月30日通过，主要规定了国际展览局对申办国进行注册或认可前考察的相关事宜，涉及了考察团的人员组成、时间安排等程序事项，并详细列明了国际展览局重点考察的各方面内容。

(5)《展览会的注册费用》(Registration Fees for Exhibitions)：这是1971年11月24日国际展览局第70次全体大会所通过的一份决议。后根据国际展览局全体大会的决议进行过8次修订[①]。这一文件涉及国际展览局成员国和非成员国注册或认可各类世博会所应缴纳的费用及标准。

(6)《注册类国际展览会一般规章范本》(Model General Regulations for International Registered Exhibitions)：这一法律文件涉及注册类世博会的总体规定、主办国的组织架构、官方参展的组织架构、参展的一般条件、特许经营活动以及取消世博会的赔偿六个方面内容。

(7)《认可类国际展览会一般规章范本》(Model General Regulations for International Recognized Exhibitions)：与《注册类国际展览会一般规章范本》相类似，该规章规定了认可类世博会相同的六个方面的有关问题。国际展览局自1934年开始便草拟一般规章范本。两份一般规章范本系于1999年5月28日国际展览局第125次全体大会所通过，其后又经多次修订。

(8)《国际展览会组织者编写特殊规章的指南》(Guidelines for the Organizers of International Exhibitions for the Elaboration of Special Regula-

① 8次修订的时间分别是1979年6月20日、1983年6月15日、1987年5月20日、1990年6月14日、1992年12月4日、1996年12月12日、1999年12月8日和2002年12月2—3日。

tions):《国际展览会组织者编写特殊规章的指南》(以下简称《特殊规章编写指南》)旨在按照一定的逻辑顺序列出每份《特殊规章》中应当涉及的重要方面,以便于世博会组织者制订的《特殊规章》更为规范化,同时也更有利于国际展览局对其进行审查。该文件既适用于注册类世博会,也适用于认可类世博会。

(9)《注册类展览会参展合同范本》(Model Participation Contract for Registered Exhibitions):在《一般规章》和《特殊规章》框架下,主办国和每一参展者签署《参展合同》,用以对特定参展者参加世博会过程中所涉及的场地状况、商业活动、公共服务、展示方案和参展援助等问题进行明确约定。该文件为注册类世博会的组织者制订《参展合同》提供了重要的指导。

(10)《认可类展览会参展合同范本》(Model Participation Contract for Recognized Exhibitions):与《注册类展览会参展合同范本》相类似,此份文件适用于认可类世博会的《参展合同》。两份参展合同范本首先均制定于1978年,之后随着《国际展览会公约》的修订和举办世博会情况的变化而进行过多次的改动。

(11)《关于国际展览会参展者进口货物的海关规章》(Customs Regulation for the Importation of Articles by the Participants in an International Exhibition):这一规章系《国际展览会公约》之附件,是《国际展览会公约》1972年修正时所制定的。这一规章主要要求世博会的主办国赋予参展者的进口展品"暂准进境货物"的法律地位,并规定了主办国海关可以对参展者进口展品所实施的监管措施。

(12)《展区总代表联席会议指导委员会示范规章》(Model Rules of the Steering Committee of the College of Commissioners General):指导委员会系由官方参展者的展区总代表推选产生的机构,旨在维护世博会参展者的共同利益,确保世博会顺利举办。这一规章于1999年12月8日国际展览局第126次全体大会所通过,对指导委员会的功能、组成和运作作出了具体规定，为世博会主办国和组织者提供指引和示范。

(13)《关于评奖与奖项的特殊规章》(Special Regulation on Awards and Prizes)：在世博会举办期间，世博会组织者可以组织对参展者进行评奖。这一规章亦是于1999年12月8日国际展览局第126次全体大会所通过，涉及了评奖团的组成、评奖方式、评奖标准及奖品等相关问题。

(14)《有关公众获取国际展览局文件的规章》(Regulations Related to the Public Access to the Documents of the International Exhibitions Bureau)：此份规章于2004年6月23日由国际展览局第135次全体大会所通过。该规章将国际展览局文件分为"不需事先授权即可获得的文件""需事先授权才可获得的文件"以及"保留的文件"三类，并在此基础上明确了国际展览局成员国和非成员国公众获取各类国际展览局文件的方式与步骤。

(15)《有关国际展览局及世界博览会品牌识别及推介材料的规章》(Regulations related to the Brand Identity and the Communication Material of the Bureau International des Expositions and of World and International Exhibitions)：早在1971年11月24日，国际展览局第79次行政理事会便通过了《关于使用国际展览局局旗的规章》(Regulations Concerning the Use of the International Exhibition's Flag)，规定了国际展览局局旗使用的情形与其使用的具体要求。此份规章后经国际展览局多次修正，最后一次修正的时间为2006年2月。2009年11月24日，国际展览局第146次全体大会通过了《有关国际展览局及世界博览会品牌识别及推介材料的规章》，此份文件是在进入21世纪以来国际展览局日益注重自身形象和品牌的公共推介的大背景下所制定的，极大拓展了国际展览局和世博会的品牌识别元素，并对国际展览局局旗和世博会名称、图形等识别元素的使用统一进行规范。

值得注意的是，国际展览局全体大会所制定的专项规章有"强制性规章"(compulsory regulation)和"示范性规章"(model regulation)之分。强制性规章对国际展览局成员国和世博会组织者具有强制约束力，而示范性规章则作为对国际展览局成员国和世博会组织者的指引和参照①。

（三）国际展览局全体大会通过的决议

在规范和管理世博会的过程中，国际展览局全体大会还就一些具体事项作出决议，特别是针对一些尚不具备制定专项规章条件，但又迫切需要规范的问题。有些决议针对的是特定世博会组织和举办中的具体问题，另有一些决议则针对所有或某种类别世博会的共性问题。后一类型的决议在性质上属于规范性文件，在效力上普遍适用于所有国际展览局成员国和决议生效后的同类事项，因而也构成世博会国际规则的组成部分。

实践中，国际展览局全体大会制定和通过相关决议，一般均以其执行委员会或相关专业委员会②的工作为基础。例如，2001 年 6 月 6 日举行的国际展览局第 129 次全体大会根据规则委员会的报告，决定增加参与专业委员会的国际展览局成员国数量：将参与规则委员会的成员国数量由原来的 9 个增加至 12 个；将参与行政和预算委员会、信息和交流委员会的成员国数量由原来的 6 个增加至 9 个。③有时，全体大会还会在审议前先成立专门的工作组进行专题研究，并由全体大会根据工作组的推荐意见作出决议。例如，1994 年 6 月 8 日举行的国际展览局第 115 次全体大会便根据工作组的推荐意见，就如下五个事项作出决议：(1)世博会的主题（The Themes of Exhibitions）；(2)场地的确定和后续利用的条件（The Conditions of the Insertion and Re-utilization of the Site）；(3)注册的条件（The Conditions

---

① 1972 年修正后的《国际展览会公约》第 27 条 a）项规定，“……在《国际展览会公约》规定范围内，全体大会有权制定强制性规章，供希望享有国际展览局注册利益的世博会组织者遵守；有权制定示范性规章，作为此类组织者的指引”。

② 在执行委员会之外，国际展览局现设有规则委员会、行政和预算委员会、信息和交流委员会三个专业委员会。

③ 有关增加国际展览局执行委员会和专业委员会成员国数量的内容，为《国际展览局规章》后续修订所采纳。

for Registration)；(4)给予发展中国家援助的方式(The Modalities of Assistance for Developing Countries)；(5)国际展览局对避免过度商业化所承担的责任及施加的限制(The Role of the BIE and its Limits in Preventing Over-commercialization)。

二、适用于特定世博会的国际规则

尽管以《国际展览会公约》为基础，国际展览局的一系列专项规章和决议已就世博会的组织和举办的诸多事宜确立了基本规范，但由于世博会各主办国的具体情况各不相同，国际社会难以通过一套严整统一的法律制度对世界博览会组织和举办中所涉及的所有事项进行全面规范。

由此，世博会实践中形成了一套灵活务实的方案：由世博会的主办国以《国际展览会公约》和国际展览局专项规章为依据和指引，结合特定世博会及其主办国的具体情况，制定适用于特定世博会的《一般规章》和一系列《特殊规章》[①]。这些《一般规章》和《特殊规章》提交并经国际展览局审核通过，成为对特定世博会主办国和参展国、组织者和参展者在组织、举办和参与该次世博会中的规范和准则。

《一般规章》涉及的内容较为综合全面，主办国在提请国际展览局注册或认可该次世博会时便应制定并提交国际展览局审核。《特殊规章》则是依据《国际展览会公约》和《一般规章》所制定的，主办国应在世博会注册或认可通过之后至开幕前的一段时间内分批次提交国际展览局审核。在《特殊规章》中，主办国根据该次世博会的具体情况和其国内法律制度，就世博会中的一系列具体的、特定的领域(如主题、参展条件、场馆建设、货物通关、商业活动、保险、人员待遇、知识产权、颁奖等)作出细化规定。此外，主办国和参展国还要签订《参展合同》，明确每一参展者在特定世博会上的展馆与场

① 国际展览局明确列出的《特殊规章》有 14 份，世博会的主办国可以根据实际情况进行增加。

地的信息、演绎主题的总体方案、组织商业活动的具体情况，以及参展援助等内容。

由世博会主办国依据《国际展览会公约》精神和总体要求自行制定适用于特定世博会的具体规则并提交国际展览局审核通过，这是一种务实而具有创造性的制度安排。值得注意的是，在此过程中，国际展览局并未放弃对主办国进行必须和必要的指引与制约。

国际展览局制定的专项规章中，便有分别适用于注册类世博会和认可类世博会的《一般规章范本》和《参展合同范本》。主办国撰写特定世博会的《一般规章》和《参展合同》时，通常以国际展览局的范本为基础。虽然《一般规章范本》和《参展合同范本》均属典型的示范性规章，但这些示范性规章在世博会举办实践中具有很强的指导作用。诚如国际展览局在 1981 年 12 月 9 日所起草的《一般规章范本注释》（Note on the Model General Regulations）中所指出，“并非《一般规章范本》中的所有规定都是强制性的”“组织者知道，如果他们提交与《一般规章范本》一致的文本，就能肯定文本会被接受。然而，如果他们提出了不同的规定来管理世博会，他们就必须使国际展览局确信基于此次世博会的特殊性，这些条款是合法的。否则，国际展览局将不予注册”。因此，成员国一般只是根据特定世博会的具体情况添加相关内容，或者在范本列出的若干备选方案中挑选较为合适的方案，而较少对示范性规章中明确规定或要求的事项进行实质性更改。

对于《特殊规章》而言，由于其涉及的问题更加专业具体，国际展览局并未为每一份《特殊规章》制定具体的范本，而仅通过一份题为《国际展览会组织者编写特殊规章的指南》的专项规章列出每一份《特殊规章》应予涉及和明确的主要问题，为世博会的主办国提供参考和指引。

综上可见，虽然《一般规章》和《特殊规章》均是由世博会的主办国所制订的适用于特定世博会的规则，但《一般规章》更多体现共性问题，国际展览局进行引导和规范的成分较多、程度较深；《特殊规章》则更多体现个性问题，其主要内容系由主办国根据国内法律法规和特定世博会的具体情况而编制，国际展览局进行国际规制的成分较少、程度较浅。

主办国制订的拟与官方参展者签订的《参展合同》文本亦应当在申请注册或认可时提交国际展览局通过。根据《参展合同》的规定，特定世博会的《一般规章》和所有《特殊规章》将并入《参展合同》当中，成为《参展合同》的组成部分。

必须指出的是，无论是《一般规章》《特殊规章》还是《参展合同》，其都是以主办国和参展国的关系作为调整对象的，属于国际层面的法律规则。这些文件并不直接涉及在参展国展区内从事展示活动的展示者，也不涉及参展国及其展示者在主办国境内所从事的民商事活动。

综上，规范世博会的国际规则如图 2.1 所示：

世博会的国际规则
- 适用于所有世博会
  - (1)《国际展览会公约》
  - (2) 国际展览局制定的规章、决议
- 适用于特定世博会
  - (3) 特定世博会的《一般规章》
  - (4) 特定世博会的《特殊规章》
  - (5) 主办国与参展国的《参展合同》

图 2.1　世博会国际规则的体系架构

三、世博会国际规则的主要特征

规范世博会举办的国际规则具有如下一些重要的特征：

第一，结构方面的非均衡性。

世博会国际规则在结构上的非均衡性，主要表现在规范世博会的国际规则在不同领域和事项上的详尽和完备程度具有显著区别。现有世博会国际规则在如下三个方面问题的规定上是较为详尽和完备的：(1)关于世博会的分类、举办期限和举办间隔；(2)关于世博会的申办、注册或认可的步骤和程序；(3)关于国际展览局内部组织规则。然而，在世博会的参展条件和主办国的行政管理事项方面，除了对于参展者货物的海关监管问题《国际展览会公约》在1972年修正时制订专项规章作为《国际展览会公约》附件予以明确外，其余方面的规定都十分原则和笼统。甚至还有些世博会组织和举办中涉及的重要问题，如世博园区场地的动拆迁问题、参展者货物的检验检疫问题、世博会品牌元素的知识产权保护问题等，现有的世博会国际规则并未涉及。

造成世博会国际规则在结构上呈现非均衡性有两个方面的原因：其一，在合作规制世博会举办迄今为止的努力中，划分世博会类型，进而明确各类世博会的举办期限和举办时间间隔以应对世博会频仍无序举办的局面，一直是国际社会面临的首要任务。相对而言，完善世博会的组织规则、提升世博会的组织质量和参展水平等问题则相对隐藏在主要矛盾之后，在国际规则的制订、发展和完善中未得到应有的重视。其二，有关世博会参展条件以及主办国的行政管理领域的若干事项，如参展者货物的检验检疫、参展者外籍工作人员出入境（包括所涉的签证申请、就业许可、居留许可等事项），以及参展者及其工作人员在世博会主办国的税收待遇等问题，都直接涉及传统意义上属于主办国主权管辖的事项。国际社会要就世博会举办中所涉的这些问题达成统一而详尽的规则，具有相当的难度。

第二，内容方面的相对原则性。

作为结构上非均衡性的必然结果，同时也作为世博会国际规则的外在表征，世博会的国际规则在内容上（特别是有关参展条件和主办国行政管理的事项）的规定显得相对原则和笼统。

例如，在参展者外籍工作人员的出入境方面，虽然这一事项对参展者工作人员顺利在主办国开展办展事务具有重要意义，但国际展览局规章只是原则性地要求世博会政府总代表①及组织者应保证参展者工作人员的出入境和居留没有障碍，未对世博会的主办国和组织者提出任何明确具体的措

① 根据《国际展览会公约》第12条的规定，世博会主办国应为注册类世博会任命一名世博会政府总代表，或为认可类世博会任命一名世博会政府代表，授权其代表主办国政府处理与《国际展览会公约》有关的一切事务及与世博会有关的各项事宜。

施要求。在主办国给予参展者及其工作人员的税收优惠待遇方面，国际展览局仅在《国际展览会组织者编写特殊规章的指南》中要求世博会主办国和组织者应在相关特殊规章中明确一系列税收待遇问题，但未对主办国应给予参展国及其工作人员的税收优惠待遇提出具体要求。

世博会国际规则内容上的相对原则性产生了世博会举办实践中对既往世博会惯常做法以及对国际展览局秘书处的依赖性。在解释和澄清世博会的相关原则性规则时，世博会的主办国和参展国、组织者和参展者都经常需要援引以往世博会在这一领域的具体做法作为比较和佐证，也经常需要请教国际展览局秘书处，特别是请国际展览局秘书长对相关规则的具体含义作出解释。

第三，功能方面规制与指引相结合。

世博会组织和举办中涉及的事项繁杂，世博会国际规则并未对所有事项作出具体统一的规范。世博会国际规则中采取了强制性规章与示范性规章相结合的方式，使规范功能和指引功能相辅相成。对于与世博会举办直接相关且有条件作出统一规范的事项，采用强制性规章进行统一规制；对于与主办国行政管理事项相关或不适宜作出统一规范的事项，则采用示范性规章进行示范指引。相对于统一规制而言，示范指引为世博会主办国留下了更大的空间，使世博会的主办国在遵循世博会国际规则的基础上能够充分结合本国法律制度和拟举办的世博会的具体情况。

世博会国际规则的示范指引功能包含了两种形式：其一，国际展览局规章对世博会主办国制订适用于特定世博会的国际规则时所起的指引作用，国际展览局所制定的《一般规章范本》《参展合同范本》以及《展区总代表联席会议指导委员会示范规章》等均属此类；其二，世博会国际规则整体上对主办国法律制度所起的指引作用，即对于世博会国际规则中的示范性规章，以及国际规则较为原则笼统的内容，主办国可根据其实际情况来确定其遵循相关规则的具体方式。

第二节　上海世博会对我国涉外经贸法治的创新探索

在“依法办博”的理念下，为确保我国国内法制与世博会国际规则相协同，从而为上海世博会的组织和举办，特别是参展者的顺利参展营造良好的法治环境，从2002年申博成功开始，中国政府相关部门以我国现行立法为依托，在诸多领域颁布实施了针对上海世博会的特殊立法，出台了一系列支持世博会举办、便利世博会组织和参展的相关政策。

当然，中国政府相关部门所出台的针对上海世博会的特殊立法，并非全部针对中国相关国内法与世博会国际规则冲突的情形。有些特殊立法的事项是针对世博会国际规则未涉及，但我国的现行法律规定同以往世博会的类似实践有较大区别，或与参展者便利参展的需求不相吻合的情况。

上海世博会的特殊立法和制度创新主要涉及海关通关、检验检疫、税收优惠、人员出入境、参展者主体登记、宣传品进境和分销、文化活动审批、知识产权保护等领域。与此同时，以上海世博会的筹办为契机，上海市人大常委会和上海市人民政府坚持将践行上海世博会主题“城市，让生活更美好”作为城市立法的价值取向，围绕改善城市民生和提升城市管理制定和修订了一系列重要的地方性法规、政府规章。

一、参展者货物与物品的海关监管制度

（一）上海世博会货物通关概述

在组织和举办上海世博会期间，中国政府，特别是海关总署和上海海关都高度重视参展者货物的便利通关事务，努力在有效监管的前提下确保便捷通关。在2005年12月1日经国际展览局第138次全体大会通过的《上海世博会注册报告》以及2008年3月31日经国际展览局第143次全体大会通过的《上海世博会第7号特殊规章：有关货物的通关、运输和处理》等法

律文件中，中国政府均表明了严格遵循《国际展览会公约》及其《海关附件》的态度。

在《国际展览会公约》及其《海关附件》规定基础上，我国海关总署依据《海关法》和《进出口关税条例》制定的《海关暂时进出境货物管理办法》（海关总署第157号令，自2007年5月1日起施行）和《海关进出口货物减免税管理办法》（海关总署第179号令，自2009年2月1日起施行）分别是我国规范和管理上海世博会所涉暂时进境货物和免税货物的主要依据，而《海关对非居民长期旅客进出境自用物品监管办法》（海关总署第116号令，自2004年8月1日起施行）则是我国规范和管理参展者外籍工作人员自用物品进出境的主要依据。

为减轻上海世博会参展者的进口税收负担，财政部于2005年12月7日向上海市人民政府和海关总署发出《关于2010年上海世界博览会进口税收政策问题的函》（财关税函〔2005〕22号），明确了给予上海世博会的进口税收减免政策。据此，海关总署又于2006年1月4日向广东分署，天津、上海特派办和各直属海关发出《关于2010年上海世界博览会进口税收政策有关问题的通知》（署税发〔2006〕3号），在重申财政部有关上海世博会进口税收减免政策的同时明确了政策执行中的相关问题。为了明确财关税函〔2005〕22号文所涉及的进口免税货物申报的相关事宜，财政部办公厅还于2009年5月21日下发了《关于2010年上海世界博览会进口税收政策有关申报问题的函》。

除了进口税收的减免外，根据上海世博会实际情况，为简化参展者进出境物资的通关手续、提供通关便利，在《海关附件》和我国现行规定的基础上，根据海关总署的授权，上海海关与上海世博局于2009年7月2日共同发布了《中国2010年上海世博会物资通关须知》（以下简称《通关须知》），明确了上海世博会各类货物的海关监管原则。在《通关须知》的基础上，海关总署于2009年8月26日向广东分署和各直属海关下发了《关于中国2010年上海世博会物资进出境通关监管事项的通知》（署监函〔2009〕334号，以下简称《监管通知》)。《监管通知》要求各关认真贯彻落实《通关须知》,并就《通关须知》执行中的一些问题明确了意见。此外,根据上海海关的请示,海关总署于2010年4月8日作出《关于上海世博会暂时进出境演艺活动用品担保有关事宜的批复》。综上,以《海关法》为基础,在财政部、海关总署、上海海关一系列专项文件的支持下,上海世博会海关监管体系构筑完备。

实践中,2009年4月28日,设立在上海世博园区2号仓库的"上海海关驻上海世博会园区监管服务中心"正式揭牌成立。海关监管服务中心承担上海世博会进口物资减免税审批、各类世博会物资的通关验放、世博会举办期间驻场巡馆监管、知识产权海关保护等各项职责。海关监管中心对上海世博会物资提供"5+2天"工作制和全天候24小时不间断通关服务,并实施预归类、快速验放等措施,为上海世博会参展方的物资提供通关便利。

自2008年9月26日上海海关成功验放首批自以色列进口的世博会物资以来,截至2010年10月31日上海世博会闭幕,上海海关共验放各类进境世博会物资3 576批次,累计重量9 029吨,货物价值达11.48亿美元。其中展览品价值1 031 239 747美元,免税货物价值84 189 370美元,正式进口货物价值17 162 949美元,其他暂时进境货物价值15 338 141美元,租赁货物价值67 086美元,其他货物价值546 089美元。

(二) 上海世博会在海关通关方面的制度创新

除了遵循《海关附件》的相关规定外,中国海关根据举办上海世博会的实际需要,特别是考虑便利上海世博会参展者进境物资的状况,进行了一些必要的海关通关制度创新。

这些针对上海世博会进境物资的特殊便利政策集中体现在《通关须知》和《监管通知》等文件上,主要涉及:

1. 给予相关货物进口税收政策优惠

为履行《海关附件》第7条和第8条的规定,根据财关税函〔2005〕22号明确,境外参展者用于世博会的如下三类进口物资可按相关规定免征进口关税和进口环节税:(1)境外参展者进口的用于世博会展览活动、在世博园区内使用且不流入中国国内市场的宣传品、设计图纸等非贸易性文件；(2)境外参展者在世博园区内进行展馆建设和布置所必须进口的建筑装饰材料、固定安装设备；(3)境外参展者在世博园区内举办展示活动所必须进口的民族工艺品、风味食品等。对于上述第(1)类免税货物，财关税函〔2005〕22号明确依照海关规定进行管理，合理数量内免征关税和进口环节增值税。而对于上述第(2)(3)类免税货物，其免税的数量、范围、品种、金额等，则应事先报财政部等有关部门审核确定。

在上述第(2)(3)类免税货物的申报方式方面，通常的货物免税申报是由免税货物的申请主体先与国外供应商签订供货合同，并根据供货合同在货物进口前向财政部提交清单，报财政部审批。待财政部审批后，凭财政部的批件向海关办理货物进口报关手续。为方便参展者办理免税申报手续，财政部和海关总署最终同意采取由上海世博局作为组织者代参展者分批次进行免税货物申报的方式。根据财办关税〔2009〕9号文件的规定，参展者进口的建筑装饰材料和固定安装设备的免税由上海世博局集中分三次汇总报财政部审批；进口的民族工艺品和风味食品集中分两次汇总报财政部审批。技术层面为了防止审批期间出现的汇率差问题，财办关税〔2009〕9号文件同时明确，进口货物申请免税的金额直接用进口时的外币金额计算，财政部批复也用外币金额，由此有效解决进口免税货物后续核销时可能出现的由于汇率波动所产生的申请数与批准数不一致的问题。

据统计，截至2010年11月30日，上海世博局共分五个批次为61个境外官方参展者的357批次货物向财政部申请免税进口，全部获得批准，货值达2.655亿元人民币。其中，建筑装饰材料和固定安装设备的货值为2.642亿元人民币，民族工艺品和风味食品的货值为0.013亿元人民币。

需要指出的是，在2006年年初发布的署税发〔2006〕3号文件中，海关总署将世博会进口物资的监管方式限定为“一般贸易”(代码0110)、“暂时进出口货物”(代码2600)、“进出境展览品”(代码2700)和“国家和国际组织无偿援助物资”(代码3511)四类。其中与参展者免税物资对应的为“一般贸易”(代码 0110)。然而,上海世博会举办实践远远超过了事先的预想。若干参展者用于展馆建设和布置的建筑装饰材料和固定安装设备系在其本国采购或接受本国企业捐赠后再进境,难以适用“一般贸易”监管方式。根据上海世博会组织和举办实际情况的变化,2009 年 8 月 26 日发布的《监管通知》拓宽了世博会免税进境物资的监管方式,明确“世博会免税物资可以适用‘其他进出口免费’监管方式办理免税进口手续”。据上海海关统计,上海世博会组织和运行期间,上海海关共接受减免物资申报 442 批次,货值达 8 374.8 万美元,其中“其他进出口免费”监管方式下减免税物资 143 批次,货值达 1 397.9 万美元。

2. 放宽了暂时进境货物复运出境期限的规定

按照《海关暂时进出境货物管理办法》第 7 条第 1、2 款规定:“暂时进出境货物应当在进出境之日起 6 个月内复运出境或者复运进境。因特殊情况需要延长期限的,ATA 单证册持证人、非 ATA 单证册项下暂时进出境货物收发货人应当向主管地海关提出延期申请,经直属海关批准可以延期,延期最多不超过 3 次,每次延长期限不超过 6 个月。延长期届满应当复运出境、进境或者办理进出口手续。”

上海世博会的举办期间本身长达 6 个月,许多展览品和其他暂时进境货物需要在上海世博会开幕前进入中国境内进行布展,并在上海世博会闭幕后撤展方能离开中国。如果依照《海关暂时进出境货物管理办法》第 7 条的上述规定,将造成世博会参展者需要在世博会举办期间为大量暂时进境物资办理延期手续的情形。为了减少参展者办理延期的不便,《通关须知》直接将暂时进境的世博物资复运出境的期限延长至 12 个月,规定“暂时进境的世博会物资应当在首次入境后一年内复运出境。对确需延期复运出境的,经向上海海关申请并获得批准后可以延期出境,但最迟应于 2011 年 5 月 31 日前复运出境”。由此,上海世博会参展者的绝大部分暂时进境物资在中国境内期间能够免受办理延期手续之累。

需要指出的是,海关总署在延长首次暂时进境期限时设置了两道防线,确保这一优惠措施整体与我国法律现行规定不背离且不为参展者滥用：其一，《通关须知》为世博会暂时进境货物设置了最后的复运出境期限，即2011年5月31日。这一时点是上海世博会所有参展者撤展和拆馆工作完成的最后期限（即2011年4月30日）的一个月后。其二，由于从《通关须知》公布到2011年5月底的总计时间不足两年，因而对世博会暂时进境货物的进境总体期限并未突破《海关暂时进出境货物管理办法》第7条所确定的最长期限24个月。

3. 创新了世博会物资的海关担保方式

（1）暂时进境物资的担保。如前所述，ATA单证册项下的货物暂时进出境，由国际连环担保体系向海关提供税款担保。对于非ATA单证册下的暂时进境货物，《海关暂时进出境货物管理办法》第8条第2、3款规定："除另有规定外，非ATA单证册项下暂时进出境货物收发货人应当按照海关要求向主管地海关提交相当于税款的保证金或者海关依法认可的其他担保。在海关指定场所或者海关派专人监管的场所举办展览会的，经主管地直属海关批准，可以就参展的展览品免于向海关提交担保。"综上，各类暂时进境货物的海关税款担保要求见表2.2。

表2.2　各类暂时进境货物的海关税款担保要求

暂时进境货物类型		海关税款担保要求
ATA单证册项下的暂时进境货物		国际连环担保体系负责担保
非ATA单证册项下的暂时进境货物	展览品	在海关指定场所或者海关派专人监管的场所举办展览会的，免于提交担保
	其他暂时进境货物	需在进境时提供税款担保

对于上海世博会而言，由于上海海关设立了"驻上海世博会园区监管服务中心"，使占上海世博会进境货物价值近90%的展览品可以依照《海关暂时进出境货物管理办法》的规定免交担保。如前所述，上海世博会参展者的进境展览品的价值超过10亿美元，由此可见海关驻上海世博会现场监管为上海世博会组织者和参展者节约了大量的资金。为进一步降低参展者的参

展成本,对于非 ATA 单证册项下暂时进境世博会物资,《通关须知》确立了由组织者提供总担保的模式,即由上海世博局统一向上海海关提交银行保函。依据这一规定,对于参展者非 ATA 单证册项下展览品以外的其他暂时进境货物,参展者不用自己提供担保,而是由上海世博会组织者统一提供担保。与此同时,上海世博局为这些货物提供担保的形式为银行保函,而非《海关暂时进出境货物管理办法》通常要求的担保金形式。

除了展览品以外,上海世博会参展者的暂时进境货物还有相当一部分是其用于世博园区内演艺活动的暂时进境设备和其他货物。上海世博会举办的 6 个月期间,世博园区总共举办了 22 925 场次的文化演艺活动。除组织者举办的活动外,来自 176 个国家、13 个国际组织、36 个城市和 4 个企业的 1 200 余支团队上演的节目多达 1 172 个。上述文化演艺活动所使用的活动用品,既有从中国境内租赁和采购的,也有部分是暂时进境的货物。文化演艺活动所涉的暂时进境货物有些价值高昂,如全部由组织者提供银行保函,也会造成组织者的巨大财务负担。由此,应上海世博局商请和上海海关请示,海关总署在《关于上海世博会暂时进出境演艺活动用品担保有关事宜的批复》中同意上海海关凭上海世博局出具的保证函为世博会期间在世博园区表演使用的暂时进境演艺用品进行担保,由此大幅减轻组织者为非 ATA 单证册项下暂时进境货物提供担保的财务负担。需要指出的是,批复中明确此种担保形式(即保证函)的适用具有明确的时间和地域限制,仅限于“世博会期间”“在世博园区内”所组织的文化演艺活动。如暂时进境的文化演艺活动要移出世博园区,应报上海海关批准并应当另外提交相当于进口税款的保证金。

(2) 免税货物担保。对于参展者享受免税待遇的货物,特别是需要报财政部批准的两类免税货物,由于申报批准时间周期的因素,在实践中可能产生货物已抵达主办国的港口,但其免税申请尚未获得财政部批准的情形,由此产生需要凭相关税款担保先行放行货物的问题。

根据 2008 年《海关进出口货物减免税管理办法》第 19 条的规定,“有下列情形之一的，减免税申请人可以向海关申请凭税款担保先予办理货物放行手续：……（三）其他经海关总署核准的情况”。《海关进出口货物减免税管理办法》第22条规定：“税款担保期限不超过6个月，经直属海关关长或者其授权人批准可以延期，延期时间自税款担保期限届满之日起算，延长期限不超过6个月。特殊情况仍需要延期的，应当经海关总署批准。”

《监管通知》明确了免税货物审批手续未完成前货物凭税款担保进境的问题，并延长了初次税款担保期限。《监管通知》规定，“正在办理减免税审批手续的世博会免税物资，要求先放行的，应当向海关提交税款担保。初次税款担保期限可以延长为一年。如有特殊情况需要延期的，由世博局向上海海关提出申请，上海海关报海关总署核准”。值得注意的是，《监管通知》未明确为免税货物提供税款担保的主体。换言之，《监管通知》并未像《海关进出口货物减免税管理办法》一样要求税款担保由减免税申请人提供。在上海世博会的实践中，以参展者作为免税主体的免税进口货物，其免税审批手续未完成前的税款担保系由上海世博局以银行保函的形式提供。具体而言，在上海世博局提供的银行保函额度内，海关对符合条件的货物的担保金额在总额内按批次扣减，核销销保后循环使用。

据统计，针对前述上海世博局申报的2.655亿元人民币的申请免税货物，上海世博局共向海关支付了税款保证金[①] 2 182万元人民币，提供税款保函5 340.53万元人民币。

4. 简化暂时进境物资的行政许可程序

根据《海关暂时进出境货物管理办法》第12条和第13条的规定，货物暂时进出境应当向主管地海关提出申请，提交ATA单证册正本或《货物暂时进/出境申请书》、货物清单以及相关的商业单据。海关批准同意的，应当在ATA单证册上予以签注，或制发《海关货物暂时进/出境申请批准决定书》。

为了便利上海世博会参展者物资的进出境，特别是为适应世博会开幕

---

① 上海世博局向海关支付的税款保证金，主要是在《监管通知》出台前用以担保境外参展者免税货物进境所支付。

前夕和闭幕后货物暂时进出境数量大、时段集中、需求紧迫的情形,《监管通知》明确,暂时进境世博会物资的所有人或其代理人向海关提交世博局出具的《中国2010年上海世博会进境物资证明函》、货物清单等其他相关材料,视为暂时进出境申请;海关能够当场作出行政许可决定的,应当当场作出决定,免于制发行政许可决定书,并及时办理相关手续。

5. 免征世博会物资的滞报金

滞报金(fee for delayed declaration)是海关对未在法定申报期限内向海关申报进口货物的收货人采取的依法加收属经济制裁性的款项。征收滞报金的目的通常是为加强对进出口货物的监督管理,加速口岸疏运,促使进口货物早日投入使用。根据《海关法》第24条的规定,"进口货物的收货人应当自运输工具申报进境之日起十四日内,出口货物的发货人除海关特准的外应当在货物运抵海关监管区后、装货的二十四小时以前,向海关申报。进口货物的收货人超过前款规定期限向海关申报的,由海关征收滞报金"。

借鉴海关总署对2008年北京奥运会物资的做法,《监管通知》中明确,"世博会物资统一免征滞报金。世博会物资免滞报金的申请由世博局向上海海关提出。滞报金金额在一百万元以下的,由上海海关核准;超过一百万元(含一百万元)的,由上海海关报海关总署核准"。

据统计,上海世博会期间,海关共办理世博物资的滞报金减免业务358票,免收滞报金133.4万元人民币。

二、进境物资检验检疫制度

在上海世博会的组织和举办期间,相关进境物资、交通运输工具、出入境人员及其携带物等涉及一系列检验检疫问题,包括口岸查验和商品检验、动植物检疫、卫生检疫、食品安全检验、认证认可等[①]。检验检疫工作涉及

---

① 参见徐金记:《上海世博会进出境物资检验检疫工作方案》,人民武警出版社2011年版,第21—23页。

防止有害生物和各类疫病入侵、食品安全、口岸反恐、突发公共卫生事件的处置等方面，对世博会的顺利举办具有重要意义。

2006 年 12 月，国家质检总局下发了《2010 年上海世博会检验检疫工作方案》(国质检通〔2006〕631 号)，明确了上海世博会进境物资检验检疫的总体思路和方案。2010 年 3 月，国家质检总局又下发了《上海世博会检验检疫组织方案和应急预案》(国质检通〔2010〕110 号)，明确了上海世博会进境物资检验检疫的优惠政策和措施，确定了工作方案和应急处置预案。

上述文件在我国法律和现行实践的基础上，就上海世博会相关的入境物资检验监管、口岸化学品安全保障、展览品检验检疫、参展者生活自用物资检验检疫、动植物检验检疫、进境大型景观植物检疫、入境人员携带动植物检验检疫、进口食品/化妆品检验检疫等事宜，提出了诸多创新的检验检疫举措。

以苗木的带土进口为例，根据《进出境动植物检疫法》①第 5 条的规定，土壤属于禁止进境物。然而，上海世博会组织和举办过程中，组织者在绿化景观建设以及一些参展者在其展区建设和展示布置中，为确保景观植物能顺利移植存活，都希望能保持进境植物的部分根围土壤。为满足上海世博会组织和举办的需求，《中国 2010 年上海世博会进境大型景观植物检疫工作方案》中允许经申请获批后引进带栽培介质的植物，同时通过产地预检、口岸检疫、风险评估等配套措施的建立，以有效防止危险性有害生物的传入。据统计，从 2009 年 4 月首批世博大型景观植物入境至 2010 年 5 月，上海出入境检验检疫局共对来自日本、泰国、意大利、新西兰、新加坡等参展国的 96 批共计 56 种种苗进行检验检疫，截获各类有害生物疫情 873 种次，其中检疫性植物有害生物 7 种 65 种次。②

---

① 《进出境动植物检疫法》系于 1991 年 10 月 30 日第七届全国人民代表大会常务委员会第 22 次会议通过，自 1992 年 4 月 1 日起施行。

② 参见徐金记：《上海世博会进出境物资检验检疫工作方案》，人民武警出版社 2011 年版，第 131 页。

上海世博会举办期间，上海出入境检验检疫局共检验检疫世博会物资1.68万批次，价值11.44亿美元。在直接进入世博园区的412批进口食品中发现12批不合格，在直接进入世博园区的348批进口植物产品中检出多起检疫性有害生物，并及时采取相应处置措施。

三、参展者及其工作人员的税收优惠制度

（一）概述

早在上海世博会申办阶段，中国政府便在提交给国际展览局的申博报告中承诺，“中国政府将根据《国际展览会公约》和以往世博会的惯例征税。参展国工作人员所得税将考虑免税”。

为了兑现申博承诺，在赢得2010年上海世博会举办权后，中国财政部、国家税务总局等部门便启动研究支持上海世博会举办的税收优惠政策。财政部和国家税务总局于2005年12月31日发布了《关于2010年上海世博会有关税收政策问题的通知》（财税〔2005〕180号）。这一通知明确了上海世博会组织机构（优惠主体包括上海世博局和上海世博集团公司）、参展者及国际展览局可享受的税收优惠政策，涉及增值税、消费税、营业税、土地增值税、房产税、城镇土地使用税、印花税、企业所得税、个人所得税、关税等十多个税种，构筑了给予上海世博会税收优惠政策的框架体系。

此后，随着上海世博会组织和举办工作的推进，财政部和国家税务总局又于2006年11月13日对上海市财政局、国家税务局、地方税务局作出《关于增补上海世博运营有限公司享受上海世博会有关税收优惠政策的批复》（财税〔2006〕155号）。这一文件根据上海世博会组织和举办工作组织架构的变化，批复同意上海世博运营有限公司按其职能享受财税〔2005〕180号文件中规定的税收优惠政策①。

① 批复中同时规定，上海世博（集团）公司继续享受财税〔2005〕180号文件中规定的税收优惠政策，但享受税收优惠政策的收入应单独核算，不能单独核算或核算不全的，应按规定缴纳相关税收。

在参展者境内采购货物所涉增值税的退税政策方面，在《上海世博会第7号特殊规章：有关货物的通关、运输和处理》的编制及报国际展览局审批的过程中，财政部和国家税务总局反复研商，于2008年6月13日印发了《境外官方参展者在中国境内采购用于上海世博会建馆和开展展览活动所耗用货物的退税管理办法》（财税〔2008〕84号）。2010年8月22日，财政部和国家税务总局又下发了《关于上海世博会台湾馆和台北城市最佳实验区项目享受增值税退税政策的通知》（财税〔2010〕73号）。

在个人所得税优惠方面，财政部和国税总局于2008年下发了《关于上海世博会境外参展国工作人员个人所得税问题的通知》（财税〔2008〕85号）。

在税收优惠政策的期限方面，为了配合《企业所得税法》[①]的实施，财政部和国家税务总局于2008年2月22日印发了《关于企业所得税若干优惠政策的通知》（财税〔2008〕1号）。通知中明确，财税〔2005〕180号文件和财税〔2006〕155号文件所涉的企业所得税优惠政策，至上海世博会结束并上海世博局财务清算完结后停止执行。2011年1月31日，财政部和国家税务总局印发了《关于2010年上海世博会有关税收政策问题的补充通知》（财税〔2011〕9号）。除再次明确调整后的办博主体可享受税收优惠政策、界定了可享受税收优惠政策的收入范围外，补充通知进一步明确了上海世博会税收优惠政策的执行期限，即除销售捐赠和赞助货物收入、世博会结束后出让资产等收入的税收优惠政策在财务清算完结后停止执行外，其余税收优惠政策一律执行到2010年12月31日。

在上海市层面，经上海市政府批准，上海市财政局和上海市地方税务局还于2009年8月3日下发了《关于上海世博会境外参展方免征河道管理费问题的批复》（沪财预〔2009〕67号），对境外参展者在展馆范围内因开设餐厅、纪念品商店取得的收入免征河道工程修建维护管理费。此外，对于境外

---

① 《企业所得税法》系由第十届全国人民代表大会第五次会议于2007年3月16日通过，自2008年1月1日起施行。

官方参展者领购发票所涉及的工本费，按规定需缴纳国库的部分由上海世博局承担，余下部分由上海市国家税务局和上海市地方税务局予以免除。

（二）参展者境内采购的流转税优惠

1. 境内采购货物的增值税退税问题

当参展者在中国境内采购货物退还增值税时，我国基本没有相关的法律规定和实践。因此，在编制《上海世博会第7号特殊规章》的过程中，国际展览局及一些国际展览局的许多成员国都纷纷以《特殊规章编写指南》中的要求和以往世博会的做法为依据要求中国政府给予同样的税收优惠政策。也正是在这一问题上的反复协调沟通，《上海世博会第7号特殊规章》才会推迟提交国际展览局进行审议。

财政部和国家税务总局经过反复研商，为兑现申博时期所作出的“中国政府将根据《国际展览会公约》和以往世博会的惯例征税”承诺，最终在《上海世博会第7号特殊规章》第26条第1款中承诺：“对官方参展者在世博园区内为建馆和开展展览活动所耗用并且在中国境内购买的下列货物，可根据法律和法规规定的程序按法定征税率享受增值税退税：(1)展馆建设、布展和运营所必需的建筑材料；(2)展馆建设、布展、拆展和运营所必需的设备和办公用品。”由于这一条款的纳入，《上海世博会第7号特殊规章》在2008年3月31日的国际展览局第143次全体大会上顺利获得批准。如前所述，为在国内层面履行和实施《上海世博会第7号特殊规章》中的这一承诺，财政部和国家税务总局于2008年6月13日印发了《境外官方参展者在中国境内采购用于上海世博会建馆和开展展览活动所耗用货物的退税管理办法》(财税〔2008〕84号，以下简称《退税管理办法》)。

《退税管理办法》明确对2010年上海世博会境外官方参展者在中国境内购买用于建设、安装、拆除展馆以及维持展馆运营的建筑材料、设备和办公用品，按增值税专用发票注明的税额，实行增值税退税政策。这在我国的税收体制上是一次重大的突破。

《退税管理办法》具体明确了准予退税的产品的适用范围和退税申报的

程序与方式。

在适用范围上,《退税管理办法》明确,“境外官方参展者直接为其展馆建设、安装、拆除,以及维持展馆运营而在中国境内购买的建筑材料、设备、办公用品等货物”,退还增值税。上述语句从三个方面对退税的适用范围进行了界定:(1)在主体范围上,享受增值税退税的主体是境外官方参展者,包括了上海世博会的参展国家、国际组织、城市最佳实践区等。企业参展者不在享受增值税退税范围之列。(2)在采购目的上,境外官方参展者所购货物必须是直接用于上海世博会相关场馆的建设、安装、拆除和运营。(3)在货物类别上,包括建筑材料、设备、办公用品三大类,具体类别以《退税管理办法》附件2退税产品目录所列的354种货物为限。非列入货物以及用于个人消费的列名货物,均不得办理退税。

在退税方式和程序上,《退税管理办法》明确,境外官方参展者应首先到上海市国家税务局指定的税务机关(以下简称“主管税务机关”)办理退税认定,而后才能进行退税申报。在退税申报方面,建筑材料的退税申报程序与设备和办公用品的退税申报程序有所区别:

(1) 对于建筑材料而言,相关建筑材料运入上海世博园区并经上海世博局核定后,参展者即可凭增值税专用发票及相关材料申请办理退税。在实际操作中,每个参展者每月可就建筑材料申请办理退税一次。

(2) 对于设备和办公用品而言,参展者购买的设备和办公用品运入上海世博园区后,应先到主管税务机关办理退税备案登记。在实际操作中,参展者应每隔半个月办理一次退税备案。待参展者撤展拆馆后,备案的设备和办公用品根据货物的不同去向按不同办法进行税收处理:对于随同场馆一并拆毁、消耗以及无偿赠送给组织者或使领馆,或者报关离境的设备和办公用品可以申请退税;其他去向的则不能申请退税。

截至2011年2月28日,主管税务机关共为86个境外参展者办理了增值税退税资格认定。已取得退税资格认定的34个参展者申报了建筑材料退税,共计退税金额3 893.97万元人民币;38个参展者申报了设备、办公用品退税，共计申报退税金额 1 104.8 万元人民币。

2. 境内采购服务的营业税补贴

在编制《上海世博会第 7 号特殊规章》和提交国际展览局审批的过程中，国际展览局及其成员国同样提出在中国境内采购服务要求退还增值税的问题。由于中国境内采购服务并不征收增值税，国际展览局及其成员国最终同意了《上海世博会第 7 号特殊规章》第 26 条第 1 款只涉及境内采购货物的退税问题。

然而，到了 2008 年下半年审议《上海世博会第 12 号特殊规章：有关展区总代表及其工作人员的特权与优惠》问题时，一些国际展览局成员国又提出与欧洲国家服务采购中的增值税相对应，中国境内采购服务所涉及的是营业税，因此要求中国政府和上海世博会组织者应在《上海世博会第 12 号特殊规章》文本中加入有关参展者在中国境内采购服务退还营业税的条款。

需要说明的是，由于提出境内采购服务营业税退税要求的时间相对较晚，而要推动财政部和国税总局出台相关的特殊程序又需要相当长的时间，为了不影响《上海世博会第 12 号特殊规章》的顺利通过，上海世博局最终采取了由世博会组织者补贴营业税的方案。

《上海世博会第 12 号特殊规章》的第 6 条进而明确，“除依照第 7 号《特殊规章》第 26 条享有增值税退税外，官方参展者为其参展而在中国境内采购货物和服务中如需支付其他税款的，由组织者予以退还”。同时，为进一步实施和细化营业税补贴方案，上海世博局于 2009 年 9 月 21 日发布了《关于官方参展者营业税税款退还的办法》的参展规范文件。

在退税范围上，《关于官方参展者营业税税款退还的办法》明确了可参展者享受营业税退税的十一大服务项目，涉及展馆设计，展馆建设(含内装修)，展馆布展，展馆拆除清理，参展物资在中国境内的运输，参展物资在世博园区内的仓储，上海世博会的法定保险、规定保险，官方参展者工作人员的住宿(上海地区内)，官方参展者的通信服务，官方参展者在世博园区内的国家馆日/国际组织荣誉日、特别日等官方招待活动中产生的外购餐饮服务和官方参展者购买的其他参展服务。

在退税方式和程序上，境外官方参展者须先向组织者办理退还主体登记，而后凭营业税发票及相关材料申请办理退税。申报材料经审核后，组织者即将相应税款退还至境外官方参展者办理退还主体登记时登记的银行账户中。在实际操作中，每个参展者每月可向组织者办理退税申报一次。

截至 2011 年 3 月 31 日，组织者共为 155 家境外官方参展者办理营业税税款退还的主体登记；受理了 150 个境外官方参展者的 602 批次的营业税税款退税申请，发票金额达 23.851 8 亿元人民币，核准退还税款 8 584.297 万元人民币。

(三) 参展者外籍工作人员的个人所得税优惠

根据《个人所得税法》①及其实施条例②的规定，在中国境内有住所，或者无住所而在境内居住满一年的个人（即“居民纳税人”），其从中国境内和境外取得的所得，均应依照我国法律规定在中国缴纳个人所得税；在中国境内无住所又不居住或者无住所而在境内居住不满一年的个人（即“非居民纳税人”），其从中国境内取得的所得，应依照我国法律规定在中国缴纳个人所得税。

我国现行法律有关个人纳税义务的规定如图 2.2 所示：

- 境内有住所 → 居民纳税人（境内所得和境外所得均应纳税）
- 境内无住所
  - 境内居住
    - 满一年 → 居民纳税人（境内所得和境外所得均应纳税）
    - 不满一年 → 非居民纳税人（仅就境内所得纳税）
  - 境内不居住 → 非居民纳税人（仅就境内所得纳税）

图 2.2 我国法律有关个人纳税义务的规定

---

① 《个人所得税法》系由第五届全国人民代表大会第三次会议于 1980 年 9 月 10 日通过，经 1993 年 10 月 31 日、1999 年 8 月 30 日、2005 年 10 月 27 日、2007 年 6 月 29 日和 2007 年 12 月 29 日五次修正。修正后的《个人所得税法》自 2008 年 3 月 1 日起施行。

② 《个人所得税法实施条例》系由国务院于 1994 年 1 月 28 日发布，经 2005 年 12 月 19 日和 2008 年 2 月 18 日两次修订。修订后的《个人所得税法实施条例》自 2008 年 3 月 1 日起施行。

《个人所得税法实施条例》第 7 条中明确:“在中国境内无住所,但是在一个纳税年度中在中国境内连续或者累计居住不超过 90 日的个人,其来源于中国境内的所得,由境外雇主支付并且不由该雇主在中国境内的机构、场所负担的部分,免予缴纳个人所得税。”与此同时,国家税务总局《关于在中国境内无住所的个人取得工资薪金所得纳税义务问题的通知》(国税发〔1994〕148 号)的规定,“在中国境内无住所而在一个纳税年度中在中国境内连续或累计工作不超过 90 日或在税收协定规定的期间在中国境内连续或累计居住不超过 183 日的个人,由中国境外雇主支付并且不是由该雇主的中国境内机构负担的工资薪金,免予申报缴纳个人所得税”。

基于我国现行个人所得税立法的上述规定,申博考察期间,我国财政部在《关于 2010 年中国上海世界博览会财政税收优惠的承诺书》中作出承诺:“对在中国居住不超过 183 天的各参展国参展工作人员,给予个人所得税减免”。和申博期间的承诺类似,财政部和国家税务总局财税〔2005〕180 号文第 2 条第 3 款规定:“对在世博会举办期间在中国境内居住不超过 183 天的各参展国外籍工作人员,在世博园区内从事世博会参展工作所取得的劳务报酬,免征个人所得税。”这一规定放宽了对无住所个人境外支付的境内所得税的免税天数,减轻了上海世博会参展者的外籍工作人员境内所得的纳税义务,减轻了参展者及其工作人员的财务负担。

在上述有关参展者的外籍工作人员个人所得税的免除政策的实施过程中,参展者提出了一些异议:(1)参展者的外籍工作人员在主办国境内开展与参展世博会相关工作的期间,不仅在世博会举办期间,还涉及世博会举办之前的场馆建设、布展期间,以及世博会闭幕后的撤展拆馆期间;(2)参展者的外籍工作人员在主办国境内开展与参展世博会相关的工作,其地点不仅在世博园区内,有些工作的地点可能在世博园区外的其他场所;(3)有些参展者的外籍工作人员(特别是参展者的高级管理人员),在一个纳税年度中在世博会主办国居住的时间可能超过 183 天,这些人员按照财税〔2005〕180 号文将不能享受个人所得税免除优惠,同时其中符合居民标准的个人,还应就其全部收入缴纳个人所得税。

对于上述三项异议中的前两项，财税部门通过扩张解释财税〔2005〕180号文的办法满足了参展者的需求。换言之，在上海世博会的展馆的建设、布展、运行和撤展拆馆期间，一个纳税年度在中国境内连续或累计居住不超过183天的各参展国外籍工作人员，其在主办国境内从事世博会参展工作所取得的劳务报酬，均予以免征个人所得税。

然而，对于一个纳税年度“居住超过183天”仍要求免除个人所得税的要求，由于“不超过183天”的要求系我国对外签订双边税收协定中有关免除个人所得税的通常条件，同时也考虑2010年前举办的世博会中世博会的主办国也未见对此问题作出明确承诺，最终未在此问题上满足参展者的要求。

四、参展者外籍工作人员的出入境和居留制度

在人员出入境方面，中国政府从2007年起着手研究和制订便利参展者及其工作人员出入境的相关制度。中国公安部、外交部、人力资源和社会保障部在中国现行法律法规的框架下，制定颁布了一系列便利参展者工作人员的相关措施，主要涉及签证申请、就业许可和居留许可、境外机动车临时行驶、境外机动车驾驶人临时驾驶许可等问题。

（一）签证申请

《上海世博会第12号特殊规章：有关展区总代表及其工作人员的特权和优惠》第5条“特权与优惠”中规定，在展区建设、布展、运营和拆展期间，“中国政府根据法律和法规，给予展区总代表、境外工作人员及家庭成员办理签证的便利，依法根据其在华工作时间核发相应签证，以便利其履行职责”。此份《特殊规章》系于2008年12月2日经国际展览局第144次全体大会通过。

当时，我国有关规范外国人入境、居留、旅行和出境等相关事宜的法律

依据主要是全国人大常委会通过的《外国人入境出境管理法》①，以及国务院配套制定的《外国人入境出境管理法实施细则》②。早在《上海世博会第12号特殊规章》获批前，中国外交部、公安部和上海世博局从2007年起便在《外国人入境出境管理法》及其实施细则的基础上，制定了关于便利参展者的外籍工作人员申请访问签证（以下简称"F字签证"）的相关政策。

根据相关方案，申请来华的参展者的外籍工作人员，应填写《中国2010年上海世博会签证报名表》，经其所属国展区总代表签字认可后提交上海世博局。上海世博局审核认可签证报名表后，向申请人发出《中国2010年上海世博会邀请函》（以下简称《邀请函》），以及外交部授权上海市人民政府外事办公室签发的《中国2010年上海世博会签证通知表》（以下简称《签证通知表》）。申请人凭《邀请函》和《签证通知表》到所在国或旅行途经地的中国外交代表机关、领事机关或外交部授权的其他驻外机关（以下简称"中国驻外机关"）申请办理来华签证时，中国驻外机关将为上海世博会参展者的外籍工作人员提供方便和快捷的签证服务。

需要指出的是，根据《外国人入境出境管理法实施细则》第4条的规定，F字签证适用的对象为"应邀来中国访问、考察、讲学、经商、进行科技文化交流及短期进修、实习等活动不超过6个月的人员"。在实践中，允许参展者外籍工作人员凭F字签证来华从事上海世博会的相关工作。由于持F字签证的参展者外籍工作人员可以在签证注明的期限内在中国停留，无需办理就业许可和居留许可证件，大大方便了来华从事上海世博会参展工作的参展者外籍工作人员。

在签证有效期方面，如《上海世博会第12号特殊规章》所规定，中国驻外机关根据参展者相关工作人员在华工作时间的实际需求，为其核发相应

---

① 《外国人入境出境管理法》系于1985年11月22日第六届全国人民代表大会常务委员会第十三次会议通过，1985年11月22日中华人民共和国主席令第31号公布，于1986年2月1日起施行。

② 《外国人入境出境管理法实施细则》系于1986年12月3日经国务院批准，1986年12月27日公安部、外交部发布，1994年7月13日和2010年4月24日两次经国务院修订。

有效期的签证，其中就包括实践中参展者高度关注的“半年多次往返”和“一年多次往返”的签证。

持F字签证来华的参展者的外籍工作人员，如在签证到期后需继续在华停留的，需在签证到期前申请延期。上海市人民政府外事办公室在上海世博局设立的参展者服务大厅里开设窗口，专门受理包括签证延期申请在内的各项事务。参展者外籍工作人员可以直接在参展者服务大厅便捷地办理签证延期事务。持F字签证的参展者外籍工作人员在华连续停留的时间不得超过一年。

上述有关F字签证申请的便利程序自2009年1月起正式施行。截至2011年3月中旬，上海世博会参展者工作人员通过上述途径共申请F字签证8 740人次。上述方式在上海世博会组织和举办期间得以广泛运用，为参展者外籍工作人员来沪开展参展上海世博会的相关工作提供了极大的便利。

（二）就业许可和居留许可

《上海世博会第12号特殊规章》并未按照国际展览局《特殊规章编写指南》的要求和以往世博会的做法，涉及参展者的外籍工作人员就业许可的相关内容。然而，这并不表示国际展览局成员国和参展者对此问题漠不关心。真正的缘由在于，国际展览局于2008年审议批准此份《特殊规章》时，我国相关政府部门和上海世博局均表示，参展者外籍工作人员可持F字签证来华从事参展上海世博会的相关工作。而持F字签证入境的，无需办理就业许可和居留许可。

然而，进入2009年，一些上海世博会参展国家和国际组织陆续向中国政府及上海世博局提出其部分外籍工作人员申请办理职业签证（以下简称“Z字签证”）的请求，并希望组织者能简化申请Z字签证及办理就业许可和居留许可的相关手续。

调研显示，上海世博会参展者的外籍工作人员提出需办理Z字签证、就业许可和居留许可涉及多种理由：(1)参展者的外籍工作人员系到上海世博会从事参展工作，性质上属于就业。只有办理Z字签证后，参展者才能合法地向这些工作人员支付报酬;(2)参展者部分外籍工作人员系原已持 F 字签证入境且已在中国居留一定时间的人员。而按中国政策,持 F 字签证人员最长在华停留期限为 12 个月。因而,相关外籍人员只有换领 Z 字签证才能不经出境而继续在中国居留。此外,有些参展者外籍工作人员需要在中国境内申请非临时驾驶许可,个别外籍工作人员的子女还要在中国入学。而这些手续的办理都是以相关外籍工作人员持 Z 字签证并办妥相应的居留和就业证件为前提的。

根据劳动部[①]、公安部、外交部、对外贸易经济合作部[②] 1996 年 1 月 22 日发布,1996 年 5 月 1 日起实施的《关于外国人在中国就业管理规定》,上海市劳动和社会保障局[③] 1998 年 4 月 14 日制定实施的《关于贯彻〈外国人在中国就业管理规定〉的若干意见》和上海市的实践操作,外国人申请 Z 字签证、办理就业许可和居留许可的通常程序:(1)外国人入境前,用人单位应向上海市人力资源和社会保障局为聘用的外国人申请就业许可,获得《外国人就业许可证书》(以下简称《就业许可证书》);(2)用人单位凭《就业许可证书》到上海市外事办公室或上海市商务委员会或浦东新区外事办公室申请 Z 字签证邀请函,由被授权单位向拟雇外国人发出邀请函和《就业许可证书》;(3)外国人持本人有效护照,凭邀请函及《就业许可证书》到中国驻外机关申请 Z 字签证;(4)被雇外国人持 Z 字签证入境[④]后 15 日内,用人单位再到上海市人力资源和社会保障局为被雇外国人办理《外国人就业证》(以下简称《就业证》);(5)获得《就业证》的外国人,应在入境之日起 30 日内,持《就业证》到上海市相关公安机关申办外国人居留证件[⑤]。

---

① 2008 年 3 月国务院机构改革时,组建了人力资源和社会保障部,将原人事部、劳动和社会保障部的职责整合划入人力资源和社会保障部。

② 2003 年 3 月国务院机构改革时,组建商务部,将原对外贸易经济合作部的职责划入商务部。

③ 根据 2008 年 3 月国务院机构改革方案,上海市人民政府在 2008 年 10 月的配套机构改革中组建了市人力资源和社会保障局,将原市人事局的职责、市劳动和社会保障局的职责、市医疗局的职责,整合划入市人力资源和社会保障局。

④ 与中国有互免签证协议的国家的人员,按协议规定免签证入境。

⑤ 在中国居留 1 年以上的人员,居留证件为《外国人居留证》;在中国居留不满 1 年的人员,居留证件为《外国人临时居留证》。

考虑上海世博会参展者外籍工作人员简化办理手续的诉求，人力资源和社会保障部办公厅于2009年5月11日发布了《关于对上海世博会期间外国参展人员办理居留许可有关问题的函》。函中明确了对于未持Z字签证入境的外国参展者工作人员，如需要在上海市工作且时间在三个月以上的，可在世博局核实其身份且同意后，申请《就业许可证书》和《就业证》“两证并办”。根据这一政策，参展者外籍工作人员在持Z字签证、旅游签证（L字签证）或其他签证入境后，应在入境之日起15日内填具《外国人就业登记表（世博会专用）》，通过参展者服务大厅的窗口向上海世博局和上海市人保局提交。上海世博局核实其身份并同意后，由上海市人保局发放就业证件。获得就业证件后，相关参展者外籍工作人员应自入境之日起30日内向公安机关出入境管理局申请办理居留许可证件。

与此同时，根据上述政策的精神，实践中也允许上海世博会参展者的外籍工作人员在免于办理《就业许可证书》的条件下申领Z字签证入境，入境后再同时办理《就业许可证书》和《就业证》，并办理居留许可证件。具体而言，与申请F字签证相类似，参展者外籍工作人员可凭上海世博局《邀请函》和上海市外事办公室Z字签证的《签证通知表》直接向中国驻外机构申领Z字签证。持Z字签证的参展者外籍工作人员入境后，应在入境之日起15日内填具《外国人就业登记表（世博会专用）》，直接凭相关申请文件申请办理就业证件，通过参展者服务大厅的窗口向上海世博局和上海市人保局提交。上海世博局和上海市人保局在5个工作日内对提交材料审核后，发放就业证件。获得就业证件后，相关参展者外籍工作人员应自入境之日起30日内向公安机关出入境管理局申请办理居留许可证件。出入境管理局在收悉材料的3个工作日内审核。符合条件的，发放居留许可证件。

需要注意的是，上海世博会参展者在中国境内雇用和聘用工作人员，是以其在中国境内工商行政管理机构登记注册的主体身份展开的。根据上海市工商行政管理局2007年7月28日发布的《关于上海世博会官方参展者从事经营活动的登记管理办法》，上海世博会参展国家、国际组织、外国城市最佳实践区参展案例等参展者可以其展馆/案例的名义在工商机关进行主体登记，并获得《营业执照》，并同时申领组织机构代码证和税务登记证。虽然参展者在工商行政管理机关登记注册的主体并非法人性质机构，但人力资源和社会保障机构同意将其与被雇外国人签订的《劳动合同》作为有效的办理就业证件的基础文件。

截至 2011 年 3 月，上海世博会参展者工作人员共通过上述方式申请 Z 字签证 714 人次。另据统计，截至 2010 年 10 月 31 日，上海世博会参展者工作人员通过上述方式共办理就业证 380 证次，居留许可 226 证次。

此外，上海世博会期间，参展者还有大量来世博园区从事文化演艺活动的演职人员。根据我国当时的规定与实践，参展者的演职人员来华演出，其方案应先报文化部审批。文化部批复同意后，将通知我国相关中国驻外机构，为相关演出团队的演职人员办理职业签证。根据《关于外国人在中国就业管理规定》的规定，经文化部批准临时来华演出的外籍演职人员，本身就免办《就业许可证书》和《就业证》。实践中，上海世博会也允许参展者外籍演职人员持 F 字签证从事文化演艺活动。

（三）车辆临时行驶与人员临时驾车许可

《上海世博会第 12 号特殊规章》第 5 条“特权与优惠”中明确，在展区的建设、布展、运营和撤展期间，持有中国境外的机动车驾驶证的展区总代表及其工作人员，可在中国申请对应准驾车型的机动车驾驶证。[①]

其实，与境外机动车驾驶人临时入境驾车紧密联系的另一个问题是境外机动车临时入境行驶的问题。我国当时规范境外机动车临时入境行驶和

---

① 需要指出的是，《上海世博会第 12 号特殊规章》的英文版本对“可在中国申请对应准驾车型的机动车驾驶证”的表述为“may **convert** licenses valid in China for the same vehicle type”。Convert 的含义为“转换”，而非“申请”。该《特殊规章》的法语版本表述与英文版本类似。之所以存在中外文表述不一致的缘由在于，国际展览局规则委员会审核该份《特殊规章》时，要求境外参展者工作人员的境外驾驶证应可直接转换为中国驾驶证，而无需再进行申请和审核。考虑到实践中我国公安机关交通管理部门对于符合条件的临时驾驶许可申请均给予批准，为确保《特殊规章》顺利通过，《上海世博会第 12 号特殊规章》中的此段内容最终采取了中外文的区别表述。

境外机动车驾驶人临时驾车许可事宜的主要法律依据是公安部根据《道路交通安全法》于2007年1月1日起颁布实施的《临时入境机动车和驾驶人管理规定》(公安部第90号令)。

公安部第90号令主要适用于三种情形下临时进入中华人民共和国境内的境外机动车和机动车驾驶人:(1)经国家主管部门批准,临时入境参加旅游、比赛以及其他活动的境外机动车和机动车驾驶人;(2)临时入境后仅在边境地区一定范围内行驶的境外机动车和机动车驾驶人;(3)临时入境后驾驶租赁的中国机动车的境外机动车驾驶人①。

根据公安部第90号令的规定,境外机动车临时入境行驶,应当凭中国海关准许入境凭证,于入境后二日内行驶至入境地或活动始发地所在的直辖市或者设区的市公安机关交通管理部门申领临时入境机动车号牌和行驶证。申请临时机动车号牌、行驶证时,应提交《临时入境机动车号牌、行驶证申请表》以及境外主管部门核发的机动车登记证明(属非中文表述的,应有中文翻译文本)、中国海关等部门出具的准许入境凭证、机动车安全技术检验合格证明(属境外主管部门核发的,应有中文翻译文本)、机动车交通事故强制保险凭证等证明、凭证。公安机关应当在收到申请材料之日起的三日内审查提交的材料。符合规定的,核发临时入境机动车号牌和行驶证。

与此类似,临时入境的境外机动车驾驶人应当向入境地、活动始发地或租赁单位所在的直辖市或者设区的市公安机关交通管理部门申领临时机动车驾驶许可。申请临时机动车驾驶许可时,应提交《临时机动车驾驶许可申请表》以及入出境身份证件、境外机动车驾驶证(属非中文表述的,应有中文翻译文本)、年龄和身体方面的证明文件等证明、凭证。公安机关应当在收到申请材料之日起的三日内进行审查。符合规定的,组织道路交通安全法律法规学习,核发临时机动车驾驶许可。临时入境驾驶许可的准驾车型与申请人所持的境外机动车驾驶证的准驾车型相符。

---

① 参见《临时入境机动车和驾驶人管理规定》(公安部第90号令)第2条。

考虑到公安部第90号令的规定不能完全满足上海世博会参展者及其工作人员的实际需求，为方便上海世博会组织和举办期间境外机动车临时入境行驶和境外人员申领临时机动车驾驶许可，参照2008年北京奥运会的做法①，公安部于2009年7月27日制定了《关于上海世博会及其筹办期间临时入境机动车和驾驶人管理的通告》(公交管〔2009〕181号，以下简称《通告》)。《通告》在公安部第90号令的基础上，对上海世博会组织和举办的实际情况，采取了一些更便利的制度措施。

在车辆的范围方面，《通告》将上海世博会境外参展者的工作人员以及境外参展者组织的媒体记者，直接用于上海世博会及其相关活动，并在上海世博会及其相关活动后出境的境外机动车，纳入准许临时入境行驶的车辆范围。《通告》第3条明确，临时入境机动车的范围包括九座以下载客汽车和直接用于上海世博会及其相关活动的专项作业车。临时入境机动车应当为左置方向盘，但直接用于上海世博会及其相关活动的专项作业车除外。

在期限方面，公安部第90号令第6条和第14条明确，临时入境机动车号牌和行驶证的有效期，以及临时机动车驾驶许可的有效期最长不得超过三个月，而且不得延期。这对于举办期间本身长达半年的上海世博会而言，显然不能满足参展者工作人员的需求。《通告》在维持有效期最长不得超过三个月的规定的同时，允许确需延期的境外机动车及其驾驶人在有效期届满之日前的七日内提出延期申请。审核同意的，允许延期，但每次延期最长不超过三个月，并规定延期期限最长不超过2010年12月31日。

在程序设置方面，增加了上海世博局前置审核程序。《通告》规定，境外机动车因参与上海世博会及其相关活动需要临时入境的，应当向上海世博局提出申请，提交《临时入境机动车申请表》。海关凭上海世博局确认的《临时入境机动车申请表》办理机动车临时入境手续。机动车临时入境后，依照公安部第90号令的规定申请临时入境机动车号牌和行驶证，但上海世博局

① 2008年北京奥运会组织和举办期间，公安部于2007年颁布实施了《公安部关于北京奥运会及其筹备期间临时入境机动车和驾驶人管理的通告》(公交管〔2007〕104号)。

确认的《临时入境机动车申请表》应同时作为提交公安机关交通管理部门审核的文件。上海世博会境外参展者的工作人员申请临时驾驶许可的，同样应先向上海世博局申请，提交《临时机动车驾驶许可申请表》。凭上海世博局确认的《临时机动车驾驶许可申请表》，相关公安机关交通管理部门按照公安部第 90 号令的规定核发临时机动车驾驶许可。

在境外机动车驾驶人准驾车辆方面，公安部第 90 号令明确，临时入境的境外机动车驾驶人可以驾驶其自带的临时入境的机动车或者租赁的中国机动车。在此基础上，《通告》进一步允许境外机动车驾驶人驾驶其境外机构在中国常驻机构或者派出机构的中国机动车，但其准驾车型限于小型汽车或者小型自动挡汽车。

公安部的《通告》自 2009 年 7 月 27 日发布之日起生效，有效期至上海世博会闭幕两个月后，即 2010 年 12 月 31 日止。《通告》同时明确，依照《通告》申请办理临时入境机动车号牌和行驶证、临时机动车驾驶许可的时间截止至 2010 年 10 月 31 日，即上海世博会闭幕日。截至 2010 年 10 月 31 日，世博会参展者工作人员共有 40 人办理了临时驾车许可。

五、参展者主体登记制度

为解决上海世博会参展国家、国际组织等境外参展者在中国境内办展的主体身份问题，方便境外参展者在中国境内开设银行账户、采购物资、聘用人员、建馆布展、会期运营等，同时方便参展者办理退税并在展区内开展商业活动，经报国家工商行政管理总局批复，上海市工商行政管理局于 2008 年 7 月 28 日颁布了《关于上海世博会官方参展者从事经营活动的登记管理办法》（沪工商外〔2008〕202 号，以下简称《登记管理办法》）。

根据上述《登记管理办法》，上海世博会的官方参展者在与组织者签订《参展合同》后，均可在上海世博会参展者服务大厅申请进行主体登记，由工商、技监、税务等机构核发营业执照、组织机构代码证和税务登记证等证照。城市最佳实践区案例参展者、港澳台参展者以及境外企业参展者同样可以根据实际情况参照进行主体登记，以方便在中国开展参展上海世博会的相关事务。与通常的企业注册登记相比，官方参展者的主体登记，以“展馆”或“案例”为名称展开，无注册资金要求，且其营业场所在申请注册时多数仍为在建场馆。

上海市高级人民法院2010年8月10日发布的《关于审理涉世博民商事、知识产权案件适用法律若干问题的意见（试行）》（沪高法〔2010〕266号）明确了参展者所注册登记的主体作为法人以外的“其他组织”并有权成为独立诉讼主体的法律地位。意见中提出，“国家馆、国际组织馆和境外最佳城市实践区案例馆以‘展馆’或‘案例’的名义依法进行工商登记并领取营业执照，有独立的账号和资金，符合《民事诉讼法》第49条‘其他组织’的规定，可以作为诉讼当事人”。

截至2010年10月31日，共有242个参展国家、国际组织和城市最佳实践区案例等参展者依照《登记管理办法》办理主体登记手续，并获得相关证照。

六、参展者宣传品进境和分销制度

世博会举办期间，境外参展者往往会有大量的印刷品（包括出版物和非出版物）和音像制品需要运入主办国境内，有的系用于其展区内的展示或播放，有的则用于参展者展区内商业区域的销售，还有的则作为参展宣传资料在参展者展区或相关活动中免费向参观者派发。

根据我国《出版管理条例》①的规定，出版物的进口业务应由持有国务院出版行政部门核发的出版物进口经营许可证的出版物进口经营单位经营，出版物进口经营单位对其进口的出版物进行内容审查。②海关总署在

① 《出版管理条例》系于2001年12月12日经国务院第50次常务会议通过，自2002年2月1日起施行。

② 参见《出版管理条例》第41条和第44条。

《海关进出境印刷品及音像制品监管办法》[①]（海关总署第 161 号令）中明确，印刷品和音像制品的进出境，海关难以确定是否载有禁止进出境内容时，应依据国务院有关行政主管部门或者其指定机构的审查、鉴定结论予以处理。[②]在我国的实践中，印刷品的进境审查由新闻出版总署批准的出版物进口经营单位负责，而音像制品的审查则应由进口经营单位报新闻出版总署审批，海关凭相关的审查意见决定是否放行。

为便利境外参展者印刷品和音像制品进境并在上海世博会上进行销售或派发、展示或播放，国家新闻出版总署于 2009 年 9 月 30 日和 10 月 10 日先后发布了《关于委托上海市新闻出版局审批 2010 年上海世博会境外音像制品进口的批复》（新出版审字〔2009〕467 号）和《关于 2010 年上海世博会境外参展者印刷品和音像制品入境、复制、分销等问题的批复》（新出版审字〔2009〕487 号）。上述两份批复在两个方面实现了印刷品和音像制品管理政策的突破：(1)从 2010 年 3 月 1 日至 10 月 31 日，新闻出版总署将用于上海世博会音像制品进口的行政许可事项委托上海市新闻出版局实施，以缩短音像制品的进口审查时限；(2)授予境外参展者在工商登记后具有在上海世博会内销售经过办理进口手续的印刷品和音像制品的资质。

从 2009 年 2 月上海世博会参展者的首批宣传品申报审查至 2010 年 10 月 31 日上海世博会闭幕，上海世博会的 152 个境外参展者共有 4 383 种拟进口用于上海世博会的宣传品申报审查进口，共涉及 36 种语言。其中，出版物 1 185 种，出版物以外的其他印刷品 2 728 种，音像制品 470 种。

此外，为满足上海世博会举办期间众多在世博村内居住的参展者外籍工作人员购买境外报刊等出版物的需求，新闻出版总署于 2009 年 9 月 28 日作出了《关于同意在上海世博会世博村书报亭销售境外报刊的批复》（新出版审字〔2009〕445 号）。批复允许在世博村内的书报亭销售境外报刊等

---

① 《海关进出境印刷品及音像制品监管办法》于 2007 年 2 月 14 日经海关总署审议通过，自 2007 年 6 月 1 日起施行。

② 参见《海关进出境印刷品及音像制品监管办法》第 6 条。

出版物，并允许在原有涉外场所代销的53种境外报刊的基础上另增40种境外报刊，以满足境外参展者的工作人员长期工作和生活的需求。

七、文化活动审批制度

上海世博会举办期间，世博园区内共组织了22 965场次的文化演艺活动，观看各类文化演艺活动的世博会参观者累计超过了3 400万人次。其中，来自176个国家、13个国际组织、36个城市最佳实践区案例和4个企业参展者的1 200余支团队上演了1 172个节目。①

为了做好上海世博会参展者文化活动项目的审批，我国文化部、外交部和海关总署于2010年2月24日发布了《关于2010年上海世博会涉外文化项目审批实施办法的通知》(文外函〔2010〕308号)。

通知以我国现行有关涉外文化演出的管理制度为基础，明确了上海世博局组织、实施上海世博会涉外文化活动的合法资质，并作为申报主体的法律地位。据此，上海世博会参展者在世博会举办期间于世博园区举办的涉外文化项目，统一由上海世博局汇总信息后申报审批。

更为重要的是，考虑到上海世博会举办的实际情况，通知明确规定可在项目申报审批阶段，适当放宽受理时项目信息要求，以确保审批时效。但是，在通知核发签证和办理器材通关手续前，上海世博局应完成全部项目信息的汇总，并调整已经报批的项目信息。

八、城市管理法律制度

为了确保上海世博会筹备和举办期间城市的安全平稳运行，提升城市法治水平，上海市人大常委会和上海市人民政府在国家法治进程的大背景

---

① 参见上海世博会官方网站，http://www.expo2010.cn/sbhd/indexjn.htm，访问日期：2011年3月20日。

下，制定和修订了一系列重要的地方性法规、政府规章。

（一）推动城市立法

自2008年以来，上海市人大常委会先后制定和修订了一系列地方性法规，具体包括《关于本市促进和保障世博会筹备和举办工作的决定》《上海市志愿服务条例》《上海市公共场所控制吸烟条例》《上海市市容环境卫生管理条例》(修正)《上海市拆除违法建筑若干规定》(修订)《上海市旅游条例》(修正)《上海市消防条例》(修订)《上海市公共汽车和电车客运管理条例》等。上海市人民政府制定和修订了《上海市展览业管理办法》《上海市实有人口服务和管理若干规定(暂行)》《上海市建设工程文明施工管理规定》《上海市城市生活垃圾收运处置管理办法》《上海市城市道路架空线管理办法》(修正)等政府规章。

其中，《上海市志愿服务条例》以法律形式倡导奉献、友爱、互助、进步的志愿服务精神，明确了志愿服务活动中志愿者的权利义务，其制定和实施对上海世博会志愿者的招募和志愿服务的开展提供了规范和指引。《上海市市容环境卫生管理条例》的修订针对近年来上海市容管理中存在的“四大顽症”，即“道路和景观灯光设置不符合规范”“户外广告设施布局零乱”“乱张贴、乱涂写、乱刻画等无法有效治理”，以及“乱倒渣土垃圾难以有效遏制”提出了针对性的管理措施，对美化上海的城市市容环境极富现实意义。针对城市管理的又一顽症——违法建筑现象，为进一步加大违法建筑拆除力度并从源头上遏制违法建筑的产生，《上海市拆除违法建筑若干规定》的修订不仅完善了拆除违法建筑的相关程序，还加大了对正在搭建的违法建筑的拆除力度。

（二）完善城市治理

2008年6月19日，上海市人大常委会审议通过了《关于本市促进和保障世博会筹备和举办工作的决定》，授权上海市政府于世博会筹备阶段和举办期间，在不与宪法、法律、行政法规相抵触，不与上海市地方性法规基本原则相违背的前提下，可以在社会治安、道路交通、安全生产、食品卫生、环境保护、市容环境、广告管理等领域，就采取临时性行政管理措施，制定政府规章或者发布决定，并报市人大常委会备案。从决定颁布到上海世博会闭幕两年多的时间里，上海市政府依据决定以通告形式制定出台了28项临时性行政管理措施。这些措施围绕世博会筹备和运行过程中城市管理的重点和难点问题，凝结了上海市政府以及相关部门的管理智慧，在保障上海世博会成功举办、优化城市整体环境方面取得了实效，在城市综合管理的长效管理机制方面进行了实践探索。

综上，在上海世博会筹备和举办过程中众多领域的法治创新探索与以往的世博会相比，具有六个方面的显著特点：

第一，上海世博会在实现法制创造方面，既面临许多以往世博会所共有的问题，也面临一些上海世博会所特有的问题。例如，有关货物通关、人员出入境，以及税收优惠等事项，这些问题都是以往世博会举办中所普遍涉及的，也是世博会主办国进行特别立法或采取特别优惠政策的通常领域。然而，上海世博会是第一次在发展中国家举办的注册类世界博览会，又是一次时间长、规模大、参展主体多的世博会。加之我国的政治制度、发展阶段和行政管理制度，上海世博会在遵循国际规则时还涉及了一些以往世博会举办中不存在或不突出的问题，如参展者文化活动的审批问题、参展者进境音像制品和印刷品的审读问题、知识产权的保护问题、参展者主体登记问题等。这些领域的制度创造既缺乏完备的国际规则制度可资遵循，也缺乏以往世博会的惯常做法可资借鉴，具有更高的难度。以知识产权保护问题为例，上海世博会组织和举办过程中所遭遇的知识产权侵权案件数量之巨、复杂程度之高，都是以往世博会(特别是在知识产权保护良好的发达市场经济国家举办的世博会)所未遭遇的。再以参展者在主办国境内采购货物和服务的流转税优惠问题为例，免除或退还相关国内采购的流转税是以往世博会的惯常做法，但我国迄今为止未有类似增值税或营业税退还的法律规定和实践，这就使我国要在这一问题上实现与国际规则的协同存在相当的难度。

第二，上海世博会的法制创造伴随世博会的组织和举办进程的深入而丰富发展，呈现滚动推进的态势，并贯穿上海世博会组织和举办的全过程。从一开始的动拆迁、世博会标志保护和税收优惠，到其后建设阶段的建设审批报批、建筑装饰材料的免税进口和国内采购的增值税退税，再到布展阶段的货物海关、检验检疫和人员出入境，再到临近运营阶段的活动审批和参展者知识产权保护，最后到世博会结束后参展者国内采购物资出境所涉及的通关和检验检疫问题，上海世博会的法治探索和创新的进程虽然难以清晰地划分阶段，但其整体脉络与世博会组织和举办的进程是相吻合的。特别需要指出的是，在许多领域，上海世博会的法制协同还根据上海世博会组织和举办工作的实际推进而不断修正、丰富和完善。以税收政策为例，在财税〔2005〕180 号文构筑上海世博会税收优惠制度框架体系的基础上，财政部和税务总局又在其后多次发文，以根据上海世博会组织和举办机制的调整和上海世博会组织和举办的实际诉求，对上海世博会税收优惠政策的适用对象、优惠内容和适用期间进行补充规定，特别是将参展者境内采购货物退还增值税纳入其中。

第三，在国家组委会和执委会的领导下，相关政府部门与世博会组织者通力协作，并主动听取国际展览局的指导，成为推动上海世博会法制创造的有效工作机制。在上海世博会组织和举办的实践中，凡遇到国内法律制度存在空白或与世博会国际规则不协调之处，世博会组织者总是及时地与上海市的相关政府部门协商，并在国家组委会的框架下及时将相关的政策需求提请国家相关部委，以在国家相关部委的支持下寻求解决方案，并制定专门政策。在此过程中，上海世博会组织者及相关政府部门充分依托国际展览局的指导和帮助，并借鉴以往世博会的相关经验。

第四，在法治创新上，我国政府主要采取由中央政府相关部门在不违反相关法律的情况下制定专门适用于上海世博会的规范性文件的形式。我国并未在宪法层面明确国际法与国内法的关系，但在涉及行政管理的事项方面，实践中我国一般采取“转化”方式适用国际法，而不直接适用国际法规则。考虑到适用对象的特定性和适用期间的有限性，在针对上海世博会出台特别措施时，我国政府主要采取由中央政府相关部门在不违反相关法律的情况下制定专门性的规范性文件的形式。这一方式有利于较好遵循国际规则，满足上海世博会组织和举办实际需要与国际法制协调统一的平衡关系。当然，个别领域的特殊立法也存在报中央政府部门批准后由上海市的相关政府部门出台相关规范性文件的情形。例如，《关于上海世博会官方参展者从事经营活动的登记管理办法》便是经报国家工商行政管理总局批复后由上海市工商行政管理局发布的。

第五，《注册报告》《一般规章》《特殊规章》相关国际层面的法律文件，特别是《特殊规章》的编制及其报国际展览局审核批准的过程，成为推动制定特殊立法、实现法制协同的过程。对世博会注册文件的审核，以及对其《一般规章》和《特殊规章》的审议批准是国际展览局确保主办国法制与世博会国际规则相协同的重要机制。在上海世博会《注册报告》《一般规章》和共计14份《特殊规章》编制和提交国际展览局审议批准的过程中，国际展览局及其成员国围绕着货物通关、税收优惠、签证便利、外汇汇出等一系列重要的主办国行政管理事宜与我国政府和上海世博局反复协调沟通，要求中国政府在相关法律文件中作出明确且符合世博会规则和惯例的承诺。为了使国际承诺能在上海世博会组织和举办中真正付诸实施，在编制《注册报告》《一般规章》和《特殊规章》的过程中，作为上海世博会组织者的上海世博局积极推动相关政府部门出台适用世博会的特殊政策，以避免《特殊规章》等文件中的规定与国内立法和实践相矛盾。

第六，以我国现行法律制度为基础实现便利参展与有序管理的协调统一，是上海世博会法治创新最为根本，也是至关重要的价值取向。世博会国际规则在部分涉及主办国行政管理方面的规定是相对原则和笼统的。因而，在实现国内法制遵循世博会国际规则时我国应当以现有国内法律制度作为制度设计的出发点，立足上海世博会的实际情况，并在此基础上考虑对既往世博会相关措施和管理实践的借鉴。上海世博会的特别立法都是以我国现行相关法律制度为基础进行的必要优化调整，而非对我国现行法律制度进行的重大根本变革。实现“便利参展”与“有序管理”的协调统一成为设计和完善上海世博会相关特殊立法的终极标准。作为主办国我们一方面要确保参展者货物便捷通关参展，人员便捷入境居留，并确保参展者的参展成本适度合理，另一方面还要使参展行为有序可控，使其不对世博会整体的安全举办、对主办国的整体社会秩序带来危害或不利影响。在上海世博会组织和举办过程中，在货物通关、检验检疫、税收优惠、宣传品进境审读、涉外活动审批等领域的制度创造中，我国相关政府部门在特别立法的制度设计里都充分体现了满足参展方诉求与有序管理、安全可控等价值取向的统筹平衡。

上海世博会各领域特殊立法及主要制度创新丰富了我国有关大型国际活动组织与管理的相关法律制度，相关创新举措后续拓展适用于一般国际经贸监管规则，为我国涉外经贸法律制度的制定和实施提供了有益借鉴。

第三节　上海世博会与知识产权保护的完善

世界博览会是展示新思想、新创意、新科技、新发明和新创造的舞台，主办国的知识产权保护制度是世博会成功举办的保障。自申博成功以来，中国政府围绕着与世博会有关的组织者、参展者和第三方知识产权，加强和完善知识产权保护制度和措施，逐步建设形成了“三位一体”的保护格局，从立法、执法、司法等方面对世博会知识产权予以全方位、多层次的保护，为上海世博会的顺利举行提供法治保障。

一、组织机构的知识产权保护

（一）推动国务院制定并颁行《世界博览会标志保护条例》

在中国政府向国际展览局递交的关于上海世博会《申办报告》和《注册报告》中，均明确规定：“世博会的名称、形象、徽标、标志、吉祥物和内容等，未经组织者的事先批准，都不得在世博会展馆内外使用，不管是否用于商业目的，不管是以布告板、标志、印刷品、照片、图画、电子形象、因特网还是其他形式。”这是中国政府保护世博会标志的庄严国际承诺。当时的《特殊标志管理条例》和《商标法》及其实施细则、《著作权法》及其实施细则、《反不正当竞争法》等法律法规，虽已给予世博会标志一定范围和一定程度的保护，但由于上海世博会权利主体和标志内容的特殊性，世博会标志中的不少内容尚难在我国现有的法律体系中得到全面、有效的保护。因此，有必要制定一个专门保护世博会标志的行政法规，以及时全面有效地保护世博会标志，履行中国政府的国际承诺。同时，加强对世博会标志的保护也有助于上海世博会市场开发计划和资金筹措工作的有力推进。

在上海世博会筹办工作启动伊始，国家便决定以专门立法的形式对世博会标志进行保护。2004 年 6 月 3 日，上海世博会组织委员会第一次会议正式将《世界博览会标志保护条例》补充纳入国务院当年的立法计划；经过为期四个多月共计 140 天的努力，国务院于 2004 年 10 月 13 日的第 66 次常务会议审议通过了《世界博览会标志保护条例》(以下简称《世标条例》)。《世标条例》经国务院公布后于 2004 年 12 月 1 日正式实施。

《世标条例》将包括上海世博会申办机构和组织机构的名称(包括全称、简称、译名和缩写，下同)、徽记和其他标志，上海世博会活动的名称、会徽、会旗、吉祥物、主题词、口号以及国际展览局局旗在内的各项世界博览会标志[①](以下简称“世博会标志”)纳入保护范围。与我国《商标法》[②]对商标的保护相比，《世标条例》对世博会标志的保护主要有以下三个方面的突破和创新：(1)创设了区别于商标注册的世博会标志备案制度[③]，方便世博会标

---

① 有关世界博览会标志的范围，参见《世界博览会标志保护条例》第 2 条。截至 2010 年 12 月 31 日，上海世博会事务协调局共向国家工商行政管理总局商标局备案世界博览会标志 63 项，其中图形标志 10 项；共向海关总署备案世界博览会标志 58 项，其中图形标志 5 项。

② 《商标法》系 1982 年 8 月 23 日第五届全国人民代表大会常务委员会第 24 次会议通过，根据 1993 年 2 月 22 日第七届全国人民代表大会常务委员会第 30 次会议《关于修改〈中华人民共和国商标法〉的决定》第一次修正，根据 2001 年 10 月 27 日第九届全国人民代表大会常务委员会第 24 次会议《关于修改〈中华人民共和国商标法〉的决定》第二次修正。

③ 国家工商行政管理总局商标局专门制定于 2004 年 12 月 24 日公布了《世界博览会标志备案办法》，该办法自 2005 年 1 月 24 日起施行。截至 2010 年 12 月 31 日，上海世博会事务协调局共向国家工商行政管理总局商标局备案世界博览会标志 63 项，其中图形标志 11 项；共向海关总署备案世界博览会标志 58 项，其中图形标志 6 项。

志权利人及时确认;(2)区别于商标依照类别申请注册并以核定使用的商品和服务类别为限的保护模式[①],规定了"全类别"的世博会标志备案方式,即世博会标志的备案涵盖了所有 45 个商品和服务类别;(3)明确将未经权利人许可,"将世界博览会标志作为字号申请企业名称登记,可能造成市场误认、混淆的"[②]作为侵犯世博会标志专有权的情形;而在我国注册商标保护的实践中,只有在所涉商标为驰名商标或他人属恶意申请企业名称登记的情形下,商标注册人才能对抗他人以其注册商标进行企业名称登记。

此外,在世博会标志的海关保护方面,《世标条例》第 12 条中明确,"世界博览会标志专有权海关保护的程序适用《中华人民共和国知识产权海关保护海关保护条例》的规定"。为做好世博会标志的海关保护,海关总署于 2009 年 5 月 21 日发布了《关于世界博览会标志实施海关保护有关问题的通知》(署法发〔2009〕228 号)。与《知识产权海关保护条例》和《中华人民共和国海关关于〈中华人民共和国知识产权海关保护条例〉的实施办法》相比,通知在扣货担保等事项上加强了对世博会标志的保护。根据《知识产权海关保护条例》第 14、25 条以及《中华人民共和国海关关于〈中华人民共和国知识产权海关保护条例〉的实施办法》第 15、34 条的规定,知识产权权利人请求海关扣留侵权嫌疑货物的,应当向海关提供不超过货物等值的担保,用于赔偿可能因申请不当给收货人、发货人造成的损失;同时应当支付货物由海关扣留后的仓储、保管和处置等费用。而《关于世界博览会标志实施海关保护有关问题的通知》第 3 条则指出,"考虑到举办 2010 年上海世界博览会的意义和世界博览会标志保护的特殊性,世界博览会标志权利人申请海关扣留涉嫌侵犯在海关总署备案的世界博览会标志的进出口货物的,各关不向世界博览会标志权利人收取担保。有关货物的仓储、保管和处置等费用自各关办案费中支出"。

(二) 依法打击侵犯世博会知识产权的行为

《世标条例》的实施,为打击侵犯世博会标志专有权行为,为上海世博会

① 参见《商标法》第 51 条的规定。

② 参见《世界博览会标志保护条例》第 5 条第(六)类情形。

的举办营造良好的知识产权保护环境提供了重要的法治保障。从2004年12月1日《世标条例》实施起至2010年10月31日，作为世博会标志权利人的上海世博局自行或依托相关政府部门处理涉嫌侵犯世博会标志权的案件1 495起(其中2010年前十个月处理的案件为1 299起)，涉及全国的26个省、自治区、直辖市。在2010年前十个月处理的1 299起案件中，涉及工商行政管理部门主管的案件1 238起，占95%；涉及海关主管的案件28起，占2.15%。另据海关统计，截至2010年12月31日，上海、杭州、天津、北京、青岛、长春、哈尔滨、乌鲁木齐等海关先后查处28批涉嫌侵犯世博会标志专有权的货物，涉案货物10.5万件，价值560余万元人民币。

除依法开展侵犯世博会知识产权的执法外，为提高世博会知识产权保护力度和效率，有关行政执法部门还通过发布办法、通知等，加强对世博会标志的保护。2007年10月19日，上海市知识产权局、市经委、市食药监局、市工商局和市版权局联合颁布了《关于加强奥林匹克标志、世界博览会标志保护的通告》，明确全市各商业企业和有关商业行业协会要严格审核商品的相关许可使用证明文件，并规范自身涉及世界博览会标志的广告宣传等商业活动行为。在上海市知识产权局的推动下，国家知识产权局于2008年6月12日发布了《涉及世界博览会标志的专利申请审查规定》，明确专利申请中使用世博会标志的，应提供权利人许可的证明文件，未经许可的，不能被授予专利权。2008年11月7日，上海海关制定了《上海海关迎世博600天行动计划》，提出了八项措施，在保障世博物资畅通的同时，明确要加强世博会标志海关保护，并于2009年5月31日下发了《关于进一步加强世界博览会标志专有权保护工作的通知》，要求全面开展世界博览会标志专有权保护工作。2009年6月29日，上海市知识产权联席会议办公室印发了《保护世博会知识产权专项行动方案》，明确了加强世博会知识产权的宣传、加强商品市场的监管整治等十项重点工作。2009年8月11日，上海市工商行政管理局出台了《关于开展世博商标保护工作的实施意见》，就全市工商系统的世博商标保护工作进行了统一部署。2009年8月

26 日，上海市城市管理行政执法局发布了《上海市城市管理行政执法局关于加强世博会知识产权保护工作的通知》，要求进一步加强对相关侵犯世博会知识产权违法行为的查处工作，深入开展对世博会标志及世博会特许产品的保护。

在其他行政管理方面，市政府相关部门也将世博会标志保护作为一项工作内容。例如，市工商局在办理企业名称登记、市地名办在办理地名登记的管理实践中，对涉及世博会标志的申请都予以特别审查，未经上海世博局许可的，均不予批准。市工商局作为广告监管部门，在 2006 年还发布了"关于规范广告中对世博会标志的使用"的广告审查提示，要求广告经营单位注意加强广告审查，避免侵犯世博会标志专有权。

为规范"迎世博"宣传活动中出现的企业营销现象，上海市人民政府办公厅于 2008 年 12 月 31 日下发了《关于在迎世博宣传活动中加强世博会标志保护工作的通知》，要求各级政府部门正确处理加强世博会宣传与加强世博会标志保护的关系，规范在各类迎世博宣传活动中对世博会标志的使用行为，并且强调未经上海世博局许可，任何单位和个人不得使用世博会标志，也不得擅自许可他人使用世博会标志。

（三）对社会公众使用世博会标志进行管理

《世标条例》通过后，随着上海世博会各项筹办工作的深入开展，随着上海世博会理念日益深入人心，社会公众希望使用世博会标志的情形日渐增多，与此同时也出现了许多擅自使用和不规范使用世博会标志的情况。为了对社会公众使用世博会标志的行为进行规范管理，使世博会标志的使用有章可循、有据可依、公开透明、规范有序，上海世博局根据《世标条例》于 2005 年 4 月 26 日公布了《世界博览会标志使用管理办法》，同时设立世博会标志管理办公室（以下简称"标志办"），统一受理和回复社会公众使用世博会标志的申请。

（四）司法机关对世博会知识产权保护的支持和保障

2009 年 7 月，上海市高级人民法院出台了《上海法院积极服务保障

2010年世博会若干意见》(以下简称《上海高院意见》),系统规定了上海法院服务保障世博会的20项举措,对涉世博案件实行指定管辖、集约审理。2010年3月,上海高院下发了《关于对世博园区内发生的涉讼案件指定管辖的规定》,将世博会举办和撤展期间发生在世博园区内的涉世博案件(中院审理的案件除外)一审管辖权集中到浦东法院。2010年3月25日,浦东法院世博法庭正式成立,负责受理、审理、执行世博会举办和撤展期间发生在世博园区内的一般民商事案件。截至2011年4月,世博法庭共受理各类涉世博民商事案件178件,审结163件,其中156件通过调解或当事人和解撤诉方式结案,仅7件以判决方式结案。在已化解的纠纷中,共涉及约56个国家、地区及国际组织展馆。

《上海高院意见》强调,积极回应涉世博知识产权司法保护需求,加大涉世博知识产权司法保护力度,依法有效保护世博会组织者、参展者的标志标识、衍生产品、展馆设计、布展创意、展示技术、展品、包装标识、宣传文件等知识产权。依法妥善处理与世博相关的特许经营合同纠纷,有效保护涉世博案件相关利益主体的知识产权。上海高院还制定了《关于审理涉世博民商事、知识产权案件适用法律若干问题的意见》,明确涉世博知识产权纠纷的法律适用标准。2010年,全市法院共受理一、二审涉世博知识产权案件24件,其中刑事案件16件、民事案件8件;审结一、二审涉世博知识产权案件16件,其中刑事案件9件、民事案件7件。[①]

2009年8月,上海市人民检察院发布了《上海检察机关服务保障世博会若干意见》。意见明确,上海市的检察机关将采取加强组织领导、建立涉世博案件专项办理制度等多项措施,积极履行检察职能,服务保障世博会的筹办与举办。意见还规定了检察机关要加强世博会知识产权刑事保护等内容。

① 《上海高院召开新闻发布会专题通报2010年度知识产权司法保护状况白皮书和十大知识产权司法保护案件》,载上海市高级人民法院官网,https://www.hshfy.sh.cn/shfy/web/xxnr.jsp?pa=aaWQ9MTcyMTA1JnhoPTEmbG1kbT1sbTE3MQPdcssPdcssz。

二、参展者的知识产权保护

（一）推动制订《2010 年上海世博会知识产权保护纲要》

随着上海世博会筹办工作的深入开展，如何做好参展者知识产权的保护工作受到各参展者和国际展览局的高度关注。上海世博局从 2006 年年初开始启动《2010 年上海世博会知识产权保护纲要》（以下简称《知识产权保护纲要》）的编制工作，旨在以我国现行法律制度为基础对各参展者的知识产权提供更为便捷、有效的保护。

2007 年 1 月 12 日举行的 2010 年上海世界博览会组织委员会①第四次会议审议通过了由国家相关部委办联合草拟的《2010 年上海世博会知识产权保护纲要》。

《知识产权保护纲要》在我国现行立法的基础上，提出了加强参展者知识产权保护的十项措施：(1)为参展方办理专利申请、商标注册申请、版权登记申请等知识产权手续提供便利；(2)向参展方推荐知识产权代理机构；(3)在上海世博会园区内联合设立现场办事机构，接受咨询、协调争议；(4)设立投诉服务中心和热线，接受投诉和举报；(5)加强知识产权协同执法，快速有效打击侵权行为；(6)加强知识产权宣传与培训；(7)向参展方提供知识产权保护指南；(8)在世博会举办期间采取必要措施防止侵犯参展方智力成果的行为；(9)为参展方的展品提供展览证明，方便其专利申请和商标注册；(10)为各国文艺工作者的表演提供表演证明。

《知识产权保护纲要》所提出的上述十项措施都是在我国现行知识产权

---

① “2010 年上海世界博览会组织委员会”是我国政府组织和举办上海世博会的领导机构，由中央相关部门和上海市政府作为成员单位，其主要职责是协调相关法律法规、规章及政策的拟定和实施工作，协调、推动各地区和中央有关部门的参展事务，推动落实中国政府邀请各国政府和有关国际组织参展；就上海世博会组织、举办过程中的重大事宜作出决议、决定，确定世博会政府总代表。参见《中国 2010 年上海世博会注册报告》第 1 部分“相关法律和财政措施以及组织机构的法律地位”。

法律制度框架内从简化手续、强化保护、优化服务和协同执法角度所提出的，并未突破我国现行的国内法律制度。

(二) 依据《纲要》为参展者知识产权保护提供服务

十项措施中最具法律意义的便是其中第(9)项所涉及的为参展者的展品提供展览证明事宜。根据《专利法》[①]第24条的规定，申请专利的发明创造在申请日之前6个月内，在中国政府主办或承认的国际展览会上首次展出的，不丧失新颖性[②]。组织者给予参展者的《参展证明》，将在相关人员日后于我国申请专利时作为其展品所含的发明创造曾在国际展览会展出的证明文件。符合条件的，可产生《专利法》所规定的不丧失新颖性的效果。同时，根据《商标法》第25条的规定："商标在中国政府主办的或者承认的国际展览会展出的商品上首次使用的，自该商品展出之日起六个月内，该商标的注册申请人可以享有优先权。依照前款要求优先权的，应当在提出商标注册申请的时候提出书面声明，并且在三个月内提交展出其商品的展览会名称、在展出商品上使用该商标的证据、展出日期等证明文件；未提出书面声明或者逾期未提交证明文件的，视为未要求优先权。"由此，《参展证明》同时可作为上海世博会展出的展品使用相关商标的证明文件。符合条件的，该商标的注册申请人可据此享有商标注册申请中的优先权。

为了实施《知识产权保护纲要》中提出的相关措施，2010年4月15日，上海世博局在参展者服务大厅成立了"上海世博会参展者知识产权服务中心"，负责接收参展者有关知识产权保护的咨询；根据申请为参展者办理《参

---

① 《专利法》系1984年3月12日第六届全国人民代表大会常务委员会第4次会议通过，根据1992年9月4日第七届全国人民代表大会常务委员会第27次会议《关于修改〈中华人民共和国专利法〉的决定》第一次修正，根据2000年8月25日第九届全国人民代表大会常务委员会第17次会议《关于修改〈中华人民共和国专利法〉的决定》第二次修正，根据2008年12月27日第十一届全国人民代表大会常务委员会第6次会议《关于修改〈中华人民共和国专利法〉的决定》第三次修正。

② 根据《专利法》第22条的规定，"授予专利权的发明和实用新型，应当具备新颖性、创造性和实用性。新颖性，是指该发明或者实用新型不属于现有技术；也没有任何单位或者个人就同样的发明或者实用新型在申请日以前向国务院专利行政部门提出过申请，并记载在申请日以后公布的专利申请文件或者公告的专利文件中"。

展证明》和《表演证明》；协助中国音乐著作权协会（以下简称"中国音著协"）①为参展者办理在世博会中使用音乐作品著作权使用许可；同时协调和解决与参展者有关的知识产权纠纷等。截至2010年10月31日上海世博会闭幕，上海世博会知识产权服务中心共受理《参展证明》申请119件，其中经核实并颁发《参展证明》的68件，涉及5个国家；受理《表演证明》申请134件，其中经核实并颁发《表演证明》的130件，涉及9个国家和2个国际组织；协助中国音著协受理音乐著作权使用许可申请并发放许可95例，涉及20个国家和6个国际组织，受理音乐著作权使用备案68例，涉及26个国家和1个国际组织。

三、第三方的知识产权保护

在上海世博会举办期间，组织者和参展者均会大量涉及使用第三方音乐作品的情况。为解决有关作品表演权的合法授权问题，上海世博局在版权管理部门的支持下，与中国音著协达成合作备忘录，由中国音著协对上海世博会期间组织者和参展者使用第三方音乐作品进行一揽子许可，组织者统一向中国音著协缴纳使用费，并代为向参展者收取使用费。这一合作体现了上海世博会组织者和参展者对他人智力成果的充分尊重。

① 中国音乐著作权协会成立于1992年12月17日，是由国家版权局和中国音乐家协会共同发起成立的目前中国大陆地区唯一的音乐著作权集体管理组织，是专门维护作曲者、作词者和其他音乐著作权人合法权益的非营利性机构。

第三章　自由贸易试验区和“一带一路”倡议的探索发展

自由贸易试验区和“一带一路”倡议是习近平总书记亲自部署、亲自指挥、亲自推动的重大举措，是构建人类命运共同体的生动实践。大道之行，天下为公。十余年来，作为集我国应对世界经济挑战、坚决反对贸易保护主义、推动全球发展迈向平衡协调包容新阶段等多重愿望于一身的国家行为，自贸试验区和“一带一路”倡议结出累累硕果，助力高水平对外开放和高质量发展，为应对世界之变、时代之变、历史之变提供了中国方案。

第一节　世博会的开放理念与自贸试验区一脉相承

开放是人类文明进步的重要动力，是世界繁荣发展的必由之路，不断扩大对外开放，以开放促改革、促发展，是我国不断取得新成就的重要法宝。

上海世博会的开放理念表现在三个方面：一是见证了中国全面开展对外交流的新局面。“志合者，不以山海为远。”在上海世博会陆续登场的各国馆庆活动上，中外政要热络往来，有的国家是第一次参加世博会，有的当时尚未与中国建立外交关系，但是都兴高采烈地加入世博会的行列，中国对其也给予充分重视和礼遇，更展示出一个发展中大国的友好风范。世博首脑外交精彩纷呈，公共外交丰富多彩，有效促进了我国与有关国家的友好合作关系，有力提升了我国国际地位和影响力。尽管当时面临2008年金融危机的冲击，但没有任何一个参展方退出上海世博会，大家把上海世博会作为展示世界发展前景的平台，增强人们战胜危机的勇气和信心。在筹办世博过程中，中国人的视野越来越开阔，处理问题的方式越来越成熟，运用国际通用语言进行沟通、合作的能力越来越强大。

二是向世界展示"包容性"思维。上海世博会犹如一部写在大地上的百科全书，近6平方公里的世博园仿佛是一个地球村，世界在这里浓缩，东方与西方交流，人文与科技融合，历史与未来辉映。在这块土地上，平均每天100多场，总计接近3万场的文化娱乐活动美不胜收，富有奇思妙想、多元文化色彩和创造力的展馆在世博园区奏响一曲"世界大合唱"，不同国家、不同种族、不同文化和谐共处，各方齐心协力，其乐融融，实现了"和而不同"的最高境界，给所有的观众和通过互联网观看到世博会的人们留下了难以磨灭的印象。我们绝不突出某一种文化是最优美的，绝不宣扬某一种文明是最先进的，世博会正是一幅多元文化和谐共融的美好画卷。回首上海世博会，我们为其弘扬的理解、沟通、欢聚、合作的理念所激励，为其昭示不同文化交流互鉴、各国人民和谐共处的氛围所感动。

三是提供国际合作平台。时任上海市委书记习近平对上海世博会多次作出指示，要求把握重大历史机遇，借助"世博商机"，促使产业结构明显优化，发挥"世博效应"，全方位加强国际交流合作。如果说，改革开放为中国开启了走向世界的大门，那么，世博会则推动了我们从开放走向合作。上海世博会为全球提供了一个加强国际合作、践行互利共赢的平台，这个平台带来了世界各国和地区的先进产品、先进技术和先进管理理念，带来了共建开放型世界经济的理念共识。此外，上海从2003年到2010年连续举行了多届上海世博会国际论坛，对凝聚各方共识起了重大的推进作用。上海世博会以开放为己任，不仅属于中国，更属于整个世界。上海世博会深刻启迪了中国和世界对未来发展的思考。通过举办和参加世博会，中国全方位、多角度、立体化地展示了不断扩大对外开放的新成果，分享了创新、协调、绿色、开放、共享的新发展理念，扩大了与世界各国在经济、科技、文化等多领域的交流合作，让中国大市场成为世界大机遇，展现了构建人类命运共同体的美好愿景。

上海世博会的成功举办，更加坚定了中国推进改革开放的信心和决心，中国坚定不移地走在和平发展和开放兼容的道路上，学习和借鉴世界各国的优秀文明成果，深化同各国的互利合作，中国愿意与其他国家一道，矢志不渝为人类文明进步事业作出更大贡献。以开放促改革促发展，是中国特色社会主义现代化建设取得历史性成就的重要法宝，与此同时，中国对外开放也极大地促进了世界各国的共同发展，为推动全球经济发展、促进各国合作共赢注入强大动力。

无独有偶，建设自由贸易试验区是党中央在新时代推进改革开放的一项战略举措，在进一步融入世界的进程中，激活了高质量发展的一池春水。自贸试验区是我国对外开放的重要平台，就如同一滴水，折射出中国非凡成就的灿烂光辉。

2008 年全球金融危机后，从国际看，逆全球化暗流涌动，美国主导推进《跨太平洋伙伴关系协定》(TPP)、《跨大西洋贸易与投资伙伴关系协定》(TTIP)、《国际服务贸易协定》(TISA)谈判，推动新一轮高标准的全球贸易规则重构，并试图将中国排除在外，2012 年中美 BIT 谈判重启，2013 年我国经过慎重考虑，将准入前国民待遇和负面清单纳入谈判内容，以推动中美 BIT 谈判取得实质性进展；从国内看，我国改革开放步入深水区，需要解决的都是难啃的硬骨头，必须咬紧牙关、坚定决心，深刻认识和准确把握更加复杂多变的外部环境以及我国改革发展稳定面临的新情况新问题新挑战。

在这样的情况下我们该如何突围？出于多年研究国际经济、世界贸易的经验，笔者敏锐地意识到了建设自贸区对深化改革和扩大开放的重要意义，因而建议所在的民建上海市委抓紧开展相关研究，并提供了之前已经开展过相当长时间的国际比较研究成果。在一国境内特定的部分领土所设立的，被视同关境之外且运入其中的货物享受保税待遇并免除海关监管的自由贸易区，当时在全球范围内有 1 200 多个，其中接近四成设立在发达国家，超过六成设立在发展中国家，全球公认的运作成功的自由贸易区主要有美国纽约第 49 号对外贸易区、德国汉堡自由贸易区、荷兰离散式自由贸易园区和阿联酋迪拜机场自由贸易区等。在进一步研究的基础上，笔者认为上海自由贸易区的设立应当进一步予以推进，并向民建上海市委提供了考察汉堡自贸区的经验。汉堡自贸区是世界上较古老的自贸区，具有百年历史，有三大特色：一是便利环境，二是税收优惠，三是立法。笔者和民建上海市委的同志商量，要举全会之力、集全会智慧，为以外高桥保税区为代表和核心的上海综合保税区向自由贸易区转型提出建言。身处我国改革开放前沿，上海民建高度关注国际贸易运行和国家进出口领域制度变革，长期跟踪外高桥保税区等海关特殊监管区域的发展，通过长期对改革开放的追踪观察和对全球经济发展趋势的理性思考，深深地感受到了对外开放和全球经济一体化所带来的活力与发展，迫切地希望以更大的努力推动上海自贸区的建设与发展。

在 2012 年上海市政协大会上，民建上海市委作了“先试先立，在浦东建立自由贸易港城”的发言，其中特别提到，“和国际通行的自由贸易区相比，现在的综合保税区还存在许多体制、机制、税制、管制问题，要真正突破‘四制’问题，需要努力争取中央国家层面大力支持的‘外力’，也要以超前的意识、勇往直前的勇气、孜孜不倦的毅力，练好‘内功’，争取在推进‘保税区’向‘自由贸易区’‘自由贸易港城’的转变中实现‘率先’”。同时提出上海要尽快成为世界贸易的“金融结算中心”“航运市场中心”和“贸易集聚中心”。当时在主席台上的时任中共中央政治局委员、中共上海市委书记俞正声当场予以肯定，认为这是一个重大问题，需要在国家层面振臂一呼。事后他又批示：“深受启发，值得研究，应发给市委、市政府领导人手一份，共同探讨。”

之后，笔者对提案进行了修改完善，并在当年的全国政协会议上以个人名义提交了这一提案。2013 年年初，在大量调查研究的基础上，向市政协大会郑重提出提案“关于上海设立浦东国际自由贸易区的建议”，认为上海建立国际自由贸易区的时机已基本成熟。同时提出建立自贸区最需要解决的三大问题：一是立法先行，二是制定规则，三是全面推进。同年 3 月 28 日，时任国务院总理李克强在视察上海调研工作时，鼓励支持上海积极大胆探索，在现有综合保税区基础上，研究如何试点先行，在 28 平方公里内建立一个自由贸易试验区，进一步扩大开放，推动完善开放型经济体制机制。这是党中央、国务院审时度势，顺应发展的重要举措，如同李克强在考察时提出，要用开放促进改革，用开放扩大内需，用开放形成倒逼机制，以勇气和智慧打造中国经济升级版，上海自由贸易试验区就是以更大的开放促进更深入的改革。为此，笔者于 5 月 5 日向时任上海市委书记韩正建言，提出了加快建立上海自由贸易试验区的若干建议，认为应站在我国改革开放新起点，以历史的积淀为依托，加快实现由保税区向自由贸易试验区转型，这一转型具有重要的战略意义：其一，这是打造“中国经济升级版”的实质措施；其二，这是上海加快“四个中心”和社会主义国际大都市建设的重要抓手；其三，这是浦东高举开放开发大旗推进综合配套改革的关键步骤。同时，提出三点建议：第一，坚持立法为先，推动国家尽快就自由贸易区管理的制度与政策进行专项立法。建议中特别提到美国是典型的以立法规范、促进和保障自由贸易区发展的国家。我国应尽快制定出台国家层面统一的《自由贸易区管理条例》，规范我国自由贸易区的监管原则、设立程序、管理体制、相关政策等关键事宜。第二，强调功能创新，激发上海自由贸易区的持续活力。功能创新是自由贸易区的生命力所在。第三，优化政府管理，营造自由而便捷的监管环境对自贸区发展是至关重要的。总之，自贸区应当是功能创新领先、增值服务发达、国际贸易便利、外汇管理宽松、区港运作贯通、物流监管便捷、具有综合竞争力的国际贸易试验区。此后，笔者认为对于金融开放问题仍然有进一步研究的必要，因此，再次组织民建上海市委相关金融专家深入研究，于6月14日向上海市领导再次谏言，提出建议探索在试验区建设离岸金融期货交易平台，积极推动上海金融衍生品市场创新发展；建议探索在试验区开办股票市场离岸国际板，逐步推进上海股票市场国际化；建议推进在试验区建立市场导向性的金融创新机制，充分释放金融活力，提升上海金融应对海外市场竞争的能力，得到了有关领导的批示。

在各方的共同努力下，2013年9月29日，全国第一个自贸试验区——上海自贸试验区破土而出，首次将外商投资准入特别管理措施以负面清单的形式设置，进一步提高贸易和投资便利化水平，成为我国以开放促改革的关键举措。事实证明，自贸区是我国面对世界多变且复杂形势的又一次突围，也是波澜壮阔改革开放中的又一次标志性事件，意义重大。以开放扩大合作，以开放共享机遇，自贸区在关键时刻勇毅前行创造了新奇迹。可以说，笔者亲历了中国自贸试验区从无到有的整个历史进程，在非常时刻，人们的建言能够汇成一股力量，形成社会共识，担当起非常之责，与有荣焉，亦深受鼓舞，功成不必在我，功成必定有我，所有这一切的付出都是值得的。

开放是当代中国的鲜明特色，无论是世博会，还是自贸区，都见证了中国发展同世界发展相互交融、相互成就的新征程，我国坚持以开放纾发展之困、以开放汇合作之力、以开放聚创新之势、以开放谋共享之福。中国如今已成为世界第二大经济体，制造业规模、外汇储备稳居世界第一，货物贸易总额居世界第一，成为140多个国家和地区的主要贸易伙伴，吸引外资和对外投资居世界前列，一路奋斗前行，日益走近世界舞台的中央，那么未来道路该如何继续？从长远看，经济全球化是时代潮流，各国分工合作、互利共赢是长期趋势，大江奔腾向海总会遇到逆流，但任何逆流都阻挡不了大江东去。当前，世界百年未有之大变局加速演进，动荡变革的特征更加突出，有关研究表明，十余年来“世界开放指数”不断下滑，全球开放共识弱化，站在何去何从的十字路口，如何抉择成为很多国家正在探索的命题。历史证明，越是面对复杂困难局面，各国越要相互联通、开放合作，人类社会是一个休戚与共的命运共同体，在重大危机面前，没有哪个国家能够独善其身，也没有哪个国家能从别国的困难中谋取利益，只有团结合作、开放共赢，才能在面对挑战时从容应对。随着中国融入世界的进程不断推进，无论是应对金融危机、逆全球化“倒流”还是参与解决地区和全球热点问题，世界都盼望看到中国的身影。近十年来，中国经济平均增长率为 6.6%，居世界主要经济体前列，中国对世界经济增长平均贡献率超过 30%，成为全球经济增长的主要动力源和稳定器，中国式现代化开辟了一条属于中国但又具有世界意义的现代化道路。计利当计天下利，中国多次向世界宣告，我们扩大高水平开放的决心不会变，同世界分享发展机遇的决心不会变，推动经济全球化朝着更加开放、包容、普惠、平衡、共赢方向发展的决心不会变。中国的发展惠及世界，中国的发展离不开世界，我们要始终站在历史正确的一边，坚定不移维护世界共同利益，让开放为全球发展带来新的光明前程。

第二节　我国自贸试验区的十年发展

自贸试验区是中国一次前所未有的“自我开放”，是一扇开放模式创新的“窗口”，更是一场制度改革的“大戏”。正如习近平总书记指出的，自贸试验区要种苗圃而不是做盆景，它必须复制，必须推广，必须辐射。从 2013 年上海自贸试验区正式运行开始，经过六次扩容，全国已有 21 个自贸试验区和 1 个自由贸易港，对外开放层层推进，改革实践步步为营，开创了沿海地区和内陆地区自贸区比翼齐飞的崭新格局。十余年来，自贸区从无到有，从小到大，从最初的“一枝独秀”到如今的“雁阵齐飞”，推出了一系列首创性实践，实现了一系列突破性进展，一大批改革开放制度创新成果复制推广到全国，充分发挥了自贸试验区作为改革开放试验田的作用，形成了以更大的开放促进更深入的改革的战略态势。

自贸试验区已成为高水平开放的先导力量。很多“第一”都出现在自贸试验区，在自贸试验区推出了第一张外商投资准入负面清单，迈出了外资准入前国民待遇加负面清单管理模式第一步。2021年12月27日，在中国入世20周年这一具有特殊意义的年份，国家发布的2021版自贸区负面清单进一步缩减到27条，相较第一版压减了85％，且首次实现了制造业条目清零。负面清单管理制度，引领了全国外资管理制度的重大变革，并且最终推动相关法律出台。服务业开放持续扩大，这代表着开放领域越来越宽。海南自由贸易港还推出了第一张跨境服务贸易负面清单，实现了服务贸易管理模式根本性变革。

自贸试验区已成为深层次改革的开路先锋。率先实施了“证照分离”，率先实施外商投资准入体制改革，建立了全国第一个国际贸易“单一窗口”，创设了第一批自由贸易账户等，很多“第一”在这里实践、探索，然后再复制推广到全国。已经向全国复制推广了278项制度创新成果，涉及投资便利化、贸易便利化、金融开放创新、事中事后监管、国企改革等方面，促进了改革红利的持续释放。

自贸试验区也成为高质量发展的示范引领。依托中国超大规模市场优势，自贸试验区立足自身资源禀赋，吸引全球优质资源要素，推动高端产业不断集聚。2022年，21家自贸试验区高新技术产业实际利用外资同比增长53.2％，增速远超全国平均水平，吸引、集聚功能凸显。各自贸试验区、自由贸易港围绕自身战略定位和区位优势，服务国家重大战略的能力不断增强。

自贸试验区立足国家总体战略，充分利用自身优势，加强改革系统集成，狠抓制度创新，发挥了改革开放“排头兵”的示范引领作用，值得一一回顾、认真梳理。

一、上海自贸试验区——示范引领

2013年9月29日，中国（上海）自由贸易试验区破土而出，28.78平方公里的土地，成为中国改革开放的楔子。2015年，上海自贸区扩展到120.72平方公里，功能进一步丰富。上海作为自贸试验区领头羊，聚焦投资、贸易、金融、事中事后监管等领域，率先构建与国际通行规则接轨的制度体系，形成了外商投资负面清单、国际贸易“单一窗口”、自由贸易账户、证照分离等一批基础性制度和核心制度创新。截至 2022 年，自贸区 300 多项重要改革成果、51 条“浦东经验”向全国复制推广，99％以上的外资企业通过备案方式设立。2021 年，自贸区规上工业总产值 6 877.53 亿元，跨境人民币结算总额占全市近一半，外商直接投资实际到位金额 103.73 亿美元，54 项服务业和制造业扩大开放措施，累计落地近 4 200 个项目。上海自贸区在引领区框架下，不断在开放的道路上前行，为全国更高质量发展，积攒新活力。

2019 年 8 月 20 日，上海自贸区临港新片区正式揭牌，更是成为中国自贸区建设的尖兵利器。之后，洋山特殊综合保税区于 2020 年 5 月 16 日正式挂牌运作，成为全国 151 个海关特殊监管区域中唯一一个特殊综合保税区。洋山特殊综合保税区已实现全区域封关验收。临港新片区围绕“特殊经济功能区”和“特殊综合保税区”开展了一系列差异化探索，重点聚焦“6＋2”八大制度创新（投资自由、贸易自由、资金自由、运输自由、人员从业自由、数据便捷联通和特殊的税收政策、风险防范机制），加快打造开放型政策制度体系，国务院制定的《临港新片区总体方案》明确的 78 项制度创新任务基本完成，国家、上海市、临港新片区管委会出台各类政策 260 余项，通过改革形成典型制度创新案例 87 个，其中全国首创性案例 36 个，以贸易自由、投资自由、资金自由、运输自由、人员从业自由以及数据便利为核心内容的制度体系初步形成，制度创新成果正持续转化为发展新优势。

2019 年 11 月，习近平总书记在上海考察时，对临港新片区建设提出“五个重要”的功能定位——集聚海内外人才开展国际创新协同的重要基地、统筹发展在岸业务和离岸业务的重要枢纽、企业走出去发展壮大的重要跳板、更好利用两个市场两种资源的重要通道、参与国际经济治理的重要试验田。因而，临港新片区坚持把“五个重要”放到中国式现代化的整体进程中，放到贯彻新发展理念、构建新发展格局的总体部署中，增强国际思维，把握时代脉搏，在更深层次、更宽领域、以更大力度推进全方位高水平开放，加快构建现代化的创新体系、产业体系、市场体系和开放体系，形成整体性、联动性、综合性的开放新优势，力争到2025年，建设不少于10个顶尖科学家实验室；地区生产总值（GDP）在2018年基础上翻两番，年均增速达到25％左右；常住人口规模达到80万人左右，初步建成具有较强国际市场影响力和竞争力的特殊经济功能区，成为我国深度融入经济全球化的重要载体，成为上海打造国内国际双循环战略链接的枢纽节点。

以数据为例，随着国际经贸规则发展进入数字贸易规则时代，跨境数据流动是近年来自贸协定中的核心条款。自2019年起，临港新片区启动国际数据港建设，2021年《上海市数据条例》公布，为推进国际数据港建设、打造全球数据汇聚流转枢纽提供法治支撑。国际互联网数据专用通道已投入使用，国家新型互联网交换中心等一批新型数字基础设施成立，累计开通5G基站超2 100个，并且率先在智能网联汽车和车联网领域建立数据跨境流动“正面清单＋分级分类”管理制度，设立存证传输管理制度，开展数据跨境流动安全评估试点，发布“国际数据港指标体系”。推动国际数据港与上海数据交易所“港所联动”，探索设立数据交易国际化板块，围绕数字贸易等培育一批国际化数商。

临港新片区承载的历史职责，就是要进一步为国家开放进行压力测试，成为最重要的压力测试场。未来，还将继续对标世界最高标准、最好水平，先行先试包括中国已经加入的《区域全面经济伙伴关系协定》（RCEP）、已完成谈判的中欧双边投资协定以及积极参与的《中日韩自由贸易协定》（FTA）、《全面与进步跨太平洋伙伴关系协定》（CPTPP）谈判等涉及的经贸规则，实施更大程度压力测试，试验这些国际条约中许许多多的新举措、新做法，加大在投资准入、货物和服务贸易、金融开放、数字经济、知识产权保护、国企竞争中立、政府采购、争端解决等领域的风险压力测试，并放大辐射带动示范效应，全力打造更具国际市场影响力和竞争力的特殊经济功能区。

此外，上海自贸区特别是临港新片区以国际规则为参照，不断完善商事仲裁相关法律制度和仲裁机构建设，打造国际一流的仲裁机构，提高中国仲裁公信力，为公正高效解决国际经贸纠纷提供“中国平台”。上海市高、中两级法院先后出台若干自贸区仲裁司法意见，形成了由“自贸区仲裁院”“自贸区仲裁规则”和“自贸区仲裁司法保障意见”组成的“三位一体”的自贸区仲裁争议解决机制。2019 年 11 月发布的《境外仲裁机构在中国（上海）自由贸易试验区临港新片区设立业务机构管理办法》，允许经登记的境外仲裁机构在临港新片区设立业务机构开展仲裁业务活动。2020 年，全国首家国际组织仲裁机构落地上海并实质化运作，将面向全球的亚太仲裁中心建设不断向前推进。

二、广东自贸试验区——粤港澳融合

2015 年 4 月 21 日，广东自贸区举行挂牌仪式，其涵盖南沙片区、前海蛇口片区和横琴片区，总面积 116.2 平方公里。在区域功能上，广东自贸区强调了粤港澳概念，明确提出依托港澳、服务内地、面向世界，以制度创新为核心，促进内地与港澳经济深度融合，深入推进粤港澳服务贸易自由化，强化粤港澳国际贸易功能集成，探索构建粤港澳金融合作新体制等，开展一系列“首创性”“差异化”尝试。截至 2022 年上半年，已累计形成 584 项制度创新成果，在全省复制推广 146 项改革创新经验，发布 245 个制度创新案例，其中 41 项全国首创，7 个列入全国最佳实践案例，以全省万分之六的土地面积吸引全省外资总额的四分之一，成为联动大湾区、面向世界的高水平对外开放门户，粤港澳全面合作示范区建设迈上新台阶。2016 年 5 月 25 日，广东省第十二届人民代表大会常务委员会第二十六次会议通过《中国（广东）自由贸易试验区条例》，共九章八十五条，自 2016 年 7 月 1 日起施行。

在发挥对港澳开放合作的作用方面，广东自贸区在互联互通上有了比较大的拓展。如在“硬联通”上，港珠澳大桥、高铁等基础设施建设，拉近粤港澳三地距离；在“软联通”上，投资贸易通关便利化、扩大对港澳服务业领域开放、建设重大合作平台、港澳青年就业创业扶持、各种金融“跨境通”推进、深化与港澳金融业合作、港人港资港企相互间纠纷可适用香港法律法规等，诸多措施在全省、全国都得以复制推广。此外，广东自贸区与粤港澳大湾区、深圳先行示范区的发展交织，形成了一定的互动机制，建立起制度和政策创新高地。

三、天津自贸试验区——京津冀协同发展

2015 年 4 月 21 日，天津自贸区正式运行，其包含天津机场片区、滨海新区中心商务片区和天津港片区，面积为 119.9 平方公里。作为北方最早获批的自贸区，天津自贸区不仅承担先行先试的责任，还承担着贯彻落实京津冀协同发展国家战略的重任。围绕“国内国际经济双向循环的重要资源要素配置枢纽、京津冀现代产业集聚区、中日韩自贸区战略先导区”定位，累计实施 502 项制度创新措施，累计向全国复制推广 38 项试点经验和实践案例，特别是在京津冀跨区域合作、承接北京非首都功能疏解、建立京津冀联动机制等方面持续发力。天津自贸区着重于制造业和商业物流的并重开放，突出航运，打造航运税收、航运金融等特色，借“一带一路”契机服务和带动环渤海经济；天津市是综合改革实验区，中央赋予天津先行先试政策；天津是京津冀协同发展的重要一极，天津港是京津冀最大的综合性贸易港口，是其开展对外贸易的重要载体，在京津冀吸引外资过程中发挥引擎作用。2015 年 12 月 24 日，天津市第十六届人民代表大会常务委员会第二十三次会议审议通过《中国（天津）自由贸易试验区条例》并实施，天津成为国务院批准的第二批设立自贸区的三省市中第一个出台地方性法规的城市。2022 年 9 月，天津市第十七届人民代表大会常务委员会第三十七次会议审议通过了《天津市人民代表大会常务委员会关于修改〈中国（天津）自由贸易试验区条例〉的决定》，并自公布之日起实施。

天津自贸区金融创新的侧重点也特色鲜明，近年来，天津在金融创新领域飞速发展，形成了包括融资租赁、航运金融、国际保理等新型金融业态在内的多元化、多层次、开放型资本体系，在全国率先推出了飞机离岸租赁对外债权登记业务、共享外债额度便利化、外汇资本金和外债意愿结汇等创新举措，全国首创经营性租赁飞机退租、飞机资产包退租等业务模式，商业保理业务发展势头强劲，“保税+”产业蓬勃发展，平行进口汽车产业持续领跑全国。2022年，《中国(天津)自由贸易试验区东疆片区、中心商务片区、天津机场片区支持天津航空航天产业补链强链战略合作框架协议》签约仪式在天津港保税区举行，这是全国首个自贸试验区片区间围绕特定产业链形成的合作范例。

四、福建自贸试验区——对台合作

2015年4月21日，福建自贸区在福州挂牌运行，其涵盖厦门片区、福州片区和平潭片区，共118.04平方公里，分散在不同的市，地区跨度大。福建自贸区累计推出创新举措553项，全国首创126项，并且与“一带一路”建设同频共振，自贸试验区、“海丝”核心区等在福建相叠加，稳定开行中欧、中亚、中俄三条中欧(厦门)班列国际货运干线，通达12个国家和34个城市，“丝路海运”已开通100条命名航线，通达43个国家117座港口，贸易日益便利化，积极打造“一带一路”开放合作引领区，共建金砖创新基地。2016年4月1日，福建省第十二届人民代表大会常务委员会第二十二次会议通过《中国(福建)自由贸易试验区条例》，共十章六十五条，并自公布之日起施行。

从国家层面考虑，福建自贸区最大的战略意义在于对台，也是唯一将“深化两岸经济合作”当作自身定位和发展目标的自贸区。福建自贸区充分发挥沿海近台区位特色，以“对台湾开放”和“全面合作”为方向，吸引台资入驻，便利与台湾的经贸往来，在产业合作、金融开放、人员交流往来等方面先行先试、率先突破，设立两岸融合发展示范区，打造台胞台企登陆第一家园，深化闽台农业、精密机械、集成电路、石化、金融、文教、医疗卫生等产业合作，以促进两岸经济和人员更好地融合。在金融创新方面，福建自贸区创新台胞"薪速汇"业务模式，突破传统台胞线下薪资汇出业务操作模式，创新台胞诚信闪贷，解决融资难题。未来，两岸跨境人民币业务是福建自贸区金融业发展的一大特色和重要方向。

五、辽宁自贸试验区——引领东北振兴

2017 年 4 月 1 日，中国(辽宁)自由贸易试验区正式揭牌，这是新形势下全面深化改革、扩大开放和推动东北地区等老工业基地振兴的重大举措。辽宁自贸区的实施范围 119.89 平方公里，涵盖大连片区、沈阳片区和营口片区。截至 2022 年，国家总体方案赋予辽宁自贸试验区的 123 项试验任务，包含中央事权 78 项、地方事权 45 项，已全部完成，完成率达到 100%。在 123 条任务中，有 89 条任务完成效果尤为突出，占总任务 72%，有效引领东北地区转变经济发展方式、提高经济发展质量和水平。2018 年 7 月 25 日，辽宁省第十三届人民代表大会常务委员会第四次会议通过《中国(辽宁)自由贸易试验区条例》，共九章六十三条，自 2018 年 10 月 1 日起施行。

辽宁自贸区在深化国资国企改革方面，形成了一批具有复制推广价值的国资国企改革创新经验，其中"'事转企'背景下国有企业'三级跳'发展新模式"等 4 项改革案例入选国家"最佳实践案例"。

推进与东北亚全方位经济合作。充分发挥辽宁作为全国重要的老工业基地和亚欧大陆桥东部重要节点的区位、交通、产业及人文等综合优势，推进国家自主创新示范区、全面创新改革试验区、大连金普新区、国家级经济技术开发区、国家级高新技术产业开发区与自贸试验区的互动发展。作为东北地区唯一的沿海省份和出海大通道，辽宁不断扩大和丰富东北亚区域

合作内涵，发挥海铁联运优势，积极建设面向东北亚的国际商贸物流中心，统筹贸易、投资、通道、平台建设，全面融入中蒙俄经济走廊建设，巩固对日、对韩合作，实施日韩货物经我省北上、西进欧洲倍增计划，进一步扩大东北亚国际合作。

六、浙江自贸试验区——陆海联动

2017 年 4 月 1 日，中国（浙江）自由贸易试验区在舟山市挂牌，浙江自贸区总面积 119.95 平方公里，是中国唯一一个由陆域和海洋锚地组成的自由贸易园区，也是中国立足环太平洋经济圈的前沿地区，与“一带一路”倡议下的沿线国家建立合作的重要窗口。2017 年 12 月 27 日，浙江省第十二届人民代表大会常务委员会第四十六次会议审议通过了《中国（浙江）自由贸易试验区条例》，自 2018 年 1 月 1 日起正式施行，这也是全国第三批设立的 7 个自贸试验区中出台的第一部省级地方性法规。2022 年 3 月 18 日，《中国（浙江）自由贸易试验区条例》经浙江省第十三届人民代表大会常务委员会第三十五次会议修订通过，自 2022 年 5 月 1 日起施行。2020 年 8 月 30 日，国务院发布《中国（浙江）自由贸易试验区扩展区域方案》，浙江自贸试验区宁波片区、杭州片区、金义片区正式挂牌。扩展区域后，浙江自贸区总实施范围 239.45 平方公里。

浙江自贸区坚持走差别化、特色化的发展道路，累计形成特色制度创新成果和实践案例 269 项，全国首创 125 项，全国复制推广 32 项。浙江自贸区聚焦油气全产业链建设，开启了“无中生油”“聚气发展”的改革探索之路，2020 年 3 月，国务院批复同意《关于支持中国（浙江）自由贸易试验区油气全产业链开放发展的若干措施》，该措施成为全国自贸试验区中唯一出台的聚焦全产业发展的支持措施。浙江自贸区围绕油气炼化、储运、贸易、结算等环节，形成了一系列特色创新成果，累计有 215 项制度创新成果，其中 30 项面向全国复制推广，推动形成了万亿级油气产业格局，如原油非国营贸易进口资质和配额、成品油非国营贸易出口资质和配额、国际航行船舶保税加油许可权下放、保税燃料油混兑调等都属全国首创，建成全国最大、单体全球第二的大型石化基地，建成全国最大的能源保障基地，建成全国最大的油气贸易港，低硫保税燃料油“舟山价格”是首个以国内期货市场价格为定价基础的人民币报价机制，为我国油品领域市场化改革作出了积极贡献。在此基础上，浙江自贸区重点打造国家级能源资源保障基地、世界先进的绿色石化产业基地、万亿级大宗商品交易中心，大力完善国际物流体系，提升物流运输网络辐射能力，“义新欧”中欧班列开行数超 3 000 列，保税燃料油直供量超 1 000 万吨。

七、河南自贸试验区——现代综合交通枢纽

2017 年 4 月 1 日，中国（河南）自由贸易试验区正式挂牌成立。河南自贸区的实施范围 119.77 平方公里，包括郑州片区、开封片区和洛阳片区。截至 2022 年，已累计完成 159 项改革试点任务，形成 479 项改革创新成果，其中 14 项在全国推广，80 项在全省推广，2 项入选全国自贸试验区改革试点经验，3 项入选全国自贸试验区最佳实践案例；以全省万分之七的土地面积，贡献了约 16％的新设外资企业数、9.4％的实际利用外资额、7.1％的进出口额。2021 年 4 月 2 日，河南省第十三届人民代表大会常务委员会第二十三次会议通过《中国（河南）自由贸易试验区条例》，共八章六十二条，并自 2021 年 7 月 1 日起施行。

河南自贸区推动“空陆网海”四条丝路建设全面展开，开展全国首个跨境电商零售进口药品试点，建立多式联运多层次标准工作联络机制，在全国率先发布了包含基础标准、设施标准、装备标准、运营服务标准、信息化标准等在内的省级多式联运标准体系，形成航空物流电子货运标准体系，其中单证标准、信息交换标准被中国航空运输协会采纳，促进了航空物流行业数字化、信息化、智能化进程，利用第五航权丰富国际货运航线网络，提升中转能

力，2021 年国际货运量 18.2 万吨，占全部国际货运量的 36.3%，不断完善现代立体交通体系、现代物流体系，成为服务于“一带一路”建设的现代综合交通枢纽。

八、湖北自贸试验区——中部崛起战略支点

2017 年 4 月 1 日，中国(湖北)自由贸易试验区正式挂牌，这是加快推进中部崛起、长江经济带发展的重大举措。湖北自贸区的实施范围 119.96 平方公里，涵盖武汉片区、襄阳片区和宜昌片区。截至 2022 年 6 月，湖北自贸试验区累计新增企业 9.1 万家，是原有存量的 3.3 倍；实际使用外资(地方统计口径)84.1 亿美元，以全省近万分之七的面积贡献了同期全省 30%的外贸额、13.1%的外资额，累计外贸进出口额 6 629 亿元人民币。国务院赋予的 170 项改革试验任务实施率 100%。加大首创性改革，累计形成 253 项制度创新成果，全国、全省首创率 83%，其中 27 项经国务院批准在全国复制推广，围绕产业诉求、创新驱动、绿色低碳发展、开放引领方面的制度集成创新累计占比超过 60%。2018 年 9 月 30 日，湖北省第十三届人民代表大会常务委员会第五次会议通过《中国(湖北)自由贸易试验区条例》，共八章六十九条，自 2019 年 1 月 1 日起施行。

湖北自贸区大力推动光电子信息、汽车、生物医药等重点产业全产业链创新发展，光纤光缆市场占全球 25%，打造万亿级光电子信息产业集群，在多个细分领域夺得“单项冠军”。2021 年湖北自贸区首次以省政府名义向 520 名高端人才兑现 1.11 亿元专项奖励，惠及 117 家企业，其中 84%为光电子信息、大健康等战略性新兴产业关联企业，试行激发人才创新创业活力的“人才六条”，通过推动科技成果所有权让渡、促进科研人员向企业流动、设立股权激励基金等创新举措，加速聚集高端人才。湖北自贸试验区以湖北省近万分之七的土地面积，贡献了全省同期 18%的高新技术企业数，以及近四分之一的专利申请和专利授权量。

九、重庆自贸试验区——内陆通道枢纽

2017 年 4 月 1 日，中国（重庆）自由贸易试验区正式挂牌，旨在推动重庆市内陆开放高地建设，成为“一带一路”和长江经济带互联互通重要枢纽、西部大开发战略重要支点。重庆自贸区的实施范围为 119.98 平方公里，涵盖两江片区、西永片区和果园港片区。2019 年 9 月 26 日，重庆市第五届人民代表大会常务委员会第十二次会议通过《中国（重庆）自由贸易试验区条例》，共八章五十六条，于 2019 年 11 月 1 日起实施。

重庆自贸区重点建设“四区一地”，即内陆现代服务业发展先行区、内陆国际贸易中心先导区、西部金融中心示范区、国家重要先进制造业中心引领区、内陆国际物流枢纽核心承载地。截至 2022 年，重庆自贸区就国务院批复的总体方案设立的 151 项改革试点任务已全部落实。国家部署的复制推广经验案例和深化改革创新措施落实率超过 90%。自主培育重点制度创新成果 88 项，其中 7 项向全国复制推广。累计注册企业超 17 万户，集聚全市超 1/4 的进出口企业，贡献全市约 70%的进出口贸易总额，其中，高技术制造业利润比重超 85%。探索陆上贸易规则，依托中欧班列（渝新欧）开立全球首份“铁路提单国际信用证”，并实现批量化运用。制定的国际货运代理铁路联运作业规范等 3 项标准获批为国家标准，铁路提单背书转让效力得到司法审判实践支持，开创国际贸易史先河。突破国际铁路 60 年来禁止运邮的禁令，渝新欧在全球率先完成国际运邮返程邮包运输测试，实现了国际铁路运邮双向互通。重庆自贸区服务长江经济带，与上海自贸区联动，常态化开行沪渝直达快线，探索江海联运一体化便利通关新模式，在全国率先开展水运进口转关“离港确认”试点，提升江运时效 40%。此外，重庆自贸区与四川携手，推动川渝自由贸易试验区协同开放示范区建设，围绕目标、领域、政策、产业、机制和时序六个方面，强化协同合作，取得良好成效。

十、四川自贸试验区——内陆与沿海沿边沿江协同开放

2017 年 4 月 1 日，中国（四川）自由贸易试验区正式挂牌成立。四川自贸区总面积 119.99 平方公里，整体分为成都、泸州两个部分，涵盖成都天府新区片区、成都青白江铁路港片区和川南临港片区。截至 2023 年上半年，四川自贸区探索形成 800 余项制度创新成果，在近 4 批国家层面复制推广的改革试点成果中，四川贡献 12 项，占全国约 1/9。以不足全省 1/4 000 的面积，贡献了全省近 1/4 的外商投资企业、1/10 的进出口、1/10 的新设企业。区内入驻世界 500 强企业已达 104 家。实际使用外资占全省比重，由挂牌初的 4.3％上升到 31.2％，新增外商投资企业 1 300 多家、外商投资实际到位超 43 亿美元，85％集中在高端服务业领域。2019 年 5 月 23 日，四川省第十三届人民代表大会常务委员会第十一次会议通过《中国（四川）自由贸易试验区条例》，共九章六十条，自 2019 年 7 月 1 日起施行。

四川自贸区注重发挥“临空、临铁、临江”三临叠加优势，形成“运贸产”一体化发展强劲态势。通过开放通道多式联运、无缝对接、内外畅通，四川省构建了中东西互济、海陆空统筹的对外经济走廊，形成与“一带一路”、孟中印缅经济走廊和长江经济带联通的综合物流服务体系；打造了长江口岸现代航运服务系统和长江港口智能物流网络，推进与沿海沿江口岸信息互联互通，建设港口综合服务“单一窗口”。成都与重庆共同首发中欧班列（成渝）、共创全国首个两地合作开行的中欧班列品牌，长江黄金水道与西部陆海新通道、中欧班列实现无缝连接，加快推进国际铁路运输重要枢纽、国际航空枢纽、国家开放水运口岸建设，大力发展多式联运，“一带一路”国家馆群初具规模，中国—欧洲中心窗口示范作用凸显，促进区域协同开放。

十一、陕西自贸试验区——三个自贸建设

2017年4月1日，中国(陕西)自由贸易试验区正式运行。陕西自贸区的实施范围119.95平方公里，涵盖中心片区、西安国际港务区片区和杨凌示范区片区。截至2023年上半年，陕西自贸区在投资改革、贸易监管、人文交流、产业发展、金融创新、通道建设等多领域形成了725项创新案例，其中33项制度创新成果在全国复制推广。例如，在制度创新方面，陕西自贸区围绕建设中欧班列西安集结中心，实施了舱单归并、货站前移等20多项创新举措；围绕建设临空经济示范区，实施了航权开放、直提直装等10余项创新举措；围绕共建"一带一路"现代农业国际交流合作中心，实施了近30项创新举措。2021年3月31日，陕西省第十三届人民代表大会常务委员会第二十五次会议表决通过《中国(陕西)自由贸易试验区条例》，共九章七十四条，自2021年5月1日起正式施行。

陕西自贸区聚焦"三个自贸"建设，不断提升特色化发展水平。陕西自贸区强化"丝路自贸"，做优"科创自贸"，做强"农业自贸"，持续深化国际产能合作，成立丝绸之路大学联盟和"一带一路"职教联盟，建设中欧班列西安集结中心，在全国率先开展跨境电商散货铁路集拼业务；加入黄河流域自贸试验区联盟，与青岛、烟台、济南等沿黄流域9省(区)25个经济功能区协作；西安区域与连云港、郑州等9个自贸片区，以及霍尔果斯、阿拉山口2个重点口岸，共同发起成立新亚欧陆海联运通道自贸试验区联盟；与47个国内自贸片区、境外产业园设立特殊经济区域自由贸易创新联盟，在全球设立8个离岸创新中心、4个海外科技服务站、10个海外研发中心，出口技术3 000余项，实现技术出口额56亿美元。

十二、海南自贸试验区——从自贸区到自贸港

2018年，习近平总书记在海南省暨海南经济特区30周年大会上郑重

宣布，党中央决定支持海南全岛建设自由贸易试验区。2018 年 10 月 16 日，国务院批复同意设立中国（海南）自由贸易试验区并印发《中国（海南）自由贸易试验区总体方案》。海南自贸区的实施范围为海南岛全岛，旨在加快形成法治化、国际化、便利化的营商环境和公平开放统一高效的市场环境，将生态文明理念贯穿海南自贸试验区建设全过程，积极探索自贸试验区生态绿色发展新模式，加强改革系统集成，力争取得更多制度创新成果。在目标定位上，海南既要复制推广和深化现行自贸试验区的各项制度创新，也要为积极探索、稳妥推进中国特色自由贸易港建设打好基础。之后，海南自贸区相继发布 6 批次 71 项制度创新案例，多项目为“全国首创”。

2020 年 6 月 1 日，中共中央、国务院印发了《海南自由贸易港建设总体方案》，强调对标国际最高标准，指出建立与高水平自由贸易港相适应的政策制度体系，建设具有国际竞争力和影响力的海关监管特殊区域，将海南自由贸易港打造成为引领我国新时代对外开放的鲜明旗帜和重要开放门户，并提出了贸易自由便利、投资自由便利、跨境资金流动自由便利、严控房地产等共 39 条具体政策。海南自贸港集世界经验，突出海南特色，加强顶层设计，超常规推进重点园区发展，设立法定机构、下放管理权限、优化政务审批效率、创新投资服务模式，完善园区管理体制和组织架构，一系列看得见、感受得到的政策密集落地。以“零关税、低税率、简税制”和“五自由便利一安全有序流动”为主要特征的 180 多个自贸港政策文件落地生效，《海南自由贸易港法》颁布实施，《海南自由贸易港制度集成创新行动方案（2020—2022 年）》印发，《海南自由贸易港优化营商环境条例》正式施行。截至 2022 年，海南自由贸易港累计发布制度创新案例 134 项，其中 8 项被国务院向全国复制推广，6 项得到国务院大督查表扬，设立“海南省改革和制度创新奖”，实现货物贸易、服务贸易快速增长，加快构建以旅游业、现代服务业、高新技术产业、热带特色高效农业为主导的现代产业体系，2018—2023 年实际使用外资总额、经营主体增量均超过之前 30 年总和。与此同时，实行最严格的保护制度，打造国家生态文明试验区，将海南建设成为生态文明体制改革样板区、陆海统筹保护发展实践区、生态价值实现机制试验区和清洁能源优先发展示范区。

全岛封关运作项目建设是海南自贸港建设的标志性和基础性工程。按照《海南自由贸易港建设总体方案》，2025 年前，海南围绕贸易投资自由化便利化，在有效监管基础上，有序推进开放进程，推动各类要素便捷高效流动，形成早期收获，适时启动全岛封关运作。全岛封关运作准备已全面启动，主要包括 64 项工作任务、31 项建设项目和 27 项压力测试事项，都在紧锣密鼓推进，确保 2023 年具备封关硬件条件，明年完成封关各项准备，2025 年年底前全岛封关运作。封关运作也意味着海南全岛由“境内关内”向“境内关外”的实质性转变。

十三、山东自贸试验区——发展海洋经济

2019 年 8 月 30 日，中国(山东)自由贸易试验区揭牌运行。山东自贸区的实施范围 119.98 平方公里，涵盖济南片区、青岛片区和烟台片区。截至 2022 年，《中国(山东)自由贸易试验区总体方案》112 项试点任务全部实施，累计形成 304 项制度创新成果，其中 144 项已在全省复制推广，40 项获国家部委认可并推广，5 项被国务院自贸试验区部际联席会议推广，1 项入选全国“最佳实践案例”。2020 年 9 月 25 日，山东省第十三届人民代表大会常务委员会第二十三次会议通过《中国(山东)自由贸易试验区条例》，共十章五十九条，自 2021 年 1 月 1 日起施行。

山东自贸区着力在开放型现代海洋经济发展方面探索创新，依托山东优势海洋资源，围绕构建现代海洋产业体系和发展机制，进一步强化在海洋特色产业、海洋科技合作、航运服务等方面的先行先试，在全国首推“海工装备 + 渔业服务”新模式，为推进海洋经济发展提供有力支撑。同时，发挥山东对日韩得天独厚的地缘优势、资源优势、贸易投资和人文交流优势，重点在国际合作园区、科技成果转化机制、建立国际通关合作新模式等方面，探

索国际合作新路径、新模式、新机制。山东自贸区牵头组建黄河流域自贸试验区联盟，发布56项促进沿黄企业发展的服务事项，建立黄河流域社会信用体系、行政审批服务、知识产权保护、物流运输服务4个一体化合作制，以自贸创新赋能黄河流域高质量发展。

十四、江苏自贸试验区——服务实体经济

2019年8月30日，中国（江苏）自由贸易试验区举行揭牌仪式。江苏自贸区的实施范围119.97平方公里，涵盖南京片区、苏州片区和连云港片区，聚焦“开放型经济发展先行区、实体经济创新发展和产业转型升级示范区”战略定位，持续深化改革创新，截至2022年上半年累计探索形成制度创新成果196项，其中11项在全国复制推广、7项在国家部委完成备案、88项在省内复制推广。对标CPTPP、《数字经济伙伴关系协定》（DEPA）等高标准国际经贸规则，省政府在全国率先制定出台支持自贸试验区探索高水平制度型开放38项政策措施、推动贸易投资便利化改革创新17项政策措施。2021年1月15日，江苏省十三届人民代表大会常务委员会第二十次会议审议并表决通过《中国（江苏）自由贸易试验区条例》，共九章七十三条，自3月1日起正式施行。

江苏自贸区在引领促进实体经济高质量方面肩负重任，要不断完善知识产权保护和运用体系，形成优化创新环境、提高产业创新能力的示范；要深化金融领域开放创新，形成金融有效服务实体经济的示范；要突破产业链关键环节和核心技术，形成构建自主可控现代产业体系的示范。例如，推动生物医药全产业链开放创新，不仅要形成多项长三角自贸试验区制度创新案例，还要推动长三角高新技术货物布控查验协同试点、长三角特殊物品风评结果互认试点模式在省内外推广，持续放大自贸试验区示范引领和辐射带动作用。

十五、广西自贸试验区——面向东盟

2019年8月30日，中国(广西)自由贸易试验区正式揭牌运行，这是国家首次在民族区域自治地区布局自贸试验区，也是全国唯一陆海统筹的自贸试验区。广西自贸区的总面积119.99平方公里，涵盖南宁片区、钦州港片区和崇左片区。全面落实中央关于打造西南中南地区开放发展新的战略支点的要求，发挥广西与东盟国家陆海相邻的独特优势，着力建设西南中南西北出海口、面向东盟的国际陆海贸易新通道，形成21世纪海上丝绸之路和丝绸之路经济带有机衔接的重要门户，是广西自贸区的重要使命。2020年9月22日，广西壮族自治区第十三届人民代表大会常务委员会第十八次会议通过《中国(广西)自由贸易试验区条例》，共九章六十八条，自公布之日起施行。

广西自贸区强化制度创新，截至2022年上半年，全面落实120项改革试点任务，形成了四批共134项自治区级制度创新成果并在全区复制推广，积极开展差别化探索，一批独具特色的“广西经验”加速形成；以不到广西万分之五的土地面积，创造全区约40%的外贸进出口和实际使用外资额。

突出面向东盟特色。开展以东盟为重点的国际合作方面，建设了中国—东盟经贸中心、中国—东盟特色大宗商品交易平台和中国—东盟跨境产业链等，旨在进一步拓展与东盟国家在物流、贸易、产业、金融等多领域的合作，有力促进开放型产业集聚，推动中国与东盟区域经济一体化发展。东盟近些年已跃居中国最大的贸易伙伴，未来广西自贸区与东盟的贸易增长空间巨大。

突出边境合作特色。广西的沿边开放工作基础扎实，创新探索空间巨大。广西自贸区围绕深入开展沿边地区开放合作，推动跨境贸易、跨境物流、跨境金融、跨境旅游和跨境劳务合作等一系列创新改革。例如，打造跨境劳务合作联审平台，实现跨境务工人员证件“网上申报”“一窗发放”，为全国沿边地区深化同周边国家的互利合作、睦邻友好，提供可复制可推广的经验。

突出陆海联动特色。广西自贸区突出加快打造贯通西部地区、面向东盟的国际大通道，通过实施一系列创新试点任务和政策，加快建设陆海联通门户港、建设中国—中南半岛陆路门户，构建以海铁联运为主干的多式联运体系，完善陆、海、空一体化现代物流体系，为有机衔接“一带一路”提出了实施路径和具体措施。

十六、河北自贸试验区——跨省市自贸区

2019 年 8 月 30 日，中国(河北)自贸试验区正式揭牌。河北自贸区的实施范围 119.97 平方公里，涵盖雄安片区、正定片区、曹妃甸片区和大兴机场片区，是全国唯一一个跨省市的自贸区，各片区既为一个整体，共同承担河北自贸试验区试验任务，又独立发展，努力构筑各有侧重的产业体系。截至 2022 年，形成各类制度创新成果 149 项。其中，1 项成果入选国务院自贸试验区部际联席会议发布的第四批“最佳实践案例”，5 项成果在国务院自贸试验区部际联席会议办公室简报专版刊发，26 项创新成果得到国家有关部委认可，5 批共 81 项制度创新案例面向全省复制推广。以全省万分之六的土地面积，创造了同期全省 25.7%的新设外资企业、11.3%的实际使用外资和 11.6%的外贸进出口。2020 年 9 月 24 日，河北省第十三届人民代表大会常务委员会第十九次会议表决通过了《中国(河北)自由贸易试验区条例》，共八章六十五条，自 2020 年 11 月 1 日起施行。

河北自贸区紧紧围绕服务京津冀协同发展和雄安新区高质量发展两大国家战略，推动区域产业协同创新，促进要素跨区流动。例如，建立京津冀自贸试验区联席会议制度，三地自贸试验区管理机构签署了战略合作框架协议，发布了首批 13 项协同创新成果；支持北京中关村、天津滨海新区等与自贸试验区深度合作创新发展；支持建立总部设在雄安片区的国际科学共

同体或科技组织;支持北京非首都功能优先向自贸试验区疏解转移。稳步实施政务服务“同事同标”,联合推出4批179项京津冀自贸试验区“同事同标”事项,实现179项北京政务服务事项异地办理;已在北京、天津取得生产经营资质、认证的企业搬迁到自贸试验区后,经审核继续享有原有资质、认证;允许符合条件的北京、天津企业将注册地变更到自贸试验区后,继续使用原企业名称;建立人才跨区域资质互认、双向聘任等制度,在待遇、职称评定等方面根据个人意愿予以保留或调整。

十七、云南自贸试验区——沿边跨境

2019年8月30日,中国(云南)自由贸易试验区挂牌运行。云南自贸区的总面积119.86平方公里,涵盖昆明片区、红河片区和德宏片区。2021年3月,云南自贸区昆明片区加入世界自由区组织。全面落实中央关于加快沿边开放的要求,着力打造“一带一路”和长江经济带互联互通的重要通道,建设连接南亚东南亚大通道的重要节点,推动形成我国面向南亚东南亚的辐射中心、开放前沿,是云南自贸区肩负的使命和任务。自成立以来,云南自贸区围绕政府职能转变、投资领域改革、贸易转型升级、金融领域开放、推动创新驱动发展、创新沿边经济社会发展、面向南亚东南亚辐射中心建设这7个方面打造制度创新高地,截至2022年上半年,总结形成制度创新成果276项,形成沿边跨境特色制度创新成果53项,其中的46项属云南首创,实现了“全国首创”和“沿边跨境”的有机融合,为我国新时代沿边开放体制机制和政策举措创新进行了有益尝试。2022年,《中国(云南)自由贸易试验区条例(草案)(征求意见稿)》已向社会公开征求意见。

抓住沿边和跨境特色。云南省与缅甸、老挝和越南三个国家接壤,国境线长4 060公里,分布着20个国家一类口岸和6个二类口岸,云南自贸区最大的特点是沿边,最大的特色是跨境,最大的优势是区位。云南自贸区推出“互联网+边民互市”创新模式,在全国首创将跨境购售电商主体引入平台交易，探索建立中缅双边银行互开账户+网银清算+人民币对缅币撮合报价的“小同城”业务模式，实现中缅两国甩挂跨境直达运输；出台16项金融改革创新制度文件，推动跨境人民币业务创新发展；在全省率先开展“货物贸易电子单证审核”业务；开立省内首单电子营业执照账户和首单自贸区外汇NRA账户结汇业务等。

积极促进国际产能合作。云南自贸区不断探索与南亚东南亚的边境贸易，加入全国制度创新联盟，充分利用平台作用，加强跨区域产业深度合作和项目需求对接，推动试验任务落地见效；探索实践“一线两园”的跨境园区合作，创新边境地区人员往来等模式，试点与毗邻国家签署跨境人力资源合作协议，尝试建立外籍劳工管理长效机制，促进国际产能合作。同时，加快特色产业集聚，如围绕边境旅游试验区建设，打造民族文化、生态养生等沿边旅游文化品牌。

十八、黑龙江自贸试验区——最北自贸区

2019年8月30日，中国（黑龙江）自由贸易试验区在哈尔滨揭牌。2019年9月17日，中国（黑龙江）自由贸易试验区黑河片区挂牌成立，这标志着我国最北贸易试验区片区的建设正式启动。黑龙江自贸区的实施范围119.85平方公里，涵盖哈尔滨片区、黑河片区和绥芬河片区。截至2022年，累计生成200余项制度创新成果，发布5批120个省级创新实践案例，其中“创新中俄跨境集群建设”案例入选全国最佳实践案例，总体方案89项改革试点任务全部实施。同时，发挥龙江沿边优势，在通道建设、跨境经贸合作、跨境金融合作三个方面重点推进。2023年4月，《中国（黑龙江）自由贸易试验区条例（征求意见稿）》已向社会公开征求意见。

打造对俄罗斯及东北亚区域合作的中心枢纽，哈尔滨开通4条直达莫斯科货运航线，绥芬河铁路口岸站进出境的中欧班列开行数逐年增长，“哈绥俄亚”班列累计开行294个班列、满载率达到100%。哈尔滨片区万科中

俄产业园与莫斯科俄中产业园形成跨国姊妹园。黑河片区企业获得专用车俄官方认证，半挂车产品在俄罗斯乌拉尔以东的市场份额超过80%。构建政府、银行、企业、担保、基金“五位一体”的金融服务体系，打造面向东北亚的区域金融服务中心。哈尔滨银行打造“一站式”对俄结算服务中心，累计办理跨境人民币业务总额近80亿元人民币。黑龙江自贸试验区绥芬河片区在全国率先开展俄籍自然人及委托代理人办理跨境人民币支付业务。绥芬河开通黑龙江省首条卢布现钞陆路调运通道，开展“互贸区外籍自然人跨境结算”等沿边特色金融服务。

十九、北京自贸试验区——服务业扩大开放

2020年9月24日，中国（北京）自由贸易试验区正式揭牌。2020年9月28日，中国（北京）自由贸易试验区高端产业片区正式挂牌。北京自贸区的实施范围119.68平方公里，涵盖科技创新片区、国际商务服务片区和高端产业片区。2022年3月31日，北京市第十五届人民代表大会常务委员会第三十八次会议表决通过了《中国（北京）自由贸易试验区条例》，自2022年5月1日起施行。2022年8月5日，《中国（北京）自由贸易试验区投资自由便利专项提升方案》印发，提出要突出“准入即准营”。

北京自贸区的定位是以制度创新为核心，助力建设具有全球影响力的科技创新中心，加快打造服务业扩大开放先行区、数字经济试验区，着力构建京津冀协同发展的高水平对外开放平台。与其他自贸区集中开发、独立区域管理不同，北京自贸区的三大片区并未指定具体位置，而是横跨海淀、昌平、朝阳、通州、大兴等各行政区域，各区根据自身区位优势和功能定位借力政策进行发展，因而北京自贸区几乎没有行政区域限制。

北京自贸区聚焦科技创新、服务业开放、数字经济等，尤其是在服务业这一北京优势产业上，持续提升产业竞争力，依托科技、金融、教育、健康医疗等9大服务业优势领域，形成一批产业准入拓宽成果：新设68家国内外

金融机构；首家国际研究型医院主体结构封顶，并先期开展临床研究；加快“互联网＋医疗”创新发展，建立覆盖诊前、诊中、诊后的线上线下一体化医疗服务模式；23所新布局国际学校开工，支持北京高校与世界知名高校在急需紧缺专业上成立中外合作办学机构和项目；加快推进专利代理开放试点；允许跨国公司设立外商独资财务公司等。

二十、湖南自贸试验区——一产业、一园区、一走廊

2020年9月24日，中国（湖南）自由贸易区试验区正式揭牌。湖南自贸区的实施范围119.76平方公里，涵盖长沙片区、岳阳片区和郴州片区。截至2022年，湖南自贸区在政府职能转变、投资领域改革、贸易高质量发展、金融开放创新、打造世界级先进制造业集群、打造联通长江经济带和粤港澳大湾区的国际投资贸易走廊、打造中非经贸深度合作先行区七大领域取得明显成效，实现了《中国（湖南）自由贸易试验区总体方案》赋予的阶段性目标，总体成效显著。截至2022年湖南自贸试验区121项改革试点任务实施率达到95.04％，321项具体落实举措实施率达到95.64％，正式发布47项制度创新成果，其中23项具有全国首创价值。2022年1月11日，湖南省第十三届人民代表大会常务委员会第二十八次会议通过《中国（湖南）自由贸易试验区条例》，共九章六十条，自2022年3月1日起施行。

湖南自贸区聚焦“一产业、一园区、一走廊”三大特色战略定位，一产业即打造世界级先进制造业集群，重点发展工程机械、先进轨道交通装备、以中小航空发动机为核心的航空航天3个世界级先进制造业集群，以及信创产业、先进材料、节能环保新能源3个国家级先进制造业集群，实施了一系列涵盖产业链上中下游的制度创新举措，如从商业秘密保护、知识产权转化等研发端聚力，从数字化转型、智能赋能、保税加工新模式、保税维修业务、绿色设计等生产端发力，从出口标准体系、售后服务体系等贸易端着力，全面提升企业国际竞争力。一园区即打造中非经贸深度合作先行区，助推中

非实现首个AEO互认(中国和乌干达),中国首次从非洲进口干辣椒产品;加快中非跨境人民币中心建设,开通对非洲6个国家的对公即期结售汇业务;支持企业与非洲4国开展了"一对一"易货贸易,探索以货物交换和本币结算为基础,信息汇总、货物跨境、资金不跨境的新型易货贸易模式。一走廊即打造联通长江经济带和粤港澳大湾区的国际投资贸易走廊,深化粤港澳大湾区口岸和湖南通关合作,开通"跨境一锁"业务,搭建起湖南与香港贸易"快速通道";推动武汉阳逻港、岳阳城陵矶港、九江港打造"组合港"模式,实现三港联动、共享航线、抱团发展;恢复开通岳阳城陵矶港至香港江海直航,加强与广州港、盐田港对接,开通湘粤非铁海联运,实现铁海联运"一单制"。

二十一、安徽自贸试验区——长三角联动

2020年9月24日,中国(安徽)自由贸易试验区正式揭牌。安徽自贸区的实施范围119.86平方千米,涵盖合肥片区、芜湖片区和蚌埠片区,以不到全省千分之一的面积,贡献了全省四分之一的进出口额、三分之一的实际使用外资额,发挥在推进"一带一路"建设和长江经济带发展中的重要节点作用,推动科技创新和实体经济发展深度融合,加快推进科技创新策源地建设、先进制造业和战略性新兴产业集聚发展,形成内陆开放新高地。截至2022年,已探索形成了124项制度创新成果,经评估有18项为全国首创。2022年3月25日,安徽省第十三届人民代表大会常务委员会第三十三次会议通过《中国(安徽)自由贸易试验区条例》,共九章六十五条,自2022年5月1日起施行。

安徽自贸区的设立实现了自贸区的长三角全覆盖,有利于建立联动发展机制,推动长三角区域一体化,共同打造对外开放高地,积极服务国家重大战略。长三角自贸试验区实施面积共705.34平方公里,涉及城市11个,分别约占长三角区域总面积和涉及城市总数的1/500和1/4,承载了区域的核心经济功能。总体上看,长三角自贸试验区外向型经济发展水平较高、区

域产业链供应链相连相依、市场主体丰富活跃、制度创新需求和场景应用多。2021 年 5 月 10 日，长三角自由贸易试验区联盟成立，明确做优贸易便利化、投资便利化、金融创新等十大服务功能，更好发挥四地自贸试验区的特色优势，共同打造制度创新的试验田，进一步在制度创新、产业合作、要素流动等方面形成更高水平的联动互促格局，促进长三角更高质量一体化发展。2021 年 5 月 27 日，第三届长三角一体化发展高层论坛上，长三角三省一市签署了《长三角自贸试验区一体化发展备忘录》。三省一市自贸区将在项目协同、优化营商环境合作、创新理论研究交流等领域开展深度合作，同时，尝试建立跨区域的利益分享机制与协调机制，推动创新成果共建共享。近年来，长三角各地自贸区已经在贸易监管、跨港协作、金融开放、科技创新、市场监管等改革领域开展了广泛的合作。

二十二、自贸试验区各展所长

自贸区发展的所有经验表明：我们要有激情、远见和决心，改革的步伐要更快一些，开放的举措要更多一些，向世界展示中国式现代化的光明前景。

在 21 个自贸区“雁阵齐飞”之际，要立足中国，放眼世界，结合自身实际，思考和把握定位、发展方向、未来战略等现实问题，以此来实现高质量发展，打造国际合作与竞争新优势，为中国式现代化贡献力量。值得一提的是，自贸区要突破对传统发展模式的路径依赖，它不是政策优惠的洼地，更不是开发区的升级版，要注重“首创性”的探索，防止功能异化或者简单的程序优化。

一是因地制宜，各展特色。国内的自贸区已经覆盖东西南北中，作为国家战略，应作好前瞻性战略部署，整合不同区域的资源，既要突出特色，各展所强，又要形成合力，相互补充。各自贸区可以根据自身所长和主攻方向的不同，在国家统一协调下形成差异化发展。充分利用自贸区各自的比较优势，主动对接“一带一路”倡议及其他国家战略，以不同的资源禀赋和竞争力优势，打造“各具特色的改革开放高地”，形成独特性与辨识度。重视自贸区“竞争”“合作”与“协同”问题，充分发挥地方政府先行先试的积极性。同时，自贸区之间也可以互相学习，加强有机联动和资源共享机制，避免简单的形式模仿、同质化竞争，如盲目建设产业园区等，而要真正在制度创新方面比学赶超，锻长板、补短板。例如，在我国经济发展最活跃、开放程度最高、创新能力最强的京津冀、长三角、大湾区都分布有若干自贸区，可探索在这三个区域率先构建统一的市场准入制度，建立要素交易大市场，推进土地、资金、劳动力、数据等生产要素价格的市场化改革，充分激发市场主体活力，发挥整体优势，更好服务经济社会发展大局，让开路先锋的作用更加凸显，前进的步伐更大更有力。又如，上海要重点发展国际贸易、金融服务、航运服务、专业服务、高端制造等，面向世界、服务全国；广西可加强陆海联动，与东盟国家开展全方位经贸合作，培育外贸新业态新模式等；云南在更好利用陆路合作模式提升跨境交流的同时，要注重科技领域的国际合作，等等。

二是统一管理，加强指导。成立国家层面的主管机构或对口部门，科学设立我国自贸区发展的战略目标，由国家提出指导性意见，谋定而后动，做好前瞻性战略部署，与其他重大发展规划适配，体现改革担当。从国际看，全球成熟的自贸区一般有国家层面的主管机构，如美国的自由贸易区委员会、新加坡的交通部、韩国的自由贸易园区委员会等，建议可以借鉴国外经验和总结国内实践，优化政府监管的范围和职责分工，避免自贸区的设立与管理“留白”。随着我国自贸区不断扩容和进一步拓展，需要逐步赋予自贸区更大的改革自主权，做到政策的协调、功能的明确和特色的凸显。同时，也可以在统一的原则下更好地指导各地自贸区创新发展以及协同联动。经济循环的畅通无阻，不仅是人和物的循环，更是信息的循环和理念的循环。

三是明确定位，服务大局。自贸区的未来发展必须服务全面建设社会主义现代化国家的新征程，尤其是要更好利用国际国内两个市场、两种资源。自贸区不仅要可复制、可推广，更要可辐射。

成熟的市场经济要素应充分循环和链接。以自贸区为平台，逐步实现投资自由、贸易自由、资金自由、运输自由、人员从业自由，促进生产要素自由便利流动，自贸区成为集聚高端要素、汇集高端人才、培育高端产业的重要载体。在我国经济发展最活跃、开放程度最高、创新能力最强的京津冀、长三角、大湾区都分布有若干自贸区，可探索在这三个区域率先构建统一的市场准入制度，建立要素交易大市场，推进土地、资金、劳动力、数据等生产要素价格的市场化改革，充分激发市场主体活力。

一方面，要高度重视和鼓励科技创新。自贸区要面向世界科技前沿、面向经济主战场、面向国家重大需求、面向人民生命健康，聚焦关键环节和重点领域，加大创新的支持力度，建立与新发展格局相匹配的产业结构。可联合产业链上下游各方主体、创新链前后端各类资源，促进产业汇聚和集群打造，打造跨行业、跨区域、跨产业链的科技创新生态体系。发挥高端产业辐射源功能，搭建领先全球的科技创新平台，集聚一批具有技术引领性、价值链控制力强、高智能化等特征的高端产业，形成若干具有世界级影响力的产业集群，提升自贸区在全球创新网络中的层级。

另一方面，打造高能级开放合作平台，增强全球资源配置能力。自贸区要着力推动规则、规制、管理、标准等制度型开放，形成与国际接轨的投资管理制度，提供高水平制度供给、高质量产品供给、高效率资金供给，吸引和聚集全球资源尤其是高端资源，包括资本、技术、人才、信息等，特别是加速创新要素跨境自由流动，加速智能制造与数字服务融合趋势，为跨国公司供应链创新提供产业支撑，形成“你中有我、我中有你”的互利共赢格局，更好参与国际合作和竞争。

打好国际牌，可以作为自贸区最突出的特色。例如，“一带一路”倡议是我国参与全球开放合作、改善全球经济治理体系、推动构建人类命运共同体的重要平台，无论“一带一路”通到哪里，都要努力建设好与其相配套的自贸区或是探索建立自贸区，着力打造好中国境内的“桥头堡”和“驿站”。通过国内外自贸园区合作，如共建国际产能合作区、跨境经济合作区等，不断强化国内外产业链的互动融合，促进资源互联互通和成果互鉴共享。

此外，随着中国越来越走近世界中心舞台，也越来越迫切需要能够具有全球资源配置功能，能够代表国家参与全球竞争与合作的企业。自贸区要成为国内企业“走出去”的孵化器和推进器，特别是本土跨国公司国际化孵化和培育基地，帮助企业积极参与全球产业链重构，通过对外投资参与全球资源的配置，从而形成更为强大的全球资源的吸纳力和辐射力，为我国赢得更为强大的全球竞争，使得自贸区成为具有全球影响力的资源配置中心。尤其是在以数字经济为代表的新一轮科技革命风起云涌之际，中国处于领先地位，因而加强这一领域的国际合作正当其时，要在参与国际合作中形成竞争新优势。

第三节　制度创新是自贸试验区始终不渝的初心

习近平总书记多次强调，自由贸易试验区建设的核心任务是制度创新，在参加第十二届全国人大第四次会议上海代表团审议时就明确指出：“自由贸易试验区建设的核心任务是制度创新。”要对照国际最高标准、最好水平的自由贸易区，深化完善基本体系，突破瓶颈、疏通堵点、激活全盘，聚焦商事制度、贸易监管制度、金融开放创新制度、事中事后监管制度等，加快建立同国际投资和贸易通行规则相衔接的制度体系，率先形成法治化、国际化、便利化的营商环境，加快形成公平、统一、高效的市场环境。习近平总书记这一段重要讲话完整勾勒出包括上海在内的我国自贸区建设的路径选择和发展核心。

截至 2022 年上半年，21 个自贸区已形成约 1 700 项制度创新成果，其中有 278 项在全国复制推广，在地方层面形成的制度创新成果更是数以千计，制度创新的深度、广度、力度都是前所未有的，在全国率先探索试验一批基础性、根本性的改革，成为全国深化改革的样板，践行着我们向国际社会作出的“中国开放的大门不会关闭，只会越开越大”的庄严承诺。2021 年，

21 家自贸区实际使用外资 2 130 亿元，实现进出口总额 6.8 万亿元，用不到千分之四的国土面积实现了占全国 18.5％的外商投资和 17.3％的进出口。高水平的创新成果，为经济发展作出了重要贡献。

一、负面清单促外商投资管理制度改革

鉴往事，知来者。面对更加复杂多变的外部环境以及我国改革发展稳定面临的新情况新问题新挑战，2013 年 9 月 29 日，我国第一个自贸区——上海自贸区破土而出，成为撬动整个国家进一步改革开放的支点，其承担的任务就是发挥试验区、桥头堡和排头兵的作用。自贸区的建设并不依靠优惠政策，而是通过体制、机制、法制的创新走出新路。在上海自贸区成立后第二天也就是 9 月 30 日凌晨，中国首份外商投资准入特别管理措施即 2013 版负面清单对外发布，共列出 18 个门类 1 069 个小类，其中对约 190 个小类有管理措施，这一关键性的制度突破，体现了与国际接轨的坚强决心和“法无禁止皆可为”的重要理念，为我国治理体系和治理能力现代化作出独特贡献。同时，对负面清单之外的领域，将外商投资项目核准、外商投资企业合同章程审批改为备案管理。这份在今天看来可能显得冗长繁复的负面清单，在当年的摸索是艰辛的，突破是巨大的。我们最重要的制度创新，一言以蔽之，就是对外商进入自贸区投资不再实施审批制，代之以备案制，即负面清单，这虽然在世界范围内广泛应用，但在中国是首次应用，为建立既符合国际通行做法，又适应我国国情的外资准入和监管体系，探索路径、积累经验。可以说，自贸区实施负面清单制度是极为关键的努力，着实可圈可点。

2014 年 5 月，习近平总书记在上海自贸区考察时强调，要切实把制度创新作为核心任务，以形成可复制、可推广的制度成果为着力点，努力创造更加国际化、市场化、法治化的公平、统一、高效的营商环境。上海自贸区牢记习近平总书记的嘱托，坚持以制度创新为核心，对标国际最高标准和最好

水平，不到一年时间，在 2014 年 7 月 1 日，就推出了第二份负面清单即 2014 版负面清单，取消了 2013 版负面清单的大类和中类的细分，特别管理措施由原来的 190 条调整为 139 条，削减了 51 个项目，调整率达 26.8％，表述也更加清晰，体现内外资的一致性。2014 年 8 月 1 日，正式施行的《中国（上海）自由贸易试验区条例》更是体现了悠悠万事法治为先的特征，九章五十七条，亮点纷呈，是上海自贸区各项制度创新和改革的集大成者。

2015 年 4 月 20 日，随着上海自贸区扩区以及广东、天津、福建新设自贸区，国务院发布了四大自贸区统一实施的负面清单，该版负面清单限制措施条目数由上海自贸区 2014 版负面清单的 139 条缩减至 122 条，从上海自贸区复制推广到了全国自贸区，进一步提升了自贸区的开放度和透明度。之后，负面清单每年都有更新，在 2021 年中国入世 20 周年这一具有特殊意义的年份，国家发布的 2021 版负面清单进一步缩减到 27 条，相较第一版压减了 85％，且首次实现了制造业条目清零，实现了制造业领域对外资的全面开放，自贸区负面清单还带动全国版负面清单缩减到了 31 条，大幅提升了外资准入水平，为我国更好地融入世界和国际规则体系奠定了扎实的基础。负面清单管理制度引领了全国外资管理制度的重大变革，在全国层面复制推广并不断完善，并且最终推动《外商投资法》出台，实现外商投资管理方式由“逐案审批”转为信息报告制的重大变革。这在世界上绝无仅有，由此可见，自贸区的制度创新从未止步，正在大踏步地向前推进。

二、“单一窗口”促贸易便利

国际贸易“单一窗口”覆盖海关、税务等 20 多个部门和货物申报、跨境电商等多个领域，建设水平远超世贸组织的《贸易便利化协定》要求。2014 年，上海自贸区在全国率先推出国际贸易单一窗口，是上海自贸区自 2013 年挂牌后贸易监管制度创新的重要内容。国际贸易单一窗口已形成“监管＋服务”10 大功能板块，包括货物进出口、运输工具、贸易许可与资质、支付结算、自贸专区、进口博览会专区、人员旅客、快件与物品、金融服务、信息查询等，主要面向上海和长三角有业务需求的企业开放通道。依托上海国际贸易“单一窗口”，推动了长三角区域跨境贸易互联互通，大幅提升了长三角区域的贸易便利化水平。截至2020年年底，上海国际贸易“单一窗口”共有注册账户数10.9万个，服务47万余家企业，支撑全国近1/3贸易量和上海港年集装箱吞吐量4 000万标箱的数据处理，是全球数据处理规模最大的地方单一窗口。此外，海南设立了国际投资单一窗口。这一全国首家投资全流程“套餐式”服务平台，包含咨询服务、企业开办、项目建设、配套服务四大模块，整合了招商、市场监管、发改等13个部门20个政务系统，实现了企业设立登记、变更、注销、社保登记、税务发票申领、公积金登记等企业开办业务的一窗式受理，以及项目建设、银行预约开户、外汇登记、签证证件办理等179项投资延伸服务，覆盖投资事前、事中、事后的全流程业务，实现企业开办最多跑一次，全流程缩减企业提交表单材料55%，缩减审批时限和环节近70%，企业办理全流程业务提速至最快2个工作日内即可办结。通过在不同自贸区先行先试，探索经验，目前“单一窗口”建设水平远超世贸组织的《贸易便利化协定》要求，不仅在各个自贸区复制推广，在全国多个城市也得到普及，为企业提供了便利的通关环境和条件，程序和单据也逐步实现了统一和标准化，单一窗口涉及的公共服务领域也由最初的进出口业务拓展到投资、税务等若干领域。

三、“证照分离”促政府职能改革

“证照分离”是中国近年来商事制度改革的重要内容。证照分离改革的主要目的是降低办企业门槛，鼓励自主创业，激发创新创业活力。2015年起，上海浦东新区进行“证照分离”改革试点，2016年元旦，经国务院批复，上海自贸区在全国率先启动“证照分离”改革试点，对116项审批事项按照取消、改备案、告知承诺、提高透明度和可预期性、强化准入监管五种方式实行改革，之后向更大范围复制推广。2019 年，国务院印发《关于在自由贸易试验区开展"证照分离"改革全覆盖试点的通知》，决定在当时的全国 18 个自贸试验区开展"证照分离"改革全覆盖试点，对中央层面设定的全部 523 项涉企经营许可事项推动照后减证和简化审批。自贸区"证照分离"改革全覆盖试点主要涵盖三个方面：一是建立清单管理制度。将所有涉企经营许可事项纳入清单管理，清单之外不得违规限制企业进入相关行业或领域，企业取得营业执照即可自主开展一般性经营活动。清单实行分级管理，定期调整并向社会公布。二是分类推进审批制度改革。所有涉企经营许可事项按照直接取消审批、审批改为备案、实行告知承诺、优化审批服务 4 种方式分类推进改革。其中直接取消审批 13 项，审批改为备案 8 项，实行告知承诺 60 项，优化审批服务 442 项。三是完善改革配套政策措施。规范企业经营范围与申办经营许可的衔接，强化涉企经营信息归集共享，持续提升审批服务质量和效率，创新和加强事中事后监管，坚持依法推进改革。2021 年，国务院印发《关于深化"证照分离"改革进一步激发市场主体发展活力的通知》，部署自 2021 年 7 月 1 日起，在全国范围内实施涉企经营许可事项全覆盖清单管理，同时在自贸试验区进一步加大改革试点力度。"证照分离"改革强调了对市场主体一视同仁，进一步放宽市场准入，推进便利化，并加强公正监管、事中事后监管，寓管理于服务中，并以此不断推进简政放权和政府职能改革，这一改革看似"小切口"，却带来了政府职能转变的"大成效"。

四、自由贸易账户促金融创新

自由贸易账户即 FT 账户，是最先在上海自贸区推出的账户体系，有效打通了企业境外融资通道。2014 年 6 月，上海自贸区分账核算业务正式启动，2015 年 4 月，中国人民银行上海总部宣布启动自由贸易账户外币服务功能，实现账户本外币一体化，自由贸易账户参照国际标准，建立独立的运转、监管体系，为自贸区内主体提供经常项目、直接投资和投融资创新相关等业务的金融服务，包括跨境融资、跨境并购、跨境理财、跨境发债等在内的经常项目和资本项下的本外币一体化金融服务，并按准入前国民待遇原则为境外机构提供相关金融服务。随后，央行发布自由贸易账户境外融资细则，扩大境外融资的规模和渠道并启动自由贸易账户外币服务功能。2019年年初，上海自由贸易账户继续拓围，新增跨境再保险结算功能；2019 年 1 月，海南自由贸易账户体系正式上线，标志着自由贸易账户体系由上海自贸区成功推广复制到其他自贸区内；2019 年 11 月，进一步复制推广至天津、广东自贸区。之后，外资企业外汇资本金意愿结汇、跨境双向人民币资金池业务等举措向全国推广，企业融资更加便利、渠道更宽、成本更低；2020 年，临港新片区探索建立本外币一体化账户体系，支持符合条件的跨国企业集团建立本外币合一资金池，在境内外成员之间集中开展本外币资金余缺调剂和归集业务，加速推进经常项目贸易外汇收支便利化试点业务，扩展自由贸易账户功能，探索外汇管理转型升级，提升临港新片区资金使用、汇兑效率，探索优化和改进跨境资金池管理。2021 年，自由贸易账户业务以临港新片区和浦东引领区建设规划等为指引，坚持推动改革创新和市场驱动，不断拓展功能，将自由贸易账户服务扩大至虹桥商务区。至 2021 年年末，上海 63 家各类金融机构共为 3.8 万家境外及区内企业开立自由贸易账户超 13 万个，年末余额折合人民币超 4 000 亿元，自由贸易账户支持下的全功能可兑换资金池跨境收支、离岸经贸业务跨境收支及黄金国际板交易跨境收支同比分别增长 69%、72%和 180%。资金自由流动是贸易投资自由化便利化的前提，自由贸易账户这一金融开放创新举措，可以满足企业内外贸一体化的多环节、全过程的金融服务需求，大幅提升金融服务贸易投资的能力。

五、制度创新大有可为

我国自贸区运行以来的实践充分证明并将继续显现，自贸区不负众望、堪当大任，自贸区建设走过的每一步，都值得总结。尤其是各自贸区立足自身功能定位和特色特点，持续深化首创性、差别化探索，全力推进制度创新实践。除了上述创新外，还有许多的制度创新可圈可点。

海南自由贸易港出台首份跨境服务贸易负面清单，推动了服务贸易管理制度的根本变革。该负面清单是中国跨境服务贸易的第一张负面清单，旨在破除跨境交付、境外消费、自然人移动等服务贸易模式下存在的各种壁垒，细化海南自由贸易港贸易投资自由化便利化举措，是服务领域高水平对外开放的重要突破。

临港新片区以投资自由、贸易自由、资金自由、运输自由、人员从业自由等为重点形成一批典型创新案例，建设全国唯一的洋山特殊综合保税区；成立全国首家外资控股的合资理财公司、首家跨国金融集团独资的金融科技公司；在全国率先取消外商直接投资人民币资本金专户，实施外商投资企业境内再投资免于登记，建立跨境结算便利化“白名单”制度；成立中国集成电路共保体；率先开展外资班轮公司非五星旗国际航行船舶沿海捎带业务，率先探索建立电子口岸签证机制，实施外籍人才最长 5 年工作类居留许可，建立直接推荐外籍高层次人才办理永久居留机制和“绿色通道”；探索建立数据跨境流动正面清单、分类分级和存证传输管理制度，建立数据跨境流动公共服务管理系统，开通国际互联网数据专用通道。

此外，上海自贸区还率先在全国实施境外投资备案制、注册资本认缴制、三证合一、一照一码；货物状态分类监管、原产地自主声明等便利化举措大幅提高了通关效率，对使用仓库管理系统的仓库物流企业实施“联网监管 + 库位管理 + 实时核注”的监管模式，降低了通关成本；从探索“先入区，后报关”“先入区，后报检”“预检验”“分批出区，集中报关”，再到海关特殊监管区域及保税物流中心逐步复制和推广“先出区，后报关”，免除了申报报关数据、打印转关单、施封等手续，通关的运输车辆通过卡口仅需 6 秒，申报手续明显减少；通过负面清单授权、差异化授权、动态授权等多种方式不断向自贸区下放省级管理权限，初步建立了以信用为基础的事中事后监管体系；

针对产业发展新态势新要求，创新绿色债务融资等金融工具，支持绿色低碳等产业发展，结合新技术探索资本市场金融科技创新试点等金融赋能实体经济新模式；通过分布式共享等新模式实现“银政互通”，强化政府部门、银行机构、金融监管机构信息互联互通，实现抵押登记、抵押注销、公积金贷款等业务的高效办理；基于企业全生命周期开展商事领域的系统性制度创新探索，让企业登记全程电子化、承诺即入制、企业信用修复制度、“一码集成”涉企检查新模式、企业退出便利化等一系列改革创新经验涌现，大大激发市场活力。自贸区聚焦重点领域、关键环节、基础性制度开展深层次改革试点，改革开放红利在更大范围内得以释放，为我国构建更高水平开放型经济新体制和实现高质量发展奠定了良好基础。此外，自贸区制度创新服务国家重大战略的功能作用不断加强，如上海搭建服务长三角区域一体化发展的资本市场服务平台，有效服务对接长三角地区企业；广东推动粤港澳制度“软连通”，跨境快速通关等政策扩大适用于大湾区；江苏“生态眼”智慧化平台为长江经济带实现生态环境立体多源实时动态感知提供了智力支持和平台支撑；京津冀三地自贸试验区加强协同开放、协同创新，推动京津冀地区更高质量一体化发展；山东牵头组建黄河流域沿黄 9 省（区）自贸试验区联盟，围绕产业合作、平台合作、项目合作、市场合作等建立常态化工作机制，发挥自贸区开放优势，推动区域协同发展。同时，自贸区把制度创新与优势特色产业发展紧密结合，加速集聚优质要素资源，逐步成为高质量发展的示范者和引领者，如上海总部经济能级不断增强，天津飞机融资租赁规模已成为全球第二，浙江推动形成万亿级油气产业格局，舟山成为全国最大的油气储备基地，湖北新一代信息技术产业年收入突破 5 000 亿元，四川电子信息、河南航空物流、福建飞机维修、山东医疗康养、江苏生物医药、河北生物医药、湖南高端装备制造、黑龙江跨境加工制造等均已形成一定规模。自贸区不是盆景，而是苗圃，这些制度创新从自贸区辐射到全国，在越来越多的地区复制推广，成为高质量发展的生动注脚。

制度创新和探索是自贸区自诞生之日起便深植体内的基因，尤其当改革进入深水区和攻坚期，承载着新使命的自贸区更是不能浅尝辄止、故步自封。自贸区既有贸易、投资、金融开放创新、事中事后监管等共性试验任务，又有一些服务国家重大战略、服务区域产业发展等方面的差异化试验任务，涉及领域广，基本事关所有部门，需要部门之间甚至跨区域之间协同推进。因而，要把制度创新作为首要任务，进一步协作配合，以市场主体需求为导向，凝聚形成创新合力，推动制度创新从"单兵突进"向"系统集成"转换，争取形成更多跨层级、跨部门、跨区域的改革试点经验，以高水平开放倒逼深层次改革，成为新时期我国在投资、贸易、金融、外商投资服务和管理等方面不断扩大开放的高地，为我国形成全面开放新格局提供样板。

第四节　自贸试验区迈向更崇高目标

2023 年是中国改革开放 45 周年，自贸试验区成立 10 周年，需要总结经验，以自贸试验区提升战略为契机，为中国式现代化的发展闯出新路、孕育新机。自贸区建设走过的每一步都十分值得总结，最重要的是始终站在中国大地上眺望世界、融入世界。

面对风高浪急的外部形势，面对高质量发展新的要求，如何更好展现担当和接续前行？自贸试验区发展的所有经验表明：我们要有激情、远见和决心，改革的步伐要更快一些，开放的举措要更多一些，向世界展示中国式现代化的光明前景。

一、法治要保障

自贸区立法，既是历史必然，又有现实意义。从历史发展角度来看，在中国融入世界的进程中，立法总是在关键时刻起到关键的作用。

入世——完成了中华人民共和国成立以来最大规模的法治革命。中国中央政府清理法律法规 2 300 多件，地方政府清理 19 万多件，建立起了符合世界规则和惯例并履行国家入世庄严承诺的涉外经济贸易投资法律体系。入世 23 年，激活了中国发展的澎湃春潮，也激活了世界经济的更大发展。

浦东开发开放——法治路上的“试、闯、改”。1990 年 4 月 18 日，党中央、国务院作出浦东开发开放决定，9 月 10 日，浦东开发开放的第一批法规问世，并以中、英、日 3 个版本同时向全球公布。后来的实践证明，“立法先行”为浦东的长远发展奠定了基础，浦东成为国家改革开放的窗口和现代化建设的缩影。

自贸区——立法是可复制、可推广经验的重要载体。《中国(上海)自由贸易试验区条例》于 2014 年 8 月 1 日实施，是上海自贸区各项制度创新和改革的集大成者，体现了悠悠万事法治为先的特征，也是上海自贸区行稳致远的关键所在。截至 2023 年，全国 21 个自贸区中有 19 个已经出台了相关条例。在这些自贸区为国家级立法提供大量实践基础的情况下，形成全国统一的自贸区立法的时机已然到来。

从现实的必要性来看，要通过自贸区立法，把中国准备加入 CPTPP 和 DEPA 的努力全力向前推进，我们的发展和进一步融入世界还要有更强的紧迫感。一方面，2023 年 3 月 31 日，英国宣布已就加入 CPTPP 达成协议。另一方面，美国一直通过“长臂管辖”对中国进行不当制裁，加入 CPTPP 有助于促进贸易自由化便利化，可以成为对非法制裁和“长臂管辖”的反制手段之一。因而，加快加入两个国际协定的步伐可以彰显我国改革开放的坚定立场和坚强决心，同时在纷繁复杂的百年未有之大变局中，以新的立法举措推进新的开放。

习近平总书记在 2023 年全国两会上指出，要加强各领域战略布局一体融合、战略资源一体整合、战略力量一体运用。在全国 21 个自贸区基础上，以一体化思维统筹规划、立法先行，凸显自贸区制度创新的功能，有助于系统提升我国应对战略风险、维护战略利益、实现战略目的的整体实力，是推动国家治理体系和治理能力现代化的重要之举。

一是要系统总结各地经验。梳理、总结全国各自贸区建设特别是出台相关条例的经验、做法、措施，通过充分论证，将其核心内核加以扩充，同时参考国际其他自贸区的先进经验，坚持中国特色和国际规则相衔接，形成国家的自贸区法，将自贸区的改革突破以法治的方式予以固化，形成基本制度框架和规则，凸显自贸区的开路、突围和引领作用，这既能体现“全面推进依法治国”方略，又可在国际经济贸易规则制定方面争取更大的发言权，还可以防止全国各自贸区自行创设的条例可能存在不协调，甚至有冲突的情况发生。

除了基础性法律，还可加快构建分领域、分类别的自贸区专项法律法规。以金融为例，建议可在国家层面制定自贸区金融交易和监管基本法，从法律上厘清市场与监管的界限、地方与中央的界限、离岸金融与在岸金融的界限，并针对外汇管理、税收优惠、反洗钱等特殊领域，制定操作性更强的配套措施。建立多元化争议解决机制，完善国际商事仲裁体系建设，打造具有全球影响力的国际仲裁中心。

二是要系统总结各地经验。认真对标对表 CPTPP 和 DEPA，CPTPP 和 DEPA 是引领当今世界高标准贸易规则的典范，自贸区立法必须对其进行认真研究、深度分析、努力推进，一一对标对表，并从中领悟未来发展的新动能，同时，根据世界银行最新制定的“宜商环境”，结合中国实际，形成更好的法治环境。

CPTPP 全文 6 354 页，其中正文 599 页、附件 5 755 页，除序言外，共有 30 章内容，分别为初始条款和一般定义、货物国民待遇和市场准入、原产地规则与程序、纺织品与服装、海关管理与贸易便利化、贸易救济、卫生与植物卫生措施、技术性贸易壁垒、投资、跨境服务贸易、金融服务、商务人士临时入境、电信、电子商务、政府采购、竞争政策、国有企业和指定垄断企业、知识产权、劳工、环境、合作和能力建设、竞争力和商业便利化、发展、中小型企业、监管协调、透明度和反腐败、管理和机构条款、争端解决、例外规定及一般条款、最后条款。DEPA 则包括 16 个模块，分别为初步规定和一般定义、商业和贸易便利化、数字产品及相关问题的处理、数据问题、广泛的信任环境、商业和消费者信任、数字身份、新兴趋势和技术、创新与数字经济、中小企业合作、数字包容、联合委员会和联络点、透明度、争端解决、例外和最后条款。两者对于国企"竞争中性"、政府采购、知识产权、数据和数字经济相关问题均提出了更高的要求。这其中,哪些是我们之前没有想到或做到的,现在就可以认真在自贸区里进行试验,要以这些协定的主要内容为对象,结合各自贸区特色,在一些备受关注的领域进行压力测试,抓紧试验这些国际条约中许许多多的新举措、新做法,如针对服务贸易开放负面清单管理、数据确权交易和数据跨境流动等加快先行先试,以期形成与国际接轨的制度安排。

三是要广泛倾听意见。鉴于立法的极端重要性,自贸区相关法律的出台过程必须贯彻科学立法、民主立法、依法立法的要求,深入调查研究,积极回应各方关切,反复修改完善,最大限度反映包括市场主体在内的社会各界的意愿,成为全过程人民民主的具体实践。作为中国第一部关于自贸区的地方性法规,《中国(上海)自由贸易试验区条例》当时广泛听取了社会意见建议,仅上海的市政协委员就多次开展研讨,提出了厚达 87 页的意见建议。在最终生效的条例中,至少有 12 条体现了政协委员的共同智慧,成为委员参与立法协商的一个成功范例。以良法促进改革发展,要把自贸区立法过程作为全过程人民民主的一次生动实践。可以通过组织专家参与立法项目前期课题研究,与民主党派、社会团体、政协委员等开展立法协商,发动人大代表参与立法,经基层立法联络点、网络公开征求意见等多形式听取基层和群众意见建议,完善民主民意表达平台和载体,开门立法、问计于民、问需于民,并且特别建议全国政协和相关地区政协一起,通过联合调研形成有广泛共识的立法建议,提高立法质量。

二、环境要优化

自贸区旨在形成公平、高效的营商环境,纵观近年来高水平的国际经贸协定，无论是 RCEP，还是 CPTPP，很多内容都涉及营商环境构建，并且将构建好的营商环境上升为国际义务。我们要到世界市场的汪洋大海中去游泳，要游好泳，必须优化营商环境。我国以自贸区为抓手，使营商环境取得了重大改善，但营商环境没有最好，只有更好，我们在这一方面还需继续努力。尤其是在市场准入、商事登记、企业经营、社会服务等方面更尊重国际惯例。特别是对标世界银行新制定的“宜商环境”，加快形成公平、统一、高效的市场环境。2022 年 2 月 4 日，世界银行发布了《宜商环境评估体系》的项目说明，并从 6 月开始启动宜商环境评估项目的试评估，这标志着世界银行对全球商业环境的评估进入新阶段。与之前的营商环境评价相比，宜商环境评估体系既有相当程度的继承与延续，又有很大程度的创新、发展和提升，例如，营商环境评估体系不仅关注政府监管，而且关注公共服务，不仅会收集法律法规的信息，还会收集反映实际执行情况的事实信息和测量结果，等等。宜商环境大部分指标都加入了环境保护及可持续发展、政务平台及电子化技术应用等方面的考量，说明其评价的重点将会在环保、平台系统建设、政务电子化等方面，与中国营商环境评价的整体趋势吻合。2022 年，中共中央、国务院发布《关于加快建设全国统一大市场的意见》，很多内容同世界银行宜商环境评价内容完全一致，例如在 30 条内容中有 20 多次提到公平竞争、反不正当竞争的要求。这与世界银行宜商环境评估新增加的促进市场竞争内容可谓异曲同工。从营商环境到宜商环境，我们要更加聚焦企业全生命周期，更加注重完善法律法规，更加重视公平竞争的制度、规则、机制、标准、程序、效能和国际化问题，进一步提升公共服务的质量。

要建立常态化沟通机制，发展环境好不好，各级政府在政策制定、反馈机制上应多问计于民、问计于企业，并形成经常性制度。探索通过数字化管理手段对企业进行个性化标签分类，将支持政策与企业进行“双向匹配”，主动推送，做到“应享尽享”，让支持政策更精准高效到达市场主体。

习近平总书记指出，“法治是最好的营商环境”，对于优化营商环境工作具有重要指导意义。我们在优化营商环境方向上的法律努力，不仅体现在国内立法的努力，更体现在积极加入、坚定推动国际条约和公约之中。例如，RCEP中就有超过200项软性义务，这些都是我国优化营商环境的重要方向，自贸区要大胆探索、勇于突破，充分发挥改革开放试验田作用，探索将RCEP软性义务作为内部的硬约束，以市场化、法治化、国际化为目标，建立与国际高标准经贸规则相衔接的制度体系。徒法不足以自行，一定要努力建设好自贸区，最鲜明地表现出我国改善法治环境的努力、坚决与世界接轨的决心，在自贸区展现中国营商环境的重大变化，以点带面，连线成片。

三、开放要推进

当前，国际经贸规则正在发生深刻复杂变化，呈现自由化和便利化要求更高的发展趋势。纵观全球自贸区，大多以“八大自由”为首要要求，即货物贸易自由、服务贸易自由、人员往来自由、运输自由、投资自由、金融自由、企业运营自由、数据流动自由，税收方面则普遍实行“零关税、低税率、简税制”的做法。我国自贸区在贸易自由、投资自由、资金自由、运输自由、人员从业自由以及信息的快捷联通方面已经进行了宝贵的探索，并取得了显著的成绩，但在数据流通、税收监管等方面仍有进一步改善的空间。建议选择条件比较合适的自贸区综合试点，针对服务贸易开放负面清单管理、数据确权交易和数据跨境流动等加快先行先试，通过压力测试，充分评估其风险，找到我国扩大开放与国际规则融合融通的新路径。

以制度型开放为例，自贸区的制度创新成就巨大，但还有不断改进的空间。2020年，历时8年28轮谈判的RCEP正式签署，标志着总人口、经济体量、贸易总额均占世界总量约30%的全球最大自贸区诞生，将深刻影响包括WTO改革在内的一系列重要国际经贸原则，RCEP已于2022年1月1日生效，开启了我国对外开放历程上的又一篇锦绣文章。2021年，我国又正式提出申请加入CPTPP，CPTPP不仅内容和涉及的范围非常广泛，要求更高，而且创造了许多前所未有的贸易及其相关规则，代表着迄今为止贸易自由化最高标准的区域自由贸易协定。同年，我国正式申请加入 DEPA，这是全球首份数字经济区域协定，以电子商务便利化、数据转移自由化、个人信息安全化为主要内容，为潜力巨大、规模不断提升且已占世界经济比重约45%的数字经济制定前瞻性的标准。在此背景下，认真研究这些高水平协定并在自贸区内率先针对其中核心条款进行梳理和测试，进一步融入国际惯例和国际规则是自贸区发展的当务之急。

中共二十大报告指出，要实施自由贸易试验区提升战略，扩大面向全球的高标准自由贸易区网络。在自贸区迈向更崇高目标之际，经验弥足珍贵，初心需要坚守，自贸区要坚定不移地走制度创新之路，为全面深化改革、构建开放型经济体系，贡献更多探索性的试验成果。由此，要在以下方面不断前行、引领前瞻。

一是推进高水平制度型开放。当前，国际经贸规则正在发生深刻复杂变化，呈现自由化和便利化要求更高、负面清单日益成为重要的开放方式、从边境措施向边境后措施扩展等新的发展趋势，探索更高质量、更高水平的对外开放至关重要，并且不仅是商品和要素的流动型开放，还要是在此基础上的制度型开放。因而，要通过推动 RCEP 实施，深度对接 CPTPP、DEPA 等高标准国际经贸规则，在货物贸易、服务贸易、电子商务、知识产权等领域加大探索力度，稳步扩大规则、规制、管理、标准等制度型开放，实施一批面向全球、面向未来，具有突破性、引领性、差异化的重大改革创新举措，例如，制定适用于所有自贸试验区的跨境服务贸易负面清单。构建以贸易投资自由化便利化、金融开放创新、运输自由、数据人员等要素自由便利安全有序流动为重点的政策制度体系，激活自身发展的澎湃动力。

要将全球先进经验和先进规则，作为一面镜子、一根标杆，照出世界的进步和我们的追赶，这样的进步和追赶始终是有序的，我们要向一切优秀成果学习，而这样的胸怀就是高质量发展、高水平开放的底蕴。例如，加入 CPTPP 于中国而言是第二次入世，是中国全面融入目前为止世界最先进、涵盖面最广、最有吸引力的国际协定的举措。我们要与世界进行更深入的交流，在 CPTPP 项下展开全方位合作，分门别类作出制度安排，自贸区理应主动承担对 CPTPP 的原则和规定先行先试的责任。CPTPP 的规则从正文到附件有几千页，涉及文化、教育、金融、数字等若干重大敏感问题，需要认真加以甄别和对标，很多看似复杂的问题都可以进行谈判，绝大多数现行规定都是可以通过努力予以实施的。要围绕 CPTPP 认真研究、深度分析、努力推进，通过压力测试，充分评估其风险，并据此提出切实有效的风险防控措施，找到我国扩大开放与 CPTPP 规则融合融通的路径，并从中领悟未来发展的新动能。

以数据和数字经济为例，在 CPTPP 中与数据确权或与数字贸易规则相关的条款包括关税、电子产品的非歧视待遇、国内电子交易监管框架、电子认证和电子签名、在线消费者保护、个人信息保护、无纸化贸易、接入并使用互联网进行电子商务的原则、信息跨境自由传输、网络互联网收费分享、计算机设施位置、非应邀电子商业信息、合作、网络安全事务合作、源代码、争端解决，等等。与 CPTPP 条款相比，我国在数字贸易开放和数字治理方面的规定存在一定差距。为此，中国应抓住全球数字贸易规则仍处于塑造起步期的机遇，积极参与 WTO、G20、APEC 等国际机制有关数字经济与贸易国际合作规范与规则的磋商与谈判，尤其要关注跨境数据流动、数据本地化、源代码等核心条款的磋商与谈判，以为中国加入 CPTPP 的谈判积累丰富经验。应尽快选择条件充分的自由贸易试验区，如上海临港片区和海南自由贸易港率先推行高度自由化便利化的高标准数字贸易规则，通过制度创新及压力测试逐步探索数据跨境流动、互联网传输高度便利化等领域，为中国加入 CPTPP 奠定良好基础。此外，我国还要统筹发展和安全，构建有利于数字贸易高质量发展的灵活规则。由于 CPTPP 所含高标准数字贸易规则会对中国国内数字贸易规则的安全性产生一定冲击，所以既不能不加区分地将 CPTPP 的数字贸易规则全盘吸收，同样也不能简单地拒其于千里之外。应拿出当年加入 WTO 时的决心，构建兼顾发展与安全的数字贸易规则。既然中国在 23 年前加入 WTO 时能有效应对各类问题，阔步在强国建设、民族复兴新征程的我们，理应有更大的自信与实力去应对 CPTPP 所带来的各类问题。为此，中国在制定数字贸易安全法律法规时应注重吸收国际上普遍接受的有益做法，统筹发展与安全，并通过发展促安全保安全。

与此同时，制度型开放也要求及时总结提炼中国的好做法和值得世界借鉴的有益经验，成为人类文明的共同财富。任何国际经贸规则都需要与时俱进，日臻完善，在这一"止于至善"的过程中，中国要与世界加强合作、不断协调，引领这些规则的发展。特别是对于一些重大原则的与时俱进式的改革，如世界已经进入了数字时代，工业和科技革命风起云涌，影响世界贸易和经济发展进程，亟须提炼一些新的管理制度和原则，我们要和发展中国家一起，在世界经济秩序重构中发出诉求与呼声，推动一些重要领域的谈判，推动构建开放型世界经济，如此才不辜负世界发展的潮流之期盼和世界各国经济贸易发展之期盼。

二是持续发力稳外资。利用外资和制度型开放相辅相成，休戚与共。中国改革开放的实践证明，外资是联通内外市场和资源的重要纽带，推动了资源合理配置，促进了市场化改革，对我国经济发展发挥了重要作用，未来推进供给侧结构性改革，实现经济向更高形态发展，跟上全球科技进步步伐，都要继续利用好外资。要通过自贸区的制度创新，不断提升我国对外资的吸引力，让全世界的企业，无论是发达国家还是发展中国家的企业，都有更多了解中国的机会，让海外各类市场主体更便捷地进入中国市场。以自贸区为窗口，外企可以更好地理解中国市场，把握中国市场脉动，拥有强烈的归属感，并且加深我国与外企人员、信息、文化之间的交流，将中国的优势产能、超大规模市场与国外先进技术有效对接，进一步发挥我国强大国内市场优势，不断提升外商投资质量和水平，以实际行动推行贸易自由化、投资便利化，以实际行动推动世界各国你来我往、共同繁荣和发展。

要更精准了解外资在自贸区的经营发展状况，在政策制定、反馈机制上应多听听外企的心声，了解外企最盼望、最关心、最希望的事情，从而提振信心、稳定预期。要对市场主体反映强或代表未来发展方向，以及在国际多边、区域和双边谈判中广泛关注的问题，如政府采购、国有企业、知识产权、电子商务、竞争、数字贸易等新议题，作为对标国际经贸新规则的重点领域，优先在自贸试验区开展尝试和压力测试。例如，笔者从2020年起密集走访调研企业，并与外国总领馆、各国商会、跨国公司等定期沟通，在座谈中，外企反映较为集中的问题之一就是跨境数据流通，特别是随着数字经济和数字贸易快速发展，企业运营过程中越来越多涉及数据安全和网络安全问题，迫切希望能够得到更好的服务和更准确的建议。因而，自贸区要对标数字领域国际新规则，针对数据确权交易、隐私权保护、数据跨境流动等重点领域，加快先行先试。

此外，自贸区还要努力扩大自贸伙伴覆盖面，构建平等协商、共同参与、普遍受益的外资外企合作框架，在市场准入、商事登记、企业经营、社会服务等方面尊重、符合国际惯例，完善国际商事法律服务体系，进而联通要素市场、服务市场、资本市场、技术市场等，促进区域产业链、价值链、供应链的融合。

第五节　“一带一路”从倡议到共识

汉代张骞肩负和平友好使命，向西域传播了中华文化，也引进了西域文化成果。明代郑和7次远洋航海经亚非30多个国家和地区，留下了中国同沿途人民友好合作的佳话。古丝绸之路绵亘万里，延续千年，积淀了以和平合作、开放包容、互学互鉴、互利共赢为核心的丝路精神，形成了人类历史上极其宝贵的精神遗产。

2013年9月7日，中国国家主席习近平在哈萨克斯坦纳扎尔巴耶夫大学提出“丝绸之路经济带”的主张，同年的10月3日在印度尼西亚雅加达提出共同建设21世纪“海上丝绸之路”，并多次在重要国际场合强调“一带一路”倡议旨在传承丝绸之路精神，携手打造开放合作平台，为各国合作发展提供新动力。“一带一路”就此成为二战结束以来中国对世界所贡献的最重要的国际公共产品和全球经济合作平台，有理念引领、有合作机制、有务实项目，不仅独善其身，更兼济天下，收获了世界的信任，并且发展和壮大了自己的信心。

一、一花独放不是春，百花齐放春满园

十余年来，“一带一路”深入人心，截至 2022 年 7 月，我国已与 149 个国家、32 个国际组织签署 200 余份共建“一带一路”合作文件，涵盖投资、贸易、金融、科技、社会、人文、民生等领域，建立了 90 多个双边合作机制，与日本、意大利等 14 国签署第三方市场合作文件，与 31 个共建国家共同发起“一带一路”绿色发展伙伴关系倡议，有关合作理念和主张写入联合国、二十国集团、亚太经合组织、上海合作组织等重要国际机制的成果文件。例如，在全球层面，2016 年 11 月，联合国 193 个会员国协商一致通过决议，欢迎共建“一带一路”等经济合作倡议，呼吁国际社会为“一带一路”建设提供安全保障环境。“一带一路”倡议还同联合国 2030 年可持续发展议程有效对接，形成了促进全球共同发展的政策合力。在区域层面，“一带一路”倡议与《东盟互联互通总体规划 2025》、非盟《2063 年议程》、欧盟“欧亚互联互通战略”等区域发展规划或合作倡议有效对接，达成促进互联互通、支持区域经济一体化进程的共识；从 2013 年到 2022 年，我国与“一带一路”沿线国家货物贸易额从 1.04 万亿美元扩大到 2.07 万亿美元，翻了一番，年均增长 8%，研究显示，中国对“一带一路”沿线国家的投资升至 2019 年以来最高水平，对外贸易投资规模稳步提升，从 2013 年到 2020 年，我国与沿线国家货物贸易额占我国对外贸易总额的比重提高了 4.1 个百分点；《区域全面经济伙伴关系协定》和《中华人民共和国政府和柬埔寨王国政府自由贸易协定》正式生效，累计与 32 个共建国家和地区签署经认证的经营者（AEO）互认协议，贸易投资自由化便利化水平持续提升；中老铁路实现全线开通运营，这条友谊、科

技、绿色、开放的铁路，累计发送旅客突破900万人次，客货运输量稳步增长，货物品类从开通初期的100余种拓展到2 000余种，匈塞铁路塞尔维亚境内贝诺段顺利通车，雅万高铁最长隧道实现全隧贯通，柬埔寨第一条高速公路金港高速通车已超100万辆，吉布提港铁路场站正式投产，瓜达尔港成为区域物流枢纽和临港产业基地，中欧班列于2016年统一品牌运行，从“连点成线”到“织线成网”，实现月行千列、年行万列，截至2022年1月底，中欧班列累计开行突破5万列，运送货物超455万标箱，货值达2 400亿美元，通达欧洲23个国家180个城市，为推动“一带一路”高质量发展作出了积极贡献；成立多边开发融资合作中心（MCDF）基金，10家国际金融机构参与。截至2022年7月底，我国累计与20多个共建“一带一路”国家建立了双边本币互换安排，在10多个共建“一带一路”国家建立了人民币清算安排。人民币跨境支付系统（CIPS）业务量、影响力稳步提升；与“一带一路”沿线国家的境外合作工业园区项目稳步推进，一大批园区迅速发展，如中白工业园、泰中罗勇工业园、中国印尼综合产业园区青山园区、中柬西哈努克港经济特区、中国埃及泰达苏伊士经贸合作区、中国埃塞俄比亚东方工业园等，在承接中外企业合作、解决当地民众就业、带动东道国经济发展等方面发挥了积极作用。截至2021年年底，境外经贸合作区分布在46个国家，累计投资507亿美元，上缴东道国税费66亿美元，为当地创造39.2万个就业岗位；与“一带一路”沿线国家在科技人文交流、共建联合实验室、科技园区合作、技术转移等方面开展合作，截至2021年年底，我国与84个共建国家建立科技合作关系，支持联合研究项目1 118项，累计投入29.9亿元，在农业、新能源、卫生健康等领域启动建设53家联合实验室，共同迎接新一轮科技革命和产业变革；开展了一系列卓有成效的民生援助，“鲁班工坊”等10余个文化交流和教育合作品牌逐步形成，“丝路一家亲”行动持续推进，菌草、杂交水稻等“小而美、见效快、惠民生”的援外项目顺利实施，民心相通工作取得重要进展，培育了一批共建“一带一路”形象大使。“一带一路”的国际影响力、合作吸引力不断释放，得到了绝大多数国家和国际组织的理解和认同，并吸引绝大多数国家和国际组织积极参与其中，与中国共享发展机遇。

值得一提的是，作为共建“一带一路”的新渠道，丝路电商不仅促进我国与沿线国家间的商品贸易，更带动“一带一路”商业模式创新，推动相关国家物流、支付、数字、信息等多业态创新发展，为“一带一路”和世界经济发展增添新动能。2016年年底，中国商务部与智利外交部签署了首个双边电子商务合作的谅解备忘录，标志着丝路电商的诞生。2017年5月，国家主席习近平在“一带一路”国际合作高峰论坛开幕式上的演讲中正式提出“数字丝绸之路”，明确指出我们要坚持创新驱动发展，加强在数字经济、人工智能、纳米技术、量子计算机等前沿领域合作，推动大数据、云计算、智慧城市建设，连接成21世纪的数字丝绸之路。我国将数字经济作为重点合作领域，与多国共同发起的《“一带一路”数字经济国际合作倡议》致力于拓展数字经济领域合作，促进数字化转型，建设互联互通的数字丝绸之路；签署《关于加强“网上丝绸之路”建设合作促进信息互联互通的谅解备忘录》，推动共建“一带一路”国家在移动支付、数字基础设施、智慧城市等领域开展国际产能合作，推动数字技术与经济融合，推动数字时代互联互通，采取有效措施提升全民数字技能和素养，缩小各国之间的数字鸿沟，帮助发展中国家和弱势群体融入数字化浪潮。截至2022年年底，我国已与共建“一带一路”国家签署80多个政府间科技合作协定，与17个国家签署“数字丝绸之路”合作谅解备忘录，与遍及五大洲的23个国家建立“丝路电商”双边合作机制，与周边国家累计建设34条跨境陆缆和多条国际海缆，共同开展政策沟通、规划对接、产业促进、地方合作、能力建设等多层次多领域的合作。中国的跨境电商贸易实现了对“一带一路”国家和地区的全覆盖，在“一带一路”沿线国家建设了200多个海外仓，线上线下融合不断加速，为新时代的数字经贸合作作出了示范，在相关国家间构成数字化、网络化、便利化的贸易生态系统。截至2022年第一季度，中国对“一带一路”沿线国家跨境电商出口增长了92.7%，出口产品类型更加丰富，增加值也在不断提升，展现出强劲活力和强大韧劲，使“一带一路”成为数字丝绸之路、创新丝绸之路，让数字技术成果惠及更多国家和人民。

我国还不断推进跨境电商综合试验区建设，并积极推动各个综合试验区与“一带一路”相关国家和地区开展政策、技术和贸易标准对接，探索跨境电商物流发展新模式。不少地方将跨境电商综合试验区建设作为扩大对外开放的重要抓手，努力打造数字丝绸之路战略节点城市，集制造、交易、集货、支付、物流、结算、结汇等一体的全产业链闭环式生态圈日趋完善，建成跨境电商“一网通”线上服务系统，打造数字贸易线上服务系统和数字物流信息枢纽港，丝路电商发展之路可谓亮点纷呈，数字电商成为拓展经贸合作的新亮点和新引擎。

二、共商、共建、共享

正如习近平总书记所指出的，“‘一带一路’是大家携手前进的阳光大道，不是某一方的私家小路”。中国从不附加任何政治条件，从不谋取任何政治私利，所有感兴趣的国家都可以加入进来，共同参与、共同合作、共同受益。“一带一路”何以能从国家倡议成为世界共识，从愿景变成现实，“共商、共建、共享”的原则至关重要，因为“一带一路”是大计，所以需要“共商”，我们在与世界的不断融合中，不限国别范围、不是一个实体、不搞封闭机制、不干涉别国内政、不另起炉灶，全方位、开放性、多模式，充分满足人的需求和充分尊重人的尊严，“人类命运共同体”引发了强烈共鸣。“我们要平等协商，开创共赢共享的未来”“国际上的事应该由大家共同商量着办，世界前途命运应该由各国共同掌握，不能把一个或几个国家制定的规则强加于人，也不能由个别国家的单边主义给整个世界‘带节奏’”，这些倡议和宣示，向世界展现了中国在合作共建“一带一路”过程中，始终尊重彼此主权、尊严、领土完整，尊重彼此发展道路和社会制度，尊重彼此核心利益和重大关切。“一带一路”倡议就是篇奇文，各方都有自己的感悟和理解，再加之涉及国家和地区众多，理解过程中可能会有疑惑，因而，“一带一路”从规划合作蓝图到具体项目实施，都坚持集思广益，体现各方的智慧和创意，兼顾各方的利益和关切，既不强求，也不强加。2017 年和 2019 年，我国先后主办两届“一带一路”国际合作高峰论坛，成为“一带一路”框架下的最高层次的共商平台，吸引众多国家和国际组织参与，形成构建全球互联互通伙伴关系，开启高质量共建“一带一路”新征程的共识。2023 年第三届“一带一路”国际合作高峰论坛顺利举行，各国共同总结成就、擘画蓝图，让这条造福世界的“发展带”更加繁荣、惠及人类的“幸福路”更加宽广。

因为“一带一路”是大业，所以需要“共建”。以基础设施互联互通建设为例，我国积极与“一带一路”沿线国家签署包括《上海合作组织成员国政府间国际道路运输便利化协定》《中国—东盟海运协定》等涉及铁路、公路、海运、航空和邮政的双边和区域运输协定。在基础设施建设过程中，采用中国技术和中国标准成为沿线国家普遍欢迎的合作方式，如蒙内铁路成为国际上第一条完全采用中国标准进行设计和施工的现代化新型铁路，印度尼西亚泗水—马都拉大桥成为世界上第一座采用中国桥梁规范建造的跨海大桥。数据显示，共建“一带一路”国家已占中国建交国的 83%、占联合国成员国的 78%，中国对外投资工程承包劳务合作和对外援助的项目已覆盖所有共建国，仅央企投资当地建设的重大项目和重大工程就有 3 000 多个，既包括立体化的海陆空交通基础设施项目，也有用于输送石油天然气的管道项目，还有信息高速公路项目，并且配套丝路基金、亚洲基础设施投资银行等金融机构设置，包括我国在内的 29 个国家财政部门共同核准了《“一带一路”融资指导原则》，从而发挥好政府和市场两种力量。数据显示，2022 年，中国企业在“一带一路”沿线国家非金融类直接投资 1 410.5 亿元人民币，比上年增长 7.7%。国企一马当先，民营企业也鼓足干劲，据统计，2021 年中国民营企业 500 强中，有 195 家企业参与了“一带一路”建设，未来三年有超过 57%的 500 强企业有意向参与“一带一路”投资且方向更明确。截至 2022 年年底，中国企业在“一带一路”沿线国家建设的境外经贸合作区累计投资达 571.3 亿美元，为当地创造了 42.1 万个就业岗位，而且中国企业在给当地带来技术、经验和标准，增加就业岗位的同时，也大大提高了当地人员的劳动技能，着力令人鼓舞。

因为“一带一路”是人类共同的成果，所以需要“共享”。在全球经济持续低迷之际，世界银行发布的《“一带一路”经济学》报告强调，“一带一路”倡议是“深化区域合作、促进跨大陆互联互通的宏伟举措，将改善交通基础设施、提升地区经济环境水平，从而大幅降低贸易成本，促进跨境贸易和投资，显著推动沿线国家和地区乃至全球经济的增长”。报告指出，“一带一路”倡议将使沿线国家和地区的实际收入增长 1.2%—3.4%，全球实际收入增长 0.7%—2.9%，从而促进实现共同繁荣，共建“一带一路”使参与方贸易增加 4.1%，外资增加 5%，使低收入国家 GDP 增加 3.4%，受益于“一带一路”倡议，2012—2021 年，新兴与发展中经济体 GDP 占全球份额提高 3.6 个百分点。据世界银行测算，到 2030 年，共建“一带一路”每年将为全球产生 1.6 万亿美元收益，占全球 GDP 的 1.3%，从 2015—2030 年，760 万人将因此摆脱绝对贫困，3 200 万人将摆脱中度贫困。

随着基础设施“硬联通”、规则标准“软联通”、同共建国家人民“心联通”的不断推进，“一带一路”成为各国共享的百花园，为世界经济增添更多确定性与合作的信心。“一带一路”已从一颗梦想的种子成长为枝繁叶茂的大树，无论是基础设施、人员交流、规则制度的互联互通，还是发展理念和经验的共享，以及发展议程和战略的对接，都体现了包容性、开放性、平等性、多样性、互利性，所绘就的共同发展的壮美画卷，汇聚起构建人类命运共同体的磅礴力量。

三、铺就共赢大道

当前，世界之变、时代之变、历史之变正以前所未有的方式展开，越是面临挑战，越是要加强开放合作，形成推动经济稳健复苏的强大合力。“一带一路”是习近平总书记深刻思考人类前途命运以及中国和世界发展大势，以中华民族怀柔远人、和谐万邦的天下观，推动中国和世界合作共赢、共同发展作出的重大决策。实践证明，“一带一路”超越了传统发展模式的封闭性、零和性，秉持共商共建共享原则，尊重各国主权基础上的平等参与、互利共赢，不输出意识形态、不复制发展模式，不搞歧视性、排他性的标准、规则和体系，不搞割裂贸易、投资、技术的高墙壁垒，而是致力于推动全球治理体系更具开放性、平等性和包容性。继“一带一路”倡议之后，习近平总书记深刻阐明了构建人类命运共同体的中国主张，进一步提出全球发展倡议、全球安全倡议、全球文明倡议，为人类发展指明了正确方向。国际上的事由大家共同商量着办，世界前途命运由各国共同掌握，以全球文明倡议为例，各国历史文化和社会制度各有千秋，是人类文明的内在属性，“一带一路”沿线国家大多有着丰富多彩、历史悠远的文化积淀，我国从尊重世界文明形态多样性、尊重各国文化差异性的底层逻辑出发，弘扬全人类共同价值，倡导不同文明交流互鉴，搭建起规模最大的国际合作平台，获得沿线国家的广泛认同与信任，为其探索自主现代化道路提供重要启示，为全球治理体系变革提供了东方智慧，在世界发展史上具有重要里程碑意义。中国式现代化把高质量发展作为首要任务，国际货币基金组织预测 2023 年中国对世界经济增长的贡献率预计将超过 1/3，中国经济增速每提高一个百分点，亚洲其他地区的产出就会增加约 0.3%，助力亚太地区成为全球最具活力的主要地区，中国不断以自身新发展为世界提供新机遇，携手各方高质量共建“一带一路”，为世界繁荣发展注入强大动力。

站在新的起点上，“一带一路”建设承载着全球期望，要将高质量、高水平合作融入更大范围的全球安全与发展合作之中，将基础设施“硬联通”作为重要方向，将规则标准“软联通”作为重要支撑，将同共建国家人民“心联通”作为重要基础，统筹发展和安全、统筹国内和国际、统筹合作和斗争、统筹存量和增量、统筹整体和重点，把高标准、可持续、惠民生的“一带一路”建设，纳入中华民族与世界联动发展、人类文明互学互鉴的历史大潮中。

一是秉承开放理念。“一带一路”是中国对外开放长期性的建设倡议，与发达国家采用高标准、排他性区域贸易安排不同，它的核心要义就是开放。开放发展合作，是共建“一带一路”倡议的出发点，我们不是一个国家的“独唱”，而是世界各国的“合唱”，中国走向世界，决心是坚定的，步伐是坚定的，举措是坚定的，我们希望在和平和发展中与世界有更多交流和交融。“一带一路”突破区域化、碎片化的局限，它覆盖的国家并不限于丝绸之路沿线65个国家，其经济辐射、延伸的世界各国和地区组织均可平等参与。未来，要基于“构建人类命运共同体”这一共建美好世界的最大公约数，以开放的思维，以真诚的态度，尊重彼此的核心利益，着眼全球发展的大局，搭建不同层次、不同领域、不同形式的公共合作与服务平台，欢迎更多国家和国际组织参与进来，寻求更多利益契合点、合作增长点、共赢新亮点，携手前进，而非“此消彼长”，开展长期、务实、有效的合作，将中国方案的世界意义、中国故事的世界内涵，成功展示给世界人民，形成一个“众乐乐”的未来。

二是注重产业发展。工业化是现代化核心，只有工业化发展到一定阶段，才能充分实现现代化。随着传统基础设施建设的逐步完成，促进产业发展、结构升级并进而提升工业化，成为中国与各国共建“一带一路”的重点方向。“一带一路”沿线国家大多是发展中国家，资源丰富但工业化处于初级阶段，现代化任务艰巨繁重，而中国处于工业化中高级阶段，双方在工业合作方面互补性较强，可以有效整合资源，发挥各自优势。“一带一路”要帮助沿线国家发展具有比较优势的产业，并且将比较优势变成竞争优势，使这些国家加快脚步，赶上世界发展的潮流，同时通过优势产业发展创造最多的就业机会，创造出更多的、更丰富的发展成果，为各国人民分享。

与此同时，不断提升经贸合作水平，促进沿线国家的贸易自由化与便利化，推动海关、质检、认证等领域的标准统一，消除贸易壁垒，并有效拓宽金融合作领域，扩大双边本币互换、结算的范围和规模，加快人民币国际化步伐。

三是提高科技支撑。创新是引领发展的第一动力，随着科学技术的日新月异，新一轮科技革命和产业变革深入发展，科技创新合作是沿线各国谋求经济增长动力、实现长期持续发展的必然选择，前景广阔，且各国共识度高、意愿强烈。“一带一路”建设要推动沿线国家在科技创新方面的密切合作，聚焦共性问题，开展多边联合研究，共商共建科创平台、联合实验室和研发中心，推进科技园区合作，促进技术转移，构建科技创新共同体，一起提高发展能力。例如，绿色化是高质量发展的必由之路，要在“一带一路”沿线进一步研发推广绿色实用技术，并把其作为拓展国际合作新空间的载体，推动在新能源技术开发应用、绿色投融资、能力建设等方面的合作，从而促进能源转型和产业结构升级。又如，在数字化方面，我国要加快大数据、云计算、智慧城市建设，连接成21世纪的数字丝绸之路，在近年来与共建“一带一路”国家开展跨境光缆等基础建设合作，保障网络基础设施互联互通的基础上，推动数字产业化、产业数字化领域的“一带一路”合作，加快沿线国家传统产业的数字化、智能化，搭建数字技术国际创新平台，促进数字技术创新应用，实现数字创新成果普惠共享，积极开展数字能力建设。同时，我国要积极参与和引领关于知识产权、数据隐私、科研伦理、科研诚信等问题的探讨和规则制定，营造公平、公正、非歧视的数字经济发展环境，构建数字合作格局。再如，在人才方面，我国可以设立海外“一带一路”人才培养中心和教育基地，增强“一带一路”科技创新人才培养能力，设立“一带一路”青年科学家培养计划，包括短期访问、培训、学术交流等，实施“一带一路”高层次留学生选拔计划，开展青年科技人才双向交流，促进“一带一路”相关国家科技人员和青年之间的交流互动等。

四是推动人文交流。“人同此心，心同此理”，以人为本、凝聚共识往往可以打破地域的界限，人文交流是“一带一路”的重要因素，国之交在于民相亲，“一带一路”行稳致远必须充分满足人的需求，必须得到各国人民支持，必须加强人民友好往来，增进相互了解和彼此友谊，为开展合作奠定扎实的民意基础和社会基础。文化差异是“一带一路”沿线国家的最大差异，文化融合是最要紧的融合，文化交流与合作是建设“一带一路”的题中应有之义。不同的国家、多样的文明应该美美与共，对美的欣赏和对幸福生活的向往是人们的共同点。在此之上，人文交流才得以互鉴，文明方能美美与共。以文化为桥梁，可以更好引领沿线各国、各领域、各阶层、各宗教信仰的交流合作，以润物细无声的方式沟通情感，取得各方理解、认同和支持。我们看到，部分国家一直企图抹黑“一带一路”，通过各种途径散播所谓“一带一路”合作制造债务陷阱、破坏相关国家环境、造成腐败等不负责任的言论，但是大部分“一带一路”沿线国家和人民并不接受，知道这些言论都是不真实的，他们普遍认可“一带一路”，这就是民心工程作用的体现，人文交流为共建“一带一路”打下坚实的民意基础。

文明因交流而精彩，文化因多样而丰富。要深入挖掘共建“一带一路”国家有共鸣的交流故事和文化元素，开辟多层次语言文化交流渠道，加强国际文化产业交流，既要增强中华文化传播力，也要推动不同文明对话，激发不同文化之间的共鸣。例如，中国已与 142 个共建“一带一路”国家签订文化和旅游协定或谅解备忘录，可在此基础上加强与“一带一路”沿线国家的文化旅游合作，拓展中外文化和旅游交流合作的深度和广度，推动各国相互尊重、相互理解、相互信任。大力发挥民间组织在文化交流、教育医疗、生态环保、生物多样性等各类公益性领域的合作，并且在这个过程中，让各个国家和他们的人民知道，“一带一路”建设不是中国自己的事情，也不是靠一国力量就能发展的，这是大家的事，我们一起商量着办。

四、企业要成为“一带一路”的生力军

在“一带一路”倡议中，政府是引导，企业是主体，企业既是重要推动力量，也是主要实践者和受益者。十余年来，中国企业以市场为导向，以项目合作为载体，积极参与国际竞争和全球资源配置，拓展发展新空间、打造增长新动力。研究显示，中国企业高度认同、看好并积极参与“一带一路”建设，在政策沟通方面，通过在共建国家建设经贸合作区、国际合作物流基地等项目，使政策沟通不断深化；在设施联通方面，通过参与共建国家基础设

施建设，让设施联通更加高效；在贸易畅通方面，通过建立全球一体化网络布局、创新贸易模式等，让贸易畅通持续推进；在资金融通方面，通过加强与共建国家金融合作，提升共建国家金融机构协同能力，使资金融通更为充分；在民心相通方面，通过推动科技创新合作、创新人文交流项目，促进中华优秀文化“走出去”，使民心相通更富成果。中国企业在推进项目过程中，始终把当地人民现实需求放在首位，聚焦消除贫困、增加就业、改善民生，让共建“一带一路”成果更好惠及共建国家人民。未来，“一带一路”的全方位拓展，离不开中国企业的走出去，企业才是共建“一带一路”的主力军。企业要充分把握机遇、把准航向，更加积极主动参与“一带一路”建设，自觉践行高质量发展要求，融入全球产业链、供应链、服务链、价值链，推动共建“一带一路”行稳致远。而对于走出去而言，法律风险是不可忽视的最重要风险因素之一。由于“一带一路”沿线情况复杂多元，不同国家和地区在国家安全、反垄断、环境保护、劳工、税务以及行业限制等方面的法律规定迥异，相关法律还经常因政治经济环境的变化而不断调整。统计显示，在中国对外投资失败的案例中，有16%的投资案例是直接或间接因为法律原因导致投资受损或最终被迫停止投资。因而，一方面，企业要练好内功、拓宽视野，既要不断提高走出去的核心竞争力，充分考虑“一带一路”沿线国家产业和资源优势，积极开展国际产能和投资合作，优化生产要素全球布局，也要切实增强风险意识，牢固树立底线思维，诚实守信、合规经营，建立健全风险防控机制，做到未雨绸缪，防患于未然；另一方面，我国需要有更完备的法治保障，注重国内法和国际法竞合，为中国企业走出去保驾护航。

一是对双边和多边国际条约的谈判及制定，要更全力推动。“一带一路”走向世界，与全球最大层面上的合作应该是法律框架内的合作。除了上述“一带一路”合作文件外，中国已经和世界110个国家和地区签署双边税收协定或安排，和25个国际组织和区域税收组织建立了合作关系，与26个国家和地区相继签署了19个自贸协定。这些是包括民营企业在内的中国企业走向世界，参与国际贸易和国际投资的极为重要的法律保障。但仅这些还远远不够，双边投资协定和区域自贸协定应当进一步推动。2020 年 RCEP 的正式签署令我们深受鼓舞，2021 年中国又申请加入 CPTTP，意义就如同第二次入世。建议要在中国与相关国家的双边条约和相关区域的多边公约的谈判与签署方面采取更强而有力的行动，如中日韩三国自由贸易协定应当继续向前推进，积极缔结并且严格遵守有关的国际条约，为中国全方位对外开放奠定更为扎实的法律基础。

二是对中国企业走出去的法律服务体系，要更全面构建。一方面，要从维护国家主权、安全和发展利益出发，从保障中国机构、企业、公民的合法权益入手，加强涉外领域立法工作，在尊重国际基本法律准则的基础上，充分发挥中国法在解决涉外法律纠纷中的重要作用，不断加强与“一带一路”等国家双边或多边的法律交流合作，建立全球性的法律服务网络和体系。另一方面，要发挥好律师事务所、会计师事务所、保险机构、咨询公司、公关公司等中介机构的作用。尤其是在应对法律风险方面，中介机构要更积极、更主动、更自觉地为企业提供法律服务。从近年来“一带一路”参与企业在海外的相关法律争议来看，有四类非常典型：一是合同争议，二是股权争议，三是劳资关系争议，四是知识产权争议。中国的法律界要更加重视和加强涉外法治人才培养，深入研究“一带一路”沿线国家和地区的法律、判例，关注各国立法、司法动态，从业务谈判到尽职调查，从法治环境比较到争议解决，为中国企业走向世界提供更强而有力的支撑。

三是对涉外投资的相关法律知识，要更深入普及。加强涉外法律知识的全面教育和知识普及，增强企业的法律意识。建议搭建行业性或区域性的法律信息共享和大数据服务平台，会同“一带一路”沿线国家驻华使领馆以及驻华商务代办机构定期组织投资信息交流会，提供包括专项前期研究在内的咨询服务，及时更新外国投资和企业收购兼并需求、外国投资法律法规及民风民俗、国际商务谈判习惯等有效信息，指导对外投资的法律事项。

尤其值得一提的是，企业要对国际通行的争端解决方式有所了解，国际通行的争端解决方式主要是以下三种：一是诉讼，但时间冗长，成本高昂。

二是仲裁，中国是《纽约公约》的缔约国，今天国际商事仲裁领域的承认和执行基本没有障碍，因而要把仲裁作为争端解决的更有效手段。三是调解，2019 年 8 月 7 日，包括中国、美国、印度、韩国及多个东盟国家在内的 46 个国家在新加坡签署《新加坡调解公约》，其中有相当部分国家就属于“一带一路”沿线国家。如何将调解作为更为灵活的商事争议解决方法，建立既具有国际先进性又具有中国特色的商事调解法律体系，尤为重要。建议进一步深化与国际通行规则相衔接的商事争端解决服务，加强专业人才培养，以《新加坡调解公约》为规则开展商事争议调解，提升我国在国际商事争端解决服务中的公信力和话语权。

不拒众流，方为江海。中国在融入世界的过程中，同世界形成更加良性的互动，成就共同繁荣发展的大事业。坚定合作开放，带来了美好光景；共享发展机遇，托起了憧憬希望，共建“一带一路”倡议得到了全球的响应，开辟了人类共同实现现代化的新路径，沿着高质量发展方向行程致远。

第四章　举办进口博览会与我国涉外经贸法治的日臻完善

第一节　从世界博览会到进口博览会

一、进博会的发展历程及其机制、规则

在上海世博会成功举办8年后，中国再次承担起一项国家责任，即2018年11月5日至10日举办首届中国国际进口博览会。截至2023年进博会已历六届，已经成为中国构建新发展格局的窗口、推动高水平开放的平台、全球共享的国际公共产品。①

(一) 进博会的定位

习近平总书记多次强调，进口博览会"不是一般性会展，而是我们主动开放市场的重大政策宣示和行动"，有关部门要精心筹办好，办成国际一流博览会。②例如，首届中国国际进口博览会包括三大内容：一是国家贸易投资综合展，相当于"小世博会"；二是企业商业展③，相当于进口版的"广交

---

① 《习近平在第五届中国国际进口博览会开幕式上发表致辞》，载中华人民共和国中央人民政府官网，http://www.gov.cn/xinwen/2022-11/04/content_5724714.htm，访问日期：2023年5月6日。

② 《精心筹办努力办成国际一流博览会》，载《解放日报》2018年8月4日1版。

③ 企业商业展包括货物贸易和服务贸易两个板块。货物贸易板块包括智能及高端装备、消费电子及家电、服装服饰及日用消费品、汽车、食品及农产品、医疗器械及医药保健等展区。服务贸易板块包括新兴技术、服务外包、创意设计、文化教育、旅游服务、物流服务、综合服务等展区。参见《中国国际进口博览会参展商手册》，载企业商业展，https://www.ciie.org/zbh/xzzq/，访问日期：2023年5月6日。

会”；三是虹桥国际经贸论坛①，相当于中国版的“达沃斯论坛”。②此外，进口博览会还具有丰富的配套现场活动。首届进口博览会配套现场活动可分为餐会酒会活动、发布互动类活动、论坛活动、对接签约活动、国别主题活动以及线上购物活动六大类。③第二届进口博览会在基本框架方面，如主办单位、合作单位、承办单位、举办时间、举办地点均与首届保持一致，在展览布局和规模方面，继续包括国家综合展、企业商业展和虹桥论坛。第二届进口博览会总展览面积超过首届规模，其中，国家综合展展览面积3万平方米，展示贸易投资领域有关情况，包括货物贸易、服务贸易、产业状况、投资旅游，以及各国有特色的产品，只展示不成交。企业商业展展览面积根据展商需求会比首届增加，设装备、消费、食品、健康、服务等5个板块7个展区。论坛仍然包括主论坛和若干分论坛，参会嘉宾规格、规模力争超过首届。④因此，进口博览会在功能性质、组成架构、主题内容、规模层次、办展方式、作用效果等各方面都是“不一般”的，见表4.1。⑤

（二）进博会与通常意义上的会展相比的“不一般”之处

一是进博会组成与架构的不一般。如前所述，“会展”的概念是一个统称，组成较为广泛，主办方往往仅举办会议，或仅举办展览会，或举办若干活

---

① 本届论坛包括开幕式和三场平行论坛，将聚焦“贸易与开放”、“贸易与创新”、“贸易与投资”等议题，并重点就推进贸易投资自由化便利化、构建开放型世界经济、推动贸易创新增长以及促进贸易投资可持续发展等内容进行讨论。此外，将邀请世界贸易组织、联合国工发组织等相关国际机构作为合作单位，为论坛提供智力和技术支持。

② 《一、二、三、四、五……这个展会你要弄清楚》，载新华网，https://cn.chinadaily.com.cn/2018-07/29/content_36665121.htm，访问日期：2023年5月7日。

③ 进口博览会配套现场活动可分为六大类：一是餐会酒会活动，包括工商界开幕晚宴，早餐会、午餐会，商业酒会等形式；二是发布互动类活动，包括参展企业新产品新技术新概念发布会、品牌推介会、时装走秀、专业比赛、产品体验等形式；三是论坛活动，包括政策解读、权威发布等形式；四是对接签约活动，包括供需对接会、采购签约等形式；五是国别主题活动，包括国别商品、服务、文化推介等形式；六是线上购物活动，由知名电商等渠道配合开展首届进口博览会同款产品线上同步发售活动，提升场外消费者的参与感和获得感。

④ 《第二届进口博览会总展览面积将超首届》，载新华网，http://www.china.org.cn/chinese/2019-01/10/content_74358555.htm，访问日期：2023年5月13日。

⑤ 参见上海市法学会海关法研究会课题组、陈晖：《中美展品暂准进境制度比较及其对中国国际进口博览会展品通关的启示》，载《海关法评论》2018年版。

表 4.1　中国国际进口博览会定位的关键词

关键词	释　　义
一个“第一”	进口博览会是迄今为止全世界第一个以进口为主题的国家级展会，在国际贸易发展史上是一大创举。
二个“重大”	举办中国国际进口博览会是以习近平同志为核心的党中央着眼推进新一轮高水平对外开放作出的重大决策，也是我国主动向世界开放市场的重大举措。
二个“一”	进口博览会不是一般性的会展，而是我国主动开放市场的重大政策宣示和行动，要力争办成国际一流博览会。
三个“有利于”	举办中国国际进口博览会有利于扩大进口、促进对外贸易平衡发展，有利于改善供给结构、引导国内企业走创新驱动发展之路，有利于帮助发展中国家参与经济全球化、推动开放型世界经济发展。
三个“打造”	要坚持高标准，把博览会打造成世界各国展示国家形象、开展国际贸易的开放型合作平台，打造成推进“一带一路”建设、推动经济全球化的国际公共产品，打造成践行新发展理念、推动新一轮高水平对外开放的标志性工程。①
五个“一流”	吸引“一流企业”，展示“一流产品”，提供“一流环境”，打造“一流服务”，确保“一流成效”。
六个“重大意义”	进口博览会是建设开放型世界经济的重大行动，推动全球包容互惠发展的公共产品，构建人类命运共同体的中国方案，坚持扩大对外开放的政策宣示，推动供给侧结构性改革的有效措施，满足人民美好生活需要的主动作为。

动。中国国际进口博览会，既包括了会展概念中属于“会议类”的“虹桥国际经贸论坛”，也包括了属于“展览会类”的“国际贸易投资综合展”和“企业商业展”，还包括了属于“活动类”的各类官方和非官方的配套活动。

二是进博会的主题与内容不一般。通常的会展，无论是会议、展览会，还是活动，往往集中于一个主题（行业）或数个主题（行业）。中国国际进口

① 《打造互利共赢的国际一流博览会》，载《人民日报》2017 年 8 月 25 日第 2 版。

博览会的会议、展览会与活动的主题非常突出，紧紧围绕着“进口”展开，但内容范围却十分广泛。其中，会议类的“虹桥国际经贸论坛”的议题是高层次宽范围的，开幕式主论坛以“激发全球贸易新活力，共创开放共赢新格局”为主题；三场平行论坛分别聚焦“贸易与开放”“贸易与创新”和“贸易与投资”等议题。展览会类的“国际贸易投资综合展”包括了 80 多个国家和 3 个国际组织的展示，展示内容涵盖了货物贸易、服务贸易、产业状况、投资旅游以及特色产品等。“企业商业展”覆盖货物贸易和服务贸易两大领域，从新兴到传统各个产业，内容范围之宽是前所未有的。

三是进博会的功能与作用不一般。通常会展的功能或为教育/宣传性的（多为非商业性的），或为中介性的（多为商业性的）。对于展会的作用，往往在于会展对于经济、产业等带来的收益利润，以及经济辐射与经济溢出的作用。一般很难兼具多种对于宏观经济或整个社会的功能与作用。中国国际进口博览会的“国际贸易投资综合展”具有非商业性的教育/宣传功能，“企业商业展”不仅具备中介性功能，同时还会举办目的和功能各异的配套现场活动。更为重要的是，中国国际进口博览会具有更多的功能和更大的作用，其不仅是产品和服务的交易平台，更是多功能、综合性的国际合作平台。要坚持高标准，把博览会打造成世界各国展示国家形象、开展国际贸易的开放型合作平台，打造成推进“一带一路”倡议、推动经济全球化的国际公共产品，打造成践行新发展理念、推动新一轮高水平对外开放的标志性工程。①也就是说，中国国际进口博览会除了承载着会展通常的商业经济功能外，还承载着我国的宏观经济发展、形象传播、政策理念宣传的重要非商业性功能，甚至是宏观的社会功能。举办中国国际进口博览会有利于扩大进口、促进对外贸易平衡发展，有利于改善供给结构、引导国内企业走创新驱动发展之路，有利于帮助发展中国家参与经济全球化、推动开放型世界经济发展。②

---

①② 《汪洋主持召开首届中国国际进口博览会筹备委员会第一次会议》，载中华人民共和国中央人民政府官网，http://www.gov.cn/guowuyuan/2017-08/24/content_5220232.htm，访问日期：2023 年 5 月 6 日。

中国国际进口博览会及其带来的进口贸易超越了通常会展的微观经济作用,将发挥促进外贸结构调整和转型发展的重大作用。

四是进博会的性质与水准不一般。通常会展的性质或为贸易性的、或为消费性的、或为公共性的、或为市场化的。通常对会展进行衡量评价的标准,主要是经济效益标准(会展规模、参展商人数、观众人数、成本利润等),再辅以对会展本身的综合效果(效应)标准,如主题策划、客商接待、公关宣传、组织管理等。①进博会具有更高的性质定位,中国国际进口博览会的"国际贸易投资综合展"是公共性的,而"企业商业展"是兼具贸易性与消费性的。在企业商业展中国内外企业进行大规模参展、磋商、交易的市场化活动的同时,其公共属性也非常明显。同时,中国国际进口博览会是建设开放型世界经济的重大行动,推动全球包容互惠发展的公共产品,构建人类命运共同体的中国方案,坚持扩大对外开放的政策宣示,推动供给侧结构性改革的有效措施,满足人民美好生活需要的主动作为。因此,对于中国国际进口博览会的性质定位不仅限于其经济性,也应强调其公益性。进博会具有更高的目标,即要办成国际一流博览会。为实现将首届进口博览会办成国际一流展会的目标,进口博览会筹备委员会办公室将"国际一流"的标准定义为五个"一流",即吸引"一流企业",展示"一流产品",提供"一流环境",打造"一流服务",确保"一流成效"。这五个"一流"的衡量标准,要求中国国际进口博览会达到经济效益标准和综合标准的最高水准。

五是进博会的办展方式与展期不一般。会展往往根据周期与展期的不同,会选择定期或不定期的方式,采取短期、长期或常设的展期,选择实物或网上的方式。通常不会同时采取短期与长期的展期、线上与线下的展示方式。中国国际进口博览会将采取现实与虚拟相结合的方式,现场展期一般为一周左右,一般都于11月5—10日举办,会期为6天。同时,为打造"永不落幕的中国国际进口博览会",充分放大进口博览会的带动效应和溢出效

① 马勇、肖轶楠:《会展概论》,中国商务出版社2004年版,第115—116页。

应，线上则建立了“中国国际进口博览会‘6天+365天’常年展示交易平台”。这些平台主要分为四个类型：一是综合服务平台，二是跨境电商平台，三是专业贸易平台，四是国别商品中心。[①]此外，总面积达60万平方米的虹桥进口商品展示交易中心在首届进口博览会闭幕后，将为进博会参展商中有延展意向的企业，提供展品展示和交易的空间。

中国国际进口博览会是在全球经贸发展增速乏力、多边贸易体系受到挑战的背景下举办的，体现了我国推动经济全球化发展、构建人类命运共同体的大国担当。进博会规格高、成果丰硕，综合效应多元，成为国家级展会的佼佼者。

从2010年上海世博会到2018年的进博会，都是上海承担的“国家责任”。两大盛会向世界宣示，中国的开放没有止境，上海的发展前景未可限量。两者都是中国改革开放标杆，都是中国与世界交流的文明成果。

二、法律视阈中上海世博会与进博会的不同之处

（一）会展及其展品进出境的法律依据不同

1. 上海世博会——国际法与国内法并用

（1）国际法的依据。世博会的国际规则，无论是《国际展览会公约》、国际展览局的专项规章、国际展览局全体大会决议，还是主办国制定并由国际展览局批准适用于特定博览会的一般规章、特殊规章等，都是以主办国和参展国、组织者和参展者为规范对象，属于国际法层面的法律文件。[②]

如第二章所述，《国际展览会巴黎公约》经过了三次《议定书》[③]和两

---

① 《6天+365天国际进口博览会“永不落幕”首批30个平台入选常年展示交易平台》，载上海市人民政府官网，http://www.shanghai.gov.cn/nw2/nw2314/nw2315/nw4411/u21aw1302244.html，访问日期：2023年5月12日。

② 邱一川：《世界博览会主办国的法制创造——遵循国际规则的机制与实践》，上海人民出版社2012年版，第36页。

③ 1948年5月10日的《议定书》，1966年11月16日的《议定书》和1972年11月30日的《议定书》。

次《修正案》[①]的发展，成为当前世博会国际规则的基石，即《国际展览会公约》。[②]同时，世博会具有自身度身定制的海关国际法依据，并也有近50年的发展过程。货物与物品的顺畅通关，是世博会顺利举办的核心问题。[③]在1972年修订公约时，借鉴了海关合作理事会的《ATA公约》，专门制定了《关于国际展览会参展者进口物品的海关规章》[④]，并将其作为了《国际展览会公约》的附件，也是公约的唯一附件。该公约的"主约+唯一附件"的结构维持至今。

(2) 国内制度依据与保障。为了保障上海世博会的顺利成功举办，在国内制度依据方面，上海世博会采取了"现行通用性海关与进口税收立法为基础+系列专门性政策与规范"并用的方式。

自上海世博会申办成功后，我国政府和上海世博会组织者即开始了持续的专门性立法工作。以当时海关与进口税收的一般法为依托，在知识产权、税收、人员出入境、海关与检验检疫等诸多领域陆续颁布了针对上海世博会的特殊立法，同时，也出台了一系列支持世博会举办、便利世博会组织和参展的相关政策。

2. 进博会——重于国内立法创新与政策支持

中国国际进口博览会举办及其海关事务的运作主要依据是国内相关的通用性海关政策与法律制度，以及少量的专门性政策与规范。

(1) 现行相关的通用性政策与规范。首届中国国际进口博览会的举办时间与上海世博会举办时间相距八年。八年间，我国关于货物、物品的进口税收、通关便利化、暂准进出境等法律规范都发生了很多的修改与调整，而且随着跨境电商新业态快速发展，也产生了一系列调整规范跨境电商的海

---

① 《1982年修正案》(1983年6月15日生效)和《1988年修正案》(1996年7月19日生效)。

② 邱一川:《世界博览会法律制度研究》,法律出版社2006年版,第1—15页。

③ 邱一川:《世界博览会主办国的法制创造——遵循国际规则的机制与实践》,上海人民出版社2012年版,第96页。

④ Annex-Customs Regulations for the Importation of Articles by the Participants in International Exhibitions.

关事务的政策与规范。除了现有《海关法》《关税条例》以及检验检疫领域的“四法四条例”等基础性海关法律制度外，当前中国国际进口博览会所需要的相关海关事务政策与规范主要包括综合性、暂时进出境、物品进出境（包括特定物品）、跨境电商、保税展示和相关进出境检验检疫六个方面。

此外，如果展品内销，还会涉及一般进口的情形。在此情况下，当前的做法是按照一般进口手续办理通关和进口纳税手续，并无特殊之处。

（2）专项政策与规范。2017 年 6 月 26 日召开的中央全面深化改革领导小组第三十六次会议审议通过的《中国国际进口博览会总体方案》以及此后形成的《中国国际进口博览会组织实施方案》（首届中国国际进口博览会筹备委员会第一次会议），构成了中国国际进口博览会的统领性文件。

2018 年 4 月 16 日，上海市人民政府办公厅印发了《上海市决战中国国际进口博览会 200 天行动计划》（沪府办〔2018〕24 号）。[①]与海关工作相关的责任单位包括了上海海关和原上海出入境检验检疫局。其中“统筹协调口岸各方，确保客商展品出入境便利顺畅”方面规定的六项重点工作，几乎每项都是海关的工作或直接与海关相关的工作。[②]

2018 年 6 月，海关总署分两次公告了《2018 年首届中国国际进口博览会检验检疫禁止清单》《2018 年首届中国国际进口博览会检验检疫限制清单》，以及《2018 年首届中国国际进口博览会海关通关须知》《海关支持 2018 年首届中国国际进口博览会便利措施》。为推动海关总署 13 项便利支持政策顺利落地，上海海关先后制定了《首届中国国际进口博览会海关工作指

---

① 《上海市人民政府办公厅关于印发〈上海市决战中国国际进口博览会 200 天行动计划〉的通知》，载上海市人民政府官网，http://www.shanghai.gov.cn/nw2/nw2314/nw2319/nw12344/u26aw55632.html，访问日期：2023 年 5 月 8 日。

② 《上海市决战中国国际进口博览会 200 天行动计划》中“统筹协调口岸各方，确保客商展品出入境便利顺畅”方面的六项重点工作：(1)落实进口博览会展品检验检疫、海关监管相关 12 类专项支持和便利措施；(2)在口岸和查验场所设置进口博览会物资专用窗口，开展绿色通道服务；(3)在国际贸易“单一窗口”实行进口博览会专项模块服务；(4)在展馆设置一站式服务中心，提供驻场便捷通关服务；(5)给予参会宾客签证便利，设置宾客专用通道，保障客展商便利通关；(6)开展“6 天 + 365 天”常年展示交易平台的展品监管工作。

引》、展览品结转为保税货物操作规范、保税仓储货物结转为展览品操作规范以及强制性认证产品入境验证实施细则等 13 个工作指引类文件，明确了展品进境各项操作具体规则办法，为进博会提供全方位的通关保障。①

同时，其他部门也发布了一些部门工作文件。2018 年 8 月 14 日，由国家市场监督管理总局发布了《市场监管总局关于做好首届中国国际进口博览会保障工作的通知》（国市监企注［2018］132 号），该通知的部分内容也与海关事务相关。例如，对参展进口特殊食品按照个人物品进行管理，对需要 CCC 认证的进境产品的分类监管等都需要和海关的工作衔接。此外，各部门还发布了与进博会相关的文件，如编制了《中国国际进口博览会“6 天 + 365 天”展示服务平台服务指南》，为广大客展商提供快捷、便利、高效的服务指引；上海市知识产权联席会议办公室印发了《首届中国国际进口博览会知识产权保护百日行动方案》等。

为保障第二届中国国际进口博览会顺利举办，在总结固化首届中国国际进口博览会便利化措施的基础上，2019 年 7 月，海关总署制定并公布了《2019 年第二届中国国际进口博览会海关通关须知》《海关支持 2019 年第二届中国国际进口博览会便利措施》《2019 年第二届中国国际进口博览会检验检疫限制清单》及《2019 年第二届中国国际进口博览会检验检疫禁止清单》。此外，2019 年 7 月 29 日，上海市商务委发布《市商务委第二届中国国际进口博览会 100 天行动计划》；上海市知识产权联席会议办公室印发了《第二届中国国际进口博览会知识产权保护百日行动方案》，决定自 2019 年 8 月 1 日至 11 月 10 日在全市范围内开展第二届“进博会”知识产权保护专项行动。

（二）会展的性质与筹办过程不同

1. 上海世博会——筹备时间较长的注册类世界博览会

（1）性质——上海世博会属于《国际展览会公约》框架下的注册类世界博览会。各国在举办《国际展览会公约》项下的国际展览会时，通常冠以世

① 《数字化　智能化　便利化　集约化　上海海关全新监管模式助力进博会》，载《中国食品报》2018 年 10 月 26 日第 3 版。

界博览会，以区别于其他国际展览会。[①]依据《国际展览会公约》所设立的“国际展览局”（BIE）于1931年开始运作，属于政府间国际组织。每届注册类世博会（也就是综合类世博会）的举办都是主办国在向国际展览局申办成功后，在《国际展览会公约》框架下制定当次世博会应当适用的政策与规则，世博会举办的软件与硬件具有较为成型的依据或成例可循。上海世博会海关事务方面的规范也是符合《国际展览会公约》的唯一附件《海关规章》，以及国际展览局的特殊规章的要求的。我国于1993年加入《国际展览会巴黎公约》，成为国际展览局的成员国。[②]

（2）上海世博会的相关政策法规的筹备时间较长。从2002年12月3日中国获得2010年注册类世博会的举办权以后，我国政府和上海世博会的组织者始终致力于“依法办博”。[③]整个国内立法与政策形成过程有近八年的酝酿形成过程。

2. 进博会——筹备时间较短的首届国家级大型复合型国际会展

（1）性质——进博会属于依据国内政策制度由国家主办的国际展览会。中国国际进口博览会是由我国提议宣传、组织筹办的国家展，其领导、筹备、实施、运作都建立在国内政策和规范的基础上，会展筹备运营的资金也主要来源于国内。

进博会的组织是由中国国际进口博览会筹备委员会的会议上通过的《总体方案》与《实施方案》予以明确的。会展的主办工作主要由商务部和上海市政府负责，有多个相关政府部门参与。2017年10月31日，中国国际进口博览局设立[④]；

---

① 邱一川：《世界博览会主办国的法制创造——遵循国际规则的机制与实践》，上海人民出版社2012年版，第5页。

② 《国务院关于决定加入〈国际展览会公约〉的批复》（国函〔1993〕49号）。

③ 周汉民：《上海世博会与城市法治化》，载《法学杂志》2010年第4期。

④ 中国国际进口博览局于2017年10月31日正式启动。中国国际进口博览局是根据党中央、国务院批准的《中国国际进口博览会实施方案》，经中央编办批复设立的商务部直属公益二类事业单位，注册地点在上海，主要职责是牵头落实中国国际进口博览会实施方案，受委托承担组织招展和招商具体工作，参与进口博览会期间重要会议论坛的组织工作，负责国家展区布展等工作。参见《中国国际进口博览局正式启动运行》，载中国国际进口博览会官网，https://www.ciie.org/zbh/bqxwbd/20190314/12868.html，访问日期：2023年5月8日。

2018 年 3 月，上海市商务委成立了进口博览会筹备工作协调推进办公室；2018 年 5 月，在上海成立了中国国际进口博览会筹备工作现场指挥部。中国国际进口博览局与国家会展中心（上海）有限责任公司①为进博会的承办单位。

（2）进博会的相关政策法规的筹备时间较短。2017 年 5 月 14 日，中国国家主席习近平出席“一带一路”国际合作高峰论坛并发表主旨演讲，宣布中国将从 2018 年起举办中国国际进口博览会。②从宣布举办中国国际进口博览会到实际举办之间的筹备时间是一年半左右。

按照一般的展会惯例，一个 3 万平方米规模的全新展览会，准备周期通常为一至两年。然而，准备期为一年半左右的进博会，首届的设定规模高达 21 万平方米。③同样，政策与法规出台也有一定的程序，除了前期调研、法律规范相互之间的限制与衔接等考虑外，还具有不同层级的授权和程序性要求。因此在这段时间内出台的政策与法规，尤其是法规的数量并不多。展品与物资的进口税收与通关领域的政策规范筹备情况也是如此，因此中国国际进口博览会中与海关相关事务除海关总署公告 2018 年第 55 号和第 76 号公告，以及海关总署公告 2019 年第 115 号外，主要依据的是当前已有立法。

（三）会展、参展者与展品物资的构成与性质不同

1. 上海世博会——构成与参展目的较为单一

（1）会展与参展者的构成。注册类世博会展出的内容包罗万象，举办

---

① 国家会展中心（上海）有限责任公司成立于 2011 年 7 月，由中国对外贸易中心（集团）（以下简称“外贸中心集团”）和上海东浩兰生国际服务贸易（集团）有限公司（以下简称“东浩兰生集团”）根据商务部和上海市共建国家会展项目框架协议，分别代表部、市双方合资组建，负责国家会展项目投资建设和场馆运营、展会开发等工作。国家会展中心（上海）有限责任公司注册资金 75 亿元，外贸中心集团持股 60%、东浩兰生集团持股 40%。

② 《习近平：中国将从 2018 年起举办中国国际进口博览会》，载中国国际进口博览会官网，https://www.ciie.org/zbh/xjpxw/20180213/994.html，访问日期：2023 年 5 月 8 日。

③ 《进博青春夜以继日对标一流奋斗写进生命历程》，载《青年报》2018 年 8 月 24 日第 A4—5 版。

国无偿提供场地，主办国可将展馆建馆的条件在《一般规章》明确，主要是由参展国自行建设或租赁，由参展国在场馆内展出反映本国科技、文化、经济、社会的综合成就。[①]注册类世博会是以展览会为主，辅以各类活动。其举办期限一般较长，基本为半年。参展者主要是主办国通过外交途径邀请的参展国政府以及国际组织。

（2）展品物资的构成与性质。在上海世博会展品物资的构成与性质的前提下，暂准进境制度本身的便利化程度是最关键的。因上海世博会以展览会为主的构成、以政府为主要参展者的主体性质，以及较长的举办时间，各展区的展示多为非商业性的，是围绕世博会的主题展示。鉴于展示的性质和展品的价值，大部分展品不可能用于销售，展期结束后复出境是可预见的，与展示有关物资也是在展示期间合理地消耗的。

2. 进博会——复合构成，流向多元

中国国际进口博览会集会议、展览会与活动于一体，三类构成同时并重，并无主辅之分。会展的实体展和线上的虚拟展的时间差别很大，目的不同。同时，这三类构成的商业性各不相同，举办具体目标也不同。因此，展品和物资的性质也就相应地各不相同，也就决定了展中展后的去向各不相同，其对于海关制度的需求就更为多元。

用于国家贸易投资综合展的展品物资一般是非商业性的，因此，其展品与物资通关更类似于上海世博会展品的性质与需求，对于海关制度的需求主要是暂准进境制度本身的便利化。

用于企业商业展的展品物资不仅具有贸易性，甚至具有零售消费的性质。因此，其展品与物资不仅需要暂准进境制度本身的便利化，而且也需要暂准进境制度的灵活性，暂准进境制度与其他海关制度衔接的可能性及其可操作性，还需要关税制度及其担保制度的优惠性和灵活性。

用于线上展示与销售的展品物资，则更侧重于零售消费的性质。暂准

① 参见《上海和昆明　不同的世博会》，载《城市住宅》2010 年第 5 期。

进境制度项下的复出口期限明显不足以满足此类展品的需求，因此，其需要更长的境内停留期限、更经济的担保形式、更灵活的海关制度间相互衔接转换的机制，更便利的许可证件办理手续和更合理的税负等。

对于参加虹桥国际经贸论坛，以及国家贸易投资综合展与企业商业展的人员，其行李物品具有一定的通关便利（免验与优先办理）、税负优惠的需求。

第二节　举办进博会与我国涉外经贸法治的创新探索

当前，会展日趋复合型和国际化，展品功能与流向也变得多元化。自2018年开始至2023年，进博会已连续举办6届，作为全球首个以进口为主题的国家级展会，进博会就是大型复合型国际化会展的最典型代表，即在会展期间，多场具有涉外因素的不同规模规格、不同性质用途、不同形式与组成的“会议”+“展览”+“配套活动”在线上线下同时举行。复合型国际化会展业的发展，不仅可带动我国相关服务业的发展，促进我国经济转型和外贸结构调整，也是中国制度开放和制度创新的缩影。[①]

一、大型复合型国际化会展新趋势对海关提出的新挑战

在当前我国出现的复合型国际会展的新发展趋势下，中国国际进口博览会是复合型国际会展新趋势的典型代表。从构成、功能、性质、规模、层次等各角度来衡量，进博会都是创举。为了实现进口博览会中会议、展览会与活动同时举行，线上和线下同时举行，货物交易与零售同时举行，且兼具商业性和非商业性功能、兼具经济和社会功能的要求。十分重要的是，进博会的展品与企业100％的双境外。

① 刘志阳：《释放进博会的三大溢出效应》，载《光明日报》2020年11月10日第16版。

一是国际国外制度的可参考性不高。进口博览会是"不一般"的创新，其他国家的立法中几乎没有现成制度可以直接用于进口博览会。同时，国际现有《ATA 公约》《伊斯坦布尔公约》等也不能满足我国需求，因此海关制度创新成为必然。

二是上海世博会的先例与经验不能完全适用于进博会。上海世博会是具有国际条约和国内法依据的注册类展览会。进博会是以国内法依据为主的国家会展活动。两者在现有制度依据、参展者构成、展品及相关物资构成以及相应的通关需求等方面存在着十分明显的差异。因此，上海世博会的先例经验和已经进行的制度创新不能够完全满足当前进博会新需求。

三是国内海关制度的针对性不足。现有海关制度一般都是服务于某类用途或某种业态的。例如，仅适用于传统展示功能的展品暂准进境制度是建立在展品进境后仅可用于单一特定用途的基本原则之上的。为适应会展构成的复合型与多元化，暂准进境制度应在展品用途的灵活性、展品处置方式的灵活性，以及暂准进境制度相互之间以及与其他通关程序之间的切换、衔接等方面进行改革与创新。

中国国家主席习近平在首届中国国际进口博览会开幕式上的主旨演讲中指出："举办中国国际进口博览会，是中国着眼于推动新一轮高水平对外开放作出的重大决策，是中国主动向世界开放市场的重大举措……中国国际进口博览会由中国主办，世界贸易组织等多个国际组织和众多国家共同参与，不是中国的独唱，而是各国的大合唱。我希望各位嘉宾在虹桥国际经贸论坛上深入探讨全球经济治理体系改革新思路，共同维护自由贸易和多边贸易体制，共建创新包容的开放型世界经济，向着构建人类命运共同体目标不懈奋进，开创人类更加美好的未来！"①进口博览会主办方承诺："将提供通关、检验检疫等方面的便利措施，长期提供线上线下一站式交易服务，

① 《习近平出席首届中国国际进口博览会开幕式并发表主旨演讲》，载央广网，http://china.cnr.cn/news/20181106/t20181106_524406001.shtml，访问日期：2023 年 5 月 8 日。

加大知识产权保护力度，保障客商权益。”[①]为了深入贯彻习近平总书记重要讲话精神，积极落实国家战略，可持续地、法治化地保障进博会的长远发展，需要与其相匹配的安全、便利且灵活的配套法律制度。

二、举办进博会与我国涉外经贸法治的创新探索

进博会是我国首创的、以进口为主题的国家级会展，并没有可以直接沿用的制度规则，因此，在无先例可循的情况下，我国进行了一系列的制度创新。

（一）“6天＋365天”永不落幕的展会与保税展示交易制度

为支持办好中国国际进口博览会，服务“一带一路”倡议、扩大开放等国家战略，海关出台了一系列便利化措施。在保税展示交易方面，一是简化出境手续，便利展览品展后处置。进口博览会暂时进境展览品（ATA单证册项下暂时进境展览品除外）在进口博览会结束后，结转到海关特殊监管区域和保税监管场所的（参展汽车应当转入可开展保税仓储业务的海关特殊监管区域和保税监管场所），准予核销结案。二是支持保税展示交易，扩大适用范围。进口博览会保税展示交易是经海关注册登记的海关特殊监管区域或保税物流中心（B型）（以下简称“区域中心”）内企业，将保税货物提交担保后运至区域中心外进口博览会常年展示馆进行展示和销售的经营活动。

在保税展示交易制度下，进博会交易服务平台将以“6天＋365天”的方式继续向全球提供服务并实现能级提升。进博会作为“永不落幕的展会”，正为中国新发展，为推动建设开放型世界经济，不断注入新的动力。

（二）自第三届进博会开始实施的常态化进口税政策

2020年10月14日，财政部海关总署税务总局公布了《关于中国国际进

① 《商务部吁港商抓住进口博览商机》，载中国国际进口博览会官网，https://www.ciie.org/zbh/bqxwbd/20190314/12738.html，访问日期：2023年5月8日。

口博览会展期内销售的进口展品税收优惠政策的通知》，明确了进博会展期内相关税收优惠政策见表 4.2。前两届进博会税收优惠政策均为一次性支持政策，而该次通知则明确了进博会税收优惠政策为长期政策，这有利于稳定市场预期。从第三届进博会起，在展期内实施常态化进口展品留购税收优惠政策，与前两届进博会税收优惠政策相比，此次通知确定的优惠政策力度更大。此次通知表示对进博会展期内销售的合理数量的进口展品免征进口关税、进口环节增值税和消费税，而在前两届进博会税收优惠政策中，免征进口关税，但进口环节增值税和消费税按应纳税额的 70%征收。①

1. 总体规定

对进博会展期内销售的合理数量的进口展品免征进口关税、进口环节增值税和消费税，享受税收优惠的展品不包括国家禁止进口商品，濒危动植物及其产品，烟、酒、汽车以及列入《进口不予免税的重大技术装备和产品目录》的商品。

每个展商享受税收优惠的销售数量或限额，按附件的展品清单执行。附件所列 1—5 类展品，每个展商享受税收优惠政策的销售数量不超过列表规定；其他展品每个展商享受税收优惠政策的销售限额不超过 2 万美元。

对展期内销售的超出政策规定数量或限额的展品，以及展期内未销售且在展期结束后又不退运出境的展品，按照国家有关规定照章征税。②

2. 文物类展品展期内销售的特别规定

对于进口博览会展期内销售的文物类展品，国家会展中心或其委托的主场运输服务商应当按照海关相关规定统一办理进境手续，由境内合法文物经营主体进行销售，并根据财政部、海关总署、税务总局发布的《关于中国国际进口博览会展期内销售的进口展品税收优惠政策的通知》（财关税

---

① 《第三届进博会税收优惠政策出台：力度大、常态化》，载中华人民共和国商务部官网，http://www.mofcom.gov.cn/article/i/jyjl/j/202010/20201003008073.shtml，访问日期：2023 年 5 月 8 日。

② 朱秋沅：《论我国国际会展展品进口税政策的法制化》，载《海关法评论》2021 年版。

〔2020〕38 号)有关规定申请享受相关税收优惠政策。鼓励享受税收优惠政策的文物类展品在国有文物收藏单位进行不少于三年的公益性展示服务。①

表 4.2　2020 年起中国国际进口博览会享受税收优惠政策的展品清单

序号	类　　别	备　　注
1	机器、机械器具、电气设备及仪器、仪表(医疗或外科用仪器及设备除外)	每个参展商享受税收优惠数量不超过 12 件
2	牵引车、拖拉机	每个参展商享受税收优惠数量不超过 2 件
3	船舶及浮动结构体	每个参展商享受税收优惠数量不超过 3 件
4	医疗或外科用仪器及设备	每个参展商享受税收优惠数量不超过 5 件
5	艺术品、收藏品及古物	每个参展商享受税收优惠数量不超过 5 件
6	除上述类别外的其他展品	每个参展商享受税收优惠的销售限额不超过 2 万美元

注:上述展品不包括国家禁止进口商品,濒危动植物及其产品,烟、酒、汽车以及列入《进口不予免税的重大技术装备和产品目录》的商品。

(三) 其他国家层面的各方面制度创新

一是进口监管制度创新。为了优化口岸营商环境,国家将进出口环节的证件监管核验,由 86 种减少至 44 种,通关成本显著降低。

二是服务业开放。金融业宣布 50 多条措施,稳步扩大开放,彻底取消了银行、证券、基金、期货、人身保险领域外资股比限制,不断扩大外资金融机构业务范围,持续提高资本市场双向开放程度。同时不断加强知识产权保护,完善市场化、法治化、国际化营商环境,放宽外资市场准入,继续缩减负面清单,完善投资促进和保护、信息报告等制度。②

三是交易平台还以资质准入和退出机制,监控品牌品质;通过保税仓

① 《国家文物局关于支持 2020 年第三届中国国际进口博览会文物类展品监管和便利化措施的公告》(文物博发〔2020〕33 号)。

② 张敏:《会展引领与制度创新——基于进博会的思考》,载聚展网,https://www.jufair.com/information/22108.html,访问日期:2023 年 5 月 8 日。

"零租金"、销售价核征关税等制度性安排,为企业节省物流和资金成本。平台一期即入驻 50 多个国家、400 多个品牌、8 000 多种商品。二期保税物流中心计划也已投入使用。

(四) 地方性立法

为了服务办好进博会,推进高水平开放与高质量发展,促进国际国内要素有序自由流动、资源高效配置、市场深度融合,推动共建创新包容的开放型世界经济,上海市第十五届人民代表大会常务委员会第四十四次会议于 2022 年 9 月 22 日通过并公布了《上海市服务办好中国国际进口博览会条例》并于 2022 年 10 月 1 日起施行。该条例主要从支持办展办会、服务与保障、综合效应等三个方面作出规定,共五章四十条。[①]《条例》本身"为增强进博会的法治软实力作出了有益探索"[②],具有重要法治意义和实践价值,为持续推进进博会越办越好打下坚实的制度基础、提供有力的法治保障。[③]

三、适时制定进博会条例,以法治推进更高水平制度型开放

五届进博会成果丰硕,第五届进博会共有 145 个国家、地区和国际组织参展,按年计意向成交 735.2 亿美元,比上届增长 3.9%。据统计,前五届进博会累计意向成交额超过 3 400 亿美元。在逆全球化的狂风骤雨中,中国高举全球化的旗帜,以实际行动推行贸易自由化、投资便利化,推动世界各国共同繁荣和发展。

在进博会投资规模扩大趋势显著、国际影响愈加广泛的大背景下,需要适时制定进博会条例,以法治推进更高水平制度型开放。作为全球贸易发

---

① 郭敬丹:《上海立法保障进博会越办越好》,载《新华每日电讯》2022 年 9 月 23 日。

② 《聚焦全国两会|周汉民:适时制定进博会条例 以法治推进更高水平制度型开放》,载上海公共外交协会,http://www.spda.org.cn/newsinfo/5623585.html,访问日期:2023 年 5 月 8 日。

③ 《如何服务办好进博会?上海市出台这一最新条例》,载界面新闻,https://www.jiemian.com/article/8112703.html,访问日期:2023 年 5 月 8 日。

展史上一大创举，进博会的举办所涉及的部门、需要协调的事项，远非地方层面能够解决的。法与时转则治，在进博会实践已经充分展开的时候，立法的时机就已然到来。

建议考虑在国家层面进行立法，围绕进博会专门出台相关条例，为这一中国构建新发展格局的窗口、推动高水平开放的平台、全球共享的国际公共产品，办出水平、办出成效、越办越好，更好地保驾护航。

鉴于立法的重要性，进博会相关法律的出台过程必须贯彻科学立法、民主立法、依法立法的要求，深入调查研究，积极回应各方关切，反复修改完善，最大限度反映包括市场主体在内的社会各界的意愿。同时，进博会作为中国对外开放的世界级展会平台，进博会相关法律的制定出台需要“进一步融入国际规则”。[①]

---

① 《政协委员：高度认可会展促开放功能，建议制定条例保障进博会等重大展会权益》，载中国经营网，https://www.jufair.com/information/20657.html，访问日期：2023 年 5 月 8 日。

第五章　构建中国涉外经贸法治更高水平对外开放的新格局

当今世界正处于百年未有之大变局，外部环境愈加复杂多变。在这种形势异常严峻的情况下，中国如何积极推动涉外经贸法治体系的构建，从而寻求更高水平对外开放的新格局，就显得尤为重要和关键。无论是之前举办的世界博览会，还是现如今每年都会举办的进口博览会，其在理论和实践两个方面，都为中国涉外经贸法治与高水平的国际法治的对标与衔接提供了有益的参考。

第一节　中国涉外经贸法治建设所取得的成就与面临的问题

自改革开放至今，随着我国对外开放的深入推进，中国涉外经贸法治建设取得了一系列可喜的成绩，尤其是随着世博会和进博会的顺利举办，为进一步加速国内法治与涉外法治的融合，我国涉外经贸立法工作不断在广度上和深度上进行了大幅的拓展，成效显著。但与此同时，我们也应该清醒地看到，随着百年未有之大变局的加速演进，我国的涉外经贸法治建设依然任重道远，尤其是相较于中国特色社会主义法治体系建设取得的成就，我国的“涉外法治短板比较明显”。

一、中国涉外经贸法治建设所取得的成就

随着我国加速融入经济全球化，特别是中国加入 WTO 以来，中国在涉外经贸法治建设方面取得了一系列长足的进步，获得了诸多成就，这也为我国进一步适应国际经贸体系奠定了坚实的基础。

(一) 政治上更为重视

涉外法律的使命和前途是由国家发展的方向和基本国策的内容、精神所决定的。①可见，我国涉外经贸法治体系的建设离不开中国本身的经济改革的努力及相关国策的扶持。而自改革开放以来，尤其是自党的十八大以来，包括党中央、全国人大及其常委会等在内的中国国内高层领导及机构均对建立符合中国国情、适应时代变化、满足涉外实践需求的涉外法治体系建设予以了高度的重视，使得我国的涉外经贸法治建设在政治层面得到了足够的保障。

在政治上高度重视涉外经贸法治的背景下，习近平总书记在多次重要会议上都强调了统筹推进国内法治和涉外法治的必要性。2020 年 11 月，习近平总书记在首次中央全面依法治国工作会议上强调，要坚持统筹推进国内法治和涉外法治，加快涉外法治工作战略布局，加快形成系统完备的涉外法律法规体系。②2021 年 10 月，习近平总书记在中央人大工作会议上就统筹推进国内法治和涉外法治工作提出明确要求："要统筹推进国内法治和涉外法治，统筹发展和安全，推动我国法域外适用的法律体系建设，用法治方式有效应对挑战、防范风险，维护国家主权、安全、发展利益……要加强重点领域、新兴领域、涉外领域立法。"2022 年 10 月 16 日，习近平总书记在党的二十大报告中就"坚持全面依法治国，推进法治中国建设"专

---

① 参见舒扬：《新时期中国涉外法律的发展》，载《广州大学学报(综合版)》1994 年第 2 期。

② 全国人大常委会法制工作委员会研究室：《加强涉外领域立法 加快构建系统完备、衔接配套的涉外法律规范体系》，载《民主与法制周刊》2022 年第 18 期。

门指出，应当“加强涉外领域立法”。同时，2021 年 1 月，中共中央印发的《法治中国建设规划（2020—2025 年）》明确规定：紧紧围绕新时代党和国家工作大局，依法维护国家主权、安全、发展利益；运用法治思维和法治方式处理好国际经济、政治、社会事务；加强涉外法治工作；适应高水平对外开放工作需要，完善涉外法律和规则体系，补齐短板，提高涉外工作法治化水平；积极参与国际规则制定，推动形成公正合理的国际规则体系；加快推进我国法域外适用的法律体系建设。①2021 年 3 月，全国人大常委会工作报告指出，今后一年的主要任务包括加快推进涉外领域立法，围绕反制裁、反干涉、反制长臂管辖等，充实应对挑战、防范风险的法律“工具箱”，推动形成系统完备的涉外法律法规体系。2022 年 3 月，全国人大常委会工作报告提出，2022 年将充实涉外法律工具箱，推动形成系统完备的涉外法律法规体系。②

（二）立法上更为完备

党的十八大以来，全国人大及其常委会把推进涉外经贸领域立法放在突出位置，涉外立法的深度和广度得到大幅拓展，涉外立法工作取得了丰硕成果。

从形式上看，我国现有的涉外经贸立法规范既包括为处理涉外经贸关系而制定的专门性涉外立法，也包括宪法、行政法、民法、商法、经济法、刑法等法律中有关涉外经贸关系的规定，还包括为遵守国际法、履行国际法义务而转化或纳入适用的与经济贸易相关的国际法原则、国际条约和国际习惯。③

从内容上看，我国现有的涉外经贸立法规范既涵盖了与外商投资密切相关的商事组织、商事交易、外汇、税收等领域，也涵盖了与社会主义市场经

---

① 《中共中央印发〈法治中国建设规划（2020—2025 年）〉》，载中国政府网，http://www.gov.cn/zhengce/2021-01/10/content_5578659.htm。

② 陶凯元、寇昉、王浩、鄢东、孙玉权：《以习近平法治思想为指引统筹推进国内法治与涉外法治建设》，载《中国应用法学》2023 年第 1 期。

③ 参见韩永红：《论我国涉外立法的转型》，载《东方法学》2023 年第 2 期。

济体制相关的涉外监管、涉外执法等领域，同时还涵盖了与公民个人涉外经济活动及外国人在境内营商活动相关的私人领域。尤其是党的十八大以来，全国人大常委会先后制定的《外商投资法》《海南自由贸易港法》《电子商务法》《个人信息保护法》等重要法律，展现了中国进一步高水平开放的决心，从而为营造市场化、法治化、国际化的营商环境提供了有力的法治保障。①

（三）司法上更趋实效

党的十八大以来，最高人民法院高度重视统一涉外法律适用标准，2013年以来制定涉外审判司法解释31个、规范性文件9个；发布指导性案例12件、典型案例137件；发布《全国法院涉外商事海事审判工作座谈会会议纪要》，对管辖、诉讼当事人、送达等涉外审判中的111个疑难问题作出明确规定，有效促进裁判尺度统一；出台2个服务保障"一带一路"建设意见，发布3批28件涉"一带一路"建设典型案例，完善相关法律适用规则。各级法院审结各类涉外、涉港澳台案件38.4万件。②与此同时，我国还进一步深化国际司法协助，与82个国家缔结了170项双边司法协助类条约，加入包含司法协助、引渡等内容的近30项国际公约，合作范围覆盖130多个国家，2016年以来办结司法协助案件2.8万件。③

由此可见，通过制定一系列法律法规、司法解释、配套文件，发布一系列指导性案例、典型案例，出台一系列服务保障意见，审结一系列涉外、涉港澳台案件，加入一系列司法协助条约，我国的涉外审判实效显著增强，审判质量明显提升，审判的专业化程度日益精细，我国的涉外司法改革成果为涉外经贸法治体系建设作出了突出的贡献。

---

① 陶凯元、寇昉、王浩、鄢东、孙玉权：《以习近平法治思想为指引统筹推进国内法治与涉外法治建设》，载《中国应用法学》2023年第1期。

② 周强：《最高人民法院关于人民法院涉外审判工作情况的报告》，载《人民法院报》2022年10月31日第1版。

③ 陶凯元：《以习近平法治思想为指引，为高水平对外开放和海洋强国建设提供有力司法服务和保障》，载《中国审判》2021年第14期。

（四）国际上更为主动

党的十八大以来，习近平总书记深刻洞察和把握世界格局和国际秩序演变，在多边领域作出一系列全局性、战略性、方向性谋划部署，提出新时代多边主义核心思想和系列主张，即以构建人类命运共同体和新型国际关系为目标，以促进世界多极化、国际关系民主化为方向，以维护联合国权威和联合国宪章宗旨原则为核心，以共商共建共享全球治理观为引领，以高质量共建“一带一路”为路径，积极引导全球治理体系变革和建设，推动建设持久和平、普遍安全、共同繁荣、开放包容、清洁美丽的世界，有力引领了全球治理体系和国际秩序变革方向。①

当前全球治理体系正面临重大变革，而全面参与、推进并引领全球治理体系变革，则能更进一步推动我国涉外经贸法治体系的建设。通过倡导和践行真正的多边主义，并建设相互尊重、公平正义、合作共赢的新型国际关系，中国的涉外经贸法治体系建设在国际国内的正向互动中，取得了出人意料的可喜成绩。

二、中国涉外经贸法治建设所面临的问题

虽然经过多年的对外开放与体制改革，我国的涉外经贸法治建设取得了非常瞩目的成就，但是我们也应该清醒地认识到，目前我国的涉外法治能力还有不少短板，对外经贸法治建设仍然面临如下一些问题。

（一）涉外经贸法治建设的思想意识有待加强

涉外经贸法治建设必须以习近平法治思想为指引和根本宗旨，才能牢牢把握住正确的政治方向。而现在在个别地区还存在着盲目套用西方理论和经验，特别是照搬西方国家的法律概念、法律框架来谈论中国涉外经贸法治的建设问题，这就难免会出现理论与实践相脱节，国家现实需求与法律制

① 杨洁篪：《坚定维护和践行多边主义　坚持推动构建人类命运共同体》，载《人民日报》2021年2月21日第6版。

度原理相违背的情况。与此同时，和涉外经贸法治建设相关领域的思想研究还过于“片面化”和“碎片化”，未能对涉外经贸法治建设做一个宏观性、整体性、系统性、战略性的研究。

（二）涉外经贸法治建设的运行体系有待健全

涉外经贸法治建设的运行离不开立法、执法、司法三者的有机结合，然而上述三者目前都还有进一步完善的空间。

1. 立法

全国人大常委会2022年度立法工作计划明确提出要“推进涉外专门立法，完善涉外条款规定，补齐涉外法律制度短板，加快涉外法律规范体系建设”。[①]可见，完备的涉外法律法规体系是涉外法治的基础。然而，虽然如前所述，我国近年来的涉外经贸立法工作已经取得了丰硕的成果，但在一些重大前沿问题方面，我们还需要加强研究并及时提出立法建议。

针对对外关系、对外贸易、外国主权豁免、反外国制裁等方面的法律法规，我们还需进一步制定、修改和完善；在跨国平行诉讼、管辖权冲突、反制西方国家“长臂管辖”、跨境数据流动等方面的规则，我们还需进一步明确和商议。[②]

2. 执法

尽管截至目前，包括公安部和商务部在内的我国多个机构已经在涉外经贸的执法合作方面取得了不少成绩[③]，但我国的涉外经贸执法工作仍有进一步拓宽和完善的空间。

在涉外经贸的执法力度上，我们还欠缺执法实施细则，裁量标准尚未统

---

① 《全国人大常委会2022年度立法工作计划》，载中国人大网，https://www.chinacourt.org/article/detail/2022/05/id/6671042.shtml。

② 陶凯元、寇昉、王浩、鄢东、孙玉权：《以习近平法治思想为指引统筹推进国内法治与涉外法治建设》，载《中国应用法学》2023年第1期。

③ 例如公安部已与113个国家或地区建立合作关系，建立或参与了129个国际执法合作机制，同70多个国家的警察部门签署400余份合作文件，牵头或参加了83个国际组织、区域合作组织；商务部已与10余个国家或地区（包括美国、欧盟、日本、俄罗斯等）的执法机构签署反垄断合作谅解备忘录，推动区域全面经济合作伙伴关系协定（RCEP）顺利签署，推动多个双边自贸协定竞争政策议题的谈判（包括中日韩、中国与新加坡、中国与格鲁吉亚等）。

一，工作流程尚未细化；在涉外经贸的执法合作上，我国与他国联合执法行为的广度和深度有待进一步增加；在涉外经贸执法的新兴实践领域，我国还需积极主动地为建立多边合作机制提供中国方案。①

3. 司法

虽然党的十八大以来，我国在统一涉外司法裁判标准、完善司法协助体制机制等方面取得了一系列成就，但我国的涉外司法工作机制和判决标准目前仍有进一步提升的空间。涉外经贸案件在域外送达、域外调查取证、域外法查明等方面都碰到了一些难题；在加强涉外经贸法律关系与大数据、区块链、人工智能等前沿技术的融合方面，我们还缺少一定的应对模式；国际商事纠纷解决机制尚未完全健全，最高人民法院国际商事法庭的实质化运行仍然存在较多困难。

（三）涉外经贸法治建设对海外利益的保护有待提升

近年来，我国已初步建立了海外利益保护机制，但快速增长的海外利益保护需求与我国现有的涉外经贸体制机制及保护能力之间仍存在矛盾。

我国能够对公民个人及企业在海外的经济利益予以管理和保护的机构包括外交部、商务部、公安部、司法部等，但各个机构之间缺乏统一的协调管理机制；我国现有的涉外经贸体制偏重政府主导，强调政策性和被动应对，缺乏具有全局性、主动性和前瞻性的制度建设，同时也缺乏涉外经贸争端预防和解决机制的公信力与国际影响力。

（四）涉外经贸法治建设与全球治理的融合有待推进

党的十八大以来，以习近平法治思想为引领的涉外经贸法治建设，有力地促进了其与全球治理体系和国际秩序的相互作用，但在面对日益严峻的国际国内形势的挑战时，积极参与涉外经贸法治建设与引领全球治理之间的融合有待进一步推进和统筹。涉外经贸法治建设侧重于对本国自身的关注，全球治理侧重于对世界范围的关注，两者的目标并不一致。如何在加强

① 熊光清：《统筹推进国内法治和涉外法治的要点解析》，载《国家治理》2022年第22期。

自身经贸法治建设，以推动高水平对外开放的同时，又能确保从国际法的角度来维护本国的政治和经济安全，并进一步提升自己在参与全球治理时的国际话语权，这也是需要我们接下来进行认真思索和考量的问题。

第二节 构建中国涉外经贸法治更高水平对外开放新格局的理论基础与实施途径

"构建中国涉外经贸法治"是一个新的中国特色时代命题。如何将这一命题统筹于中国更高水平对外开放的新格局中，则是我们亟待开展的重点研究。在总结了中国涉外经贸法治建设过往所取得的成就及当前所面临的问题后，我们应就构建中国涉外经贸法治更高水平对外开放新格局的理论基础与实施途径作初步的探讨。

一、构建中国涉外经贸法治更高水平对外开放新格局的理论基础

习近平总书记在党的二十大报告中就涉外法治工作的总纲领和总任务指出，"在法治轨道上全面建设社会主义现代化国家""高质量发展是全面建设社会主义现代化国家的首要任务""推进高水平对外开放""推动构建人类命运共同体""积极参与全球治理体系改革和建设"。可见，为了构建更高水平对外开放的新格局，中国涉外经贸法治的理论基础就是一定要坚持以习近平新时代中国特色社会主义思想为指导，以习近平法治思想为理念，推动构建人类命运共同体。

(一) 时代背景

习近平总书记指出："法律是治国之重器，法治是国家治理体系和治理能力的重要依托。"①2014 年 10 月，党的十八届四中全会通过《中共中央关

① 《〈中共中央关于全面推进依法治国若干重大问题的决定〉辅导读本》编写组：《〈中共中央关于全面推进依法治国若干重大问题的决定〉辅导读本》，人民出版社 2014 年版，第 8 页。

于全面推进依法治国若干重大问题的决定》,该决定指出:"面对新形势新任务,我们党要更好统筹国内国际两个大局……加强涉外法律工作。适应对外开放不断深化,完善涉外法律法规体系,促进构建开放型经济新体制。积极参与国际规则制定,推动依法处理涉外经济、社会事务,增强我国在国际法律事务中的话语权和影响力,运用法律手段维护我国主权、安全、发展利益。强化涉外法律服务,维护我国公民、法人在海外及外国公民、法人在我国的正当权益,依法维护海外侨胞权益。"与此同时,以习近平同志为核心的党中央还提出要"统筹把握中华民族伟大复兴战略全局和世界百年未有之大变局","世界百年未有之大变局加速演进,世界之变、时代之变、历史之变的特征更加明显"。①

由此可见,以习近平新时代中国特色社会主义思想为指导,以习近平法治思想为理念的中国涉外经贸法治的理论基础正是在"中华民族伟大复兴战略全局"和"世界百年未有之大变局"这两个大局的时代背景下所形成的,反映了党中央深谋远虑的战略布局和系统性、整体性的谋划策略。

(二) 内在逻辑

党的十八大以来,以习近平同志为核心的党中央高度重视涉外法治工作。党的十八届四中全会和十九届四中、五中全会审议通过的有关决定、建议均明确提出了加强我国涉外法治工作、加快我国法域外适用的法律体系建设的要求并作出部署。②基于这一核心思维,我国在构建以习近平新时代中国特色社会主义思想为指导,以习近平法治思想为理念的中国涉外经贸法治的理论基础时,必然要注意其中的内在逻辑关系。

第一,涉外经贸法治与国内经贸法治、国际经贸法治之间存在着相辅相成的辩证关系。涉外经贸法治并非国内经贸法治和国际经贸法治的简单重叠、交叉和结合。涉外经贸法治在国内经贸法治和国际经贸法治之间发挥

---

① 习近平总书记在省部级主要领导干部"学习习近平总书记重要讲话精神,迎接党的二十大"专题研讨班上的重要讲话。

② 张业遂:《加强涉外法治工作,坚定维护国家利益》,载《人民日报》2022年4月6日第10版。

着桥梁纽带、互动融通的作用。[①]国内经贸法治与涉外经贸法治相互延伸、彼此强化，涉外经贸法治建设既要关注国际法治的本土化，又要关注国内法治的国际化。[②]可见，涉外经贸法治与国内经贸法治及国际经贸法治之间密切关联、有机联系，二者共同作用于中国经贸治理体系和治理能力现代化建设，是中国经贸法治建设的一个新特点、新趋势。

第二，涉外经贸法治与国内经贸法治在全面依法治国的道路上必须统筹推进。"统筹"强调通盘筹划、统一部署、均衡兼顾、协同发展。[③]"统筹"涉及在制度、行为体、机制以及场所等方面进行恰当的建构、动员与选择，应当同时实现国家对内事务与对外事务的全面法治。[④]统筹的实现方法包括规范统筹、领域统筹、方式统筹、环节统筹、价值统筹和路径统筹。[⑤]可见，为使我国的涉外经贸法治与国内经贸法治相互促进、相得益彰，就非常有必要坚持系统思维以实现统筹。统筹推进涉外法治建设和国内法治建设是全面依法治国的必然要求，也是推动构建人类命运共同体的坚实保障。

（三）外在表现

结合相关学者的研究成果，笔者认为，在构建中国涉外经贸法治更高水平对外开放新格局时，我们可以通过这些"坚持"的外在表现形式，将中国涉外经贸法治的理论基础予以适当的体现。这十个"坚持"分别是坚持党的领导；坚持以人民为中心；坚持走中国特色社会主义法治道路；坚持依宪治国、依宪执政；坚持在法治轨道上推进国家治理体系和治理能力现代化；坚持建设中国特色社会主义法治体系；坚持依法治国、依法执政、依法行政共同推进；坚持全面推进科学立法、严格执法、公正司法、全民守法；坚持建设德才

---

① 参见黄惠康：《从战略高度和全球视角认知和推进涉外法治建设》，载《法治现代化研究》2022年第5期。

② 参见何志鹏、周萌：《论涉外立法体系建设的起承转合》，载《北方论丛》2022年第4期。

③ 参见黄进：《论统筹推进国内法治和涉外法治》，载《中国社会科学》2022年第12期。

④ 参见蔡从燕：《统筹推进国内法治和涉外法治中的"统筹"问题》，载《武大国际法评论》2022年第4期。

⑤ 参见赵骏：《系统思维在统筹推进国内法治和涉外法治中的应用》，载《中国社会科学报》2023年1月13日第5版。

兼备的高素质法治工作队伍；坚持统筹推进国内法治和涉外法治。[①]其中，坚持党的领导，是构建中国涉外经贸法治更高水平对外开放新格局的根本保证；坚持以人民为中心和坚持走中国特色社会主义法治道路是构建中国涉外经贸法治更高水平对外开放新格局的根本立场；坚持依宪治国、依宪执政是构建中国涉外经贸法治更高水平对外开放新格局的根本任务；坚持在法治轨道上推进国家治理体系和治理能力现代化是构建中国涉外经贸法治更高水平对外开放新格局的根本使命；坚持建设中国特色社会主义法治体系是构建中国涉外经贸法治更高水平对外开放新格局的根本抓手；坚持依法治国、依法执政、依法行政共同推进是构建中国涉外经贸法治更高水平对外开放新格局的根本方向；坚持全面推进科学立法、严格执法、公正司法、全民守法是构建中国涉外经贸法治更高水平对外开放新格局的根本路径；坚持建设德才兼备的高素质法治工作队伍是构建中国涉外经贸法治更高水平对外开放新格局的根本保障。而在上述"坚持"中，坚持党对中国涉外经贸法治工作的领导是根本中的根本。习近平总书记指出："党的领导是中国特色社会主义法治之魂，是我们的法治同西方资本主义国家的法治最大的区别。"[②]强化党中央对涉外经贸法治工作的领导，可以确保我们更加有力地推动中央决策部署的贯彻落实，从而使得我国的涉外经贸法治工作得到更好地统筹推进。

综上所述，习近平法治思想是引领法治中国建设实现高质量发展的思想旗帜，是顺应实现中华民族伟大复兴时代要求应运而生的重大战略思想，既针对时代和实践提出的重大任务、问题、挑战提供了法治解决之道，又为统筹推进国内法治和涉外法治提供了强有力的思想指引，为我们在危机中育先机、于变局中开新局提供了法治上的战略指引。[③]而将习近平法治思想

---

① 陶凯元、寇昉、王浩、鄢东、孙玉权：《以习近平法治思想为指引统筹推进国内法治与涉外法治建设》，载《中国应用法学》2023 年第 1 期。

② 中共中央宣传部、中央全面依法治国委员会办公室：《习近平法治思想学习纲要》，人民出版社、学习出版社 2021 年版，第 13 页。

③ 中共中央宣传部、中央全面依法治国委员会办公室：《习近平法治思想学习纲要》，人民出版社、学习出版社 2021 年版，第 11 页。

作为构建中国涉外经贸法治更高水平对外开放新格局的理论基础，是我国在切实维护国家政治、经济、社会发展利益的同时，更好地服务高水平对外开放，推动构建人类命运共同体，全面建设社会主义现代化国家、实现中华民族伟大复兴的有力支持和保障。

二、构建中国涉外经贸法治更高水平对外开放新格局的实施途径

作为中国涉外经贸法治更高水平对外开放新格局理论基础的习近平法治思想，为我国深化对外开放和参与全球治理提供了重要方向。该思想中的涉外法治理念，对于建立健全中国的涉外经贸法治体系，加快涉外经贸法治工作战略布局，有着非常重要的指导意义。从当前的现实情况来看，构建中国涉外经贸法治更高水平对外开放新格局有如下的实施途径。

（一）进一步完善涉外经贸立法体系建设

《中共中央关于全面推进依法治国若干重大问题的决定》明确提出，要完善涉外法律法规体系，提升对外开放的制度化、法治化水平。[①]同时，《中共中央、国务院关于构建开放型经济新体制的若干意见》也提出，要适应对外开放不断深化形势，完善涉外法律法规体系，重大开放举措要于法有据，营造规范的法治环境。另外，《中华人民共和国国民经济和社会发展第十四个五年规划和2035年远景目标纲要》也明确提出要加强涉外领域立法。可见，在构建中国涉外经贸法治更高水平对外开放新格局的过程中，若要将习近平法治思想中的涉外法治理念在实践中予以落实，首先就是要加强涉外经贸立法工作，为涉外经贸法治体系建设提供规范基础。

涉外经贸法治是中国特色社会主义法治体系中调整涉外经贸法律关系的思想观念及制度规范的总和，故开展涉外经贸立法工作是一项实践性很

---

① 参见《〈中共中央关于全面推进依法治国若干重大问题的决定〉辅导读本》编写组：《〈中共中央关于全面推进依法治国若干重大问题的决定〉辅导读本》，人民出版社2014年版。

强、切实服务于国家重大需求的战略任务，特别需要坚持问题导向、设定目标、科学规划。因此，在进一步完善涉外经贸立法体系建设的过程中，需要在理念上深刻认识到，涉外经贸立法工作需同时服务于坚持高水平对外开放和维护国家主权、安全和发展利益。坚持开放和维护安全是涉外经贸立法工作的两个基本方针，两手都要抓，两手都要硬。①

构建中国涉外经贸法治更高水平对外开放新格局的实施途径，关键在于对与涉外经贸领域密切相关的重点领域进行深入研究和精准施策。通过完善现有法律法规、加快制定符合中国发展要求的新法新规、强化法律法规的落实贯彻三个方面，进一步构建和完善中国涉外经贸法治体系，为更高水平对外开放新格局提供坚实的法治保障。

（二）进一步推进涉外经贸执法和司法协调运行

完善的涉外经贸立法体系是构建中国涉外经贸法治更高水平对外开放新格局的基础，但徒法不足以自行，提升涉外经贸法治的实施水平才是真正贯彻落实涉外经贸法治理念、建立健全涉外经贸法治体系的关键。如果涉外经贸立法得不到有效执行，不仅可能会影响中国法治文明的形象，还会对中国国家主权、安全和发展利益带来负面影响。②

要完善涉外经贸法治的实施水平就必须推进涉外经贸执法和司法的协调运行。良好的涉外经贸执法和司法，不仅有利于保障各方主体的合法权益，维护国家主权、安全和发展利益，也有利于提升中国的国际形象和法治文明形象。相反，如果涉外经贸执法和司法水平低下，不仅不利于保障当事人的合法权益，还可能损害中国的国际形象和法治文明形象。③随着中国对外开放的力度不断加大，中国与其他国家的经贸往来越来越频繁，中国公民、企业“走出去”的规模和外国公民、企业“请进来”的规模都在大大增

① 参见陶凯元、寇昉、王浩、鄢东、孙玉权：《以习近平法治思想为指引统筹推进国内法治与涉外法治建设》，载《中国应用法学》2023 年第 1 期。

②③ 参见谢宇：《习近平法治思想中的涉外法治理念——时代背景、实践需求与具体路径》，载《云南社会科学》2021 年第 5 期。

加，由此而产生的涉外经济纠纷问题、涉外国家经济安全问题也在与日俱增。如何将这些纷繁复杂的涉外经贸问题，通过涉外经贸法律法规来予以解决和调整，成为涉外经贸执法与司法在实践当中所面临的重要课题。

为此，在涉外经贸执法环节，我们需要进一步完善涉外经贸行政执法的细则、裁量标准和操作流程，尤其在《行政许可法》《行政处罚法》《行政强制法》这三部与行政执法相关的核心法律中，需对涉外经贸执法的规范进行进一步的明确和细化，以便将来更为妥善地处理涉外经贸行政执法案件。同时，我们未来还要在"行政许可、行政处罚、行政强制、行政征收、反垄断调查、行政检查"等执法行为方面，制定更为具体和详细的执法操作流程，切实做到步骤清楚、要求具体、期限明确、程序公正。①而在涉外经贸司法环节，一方面，我们要不断提升涉外经贸司法的透明度，重视对审判过程、审判结果、审判依据的公开，并在公开的过程中接受各方主体的监督；另一方面，我们要充分保障涉外经贸关系中当事人的合法权益，确保相关当事人诉讼地位平等、程序合法正当、结果公正有理。同时，围绕着我国更高水平对外开放的目标，我们还必须在涉外经贸司法过程中，加强与经贸领域密切相关的涉外商事、涉外金融、涉外知识产权等案件的审判指导和精细化管理，积极培育具有典型示范性、规则引领性作用的司法案例。尤为重要的是，在当前涉外审判体系建设的过程中，我们还要特别注重对国际商事纠纷解决机制的健全，着力细化国际商事专家委员会工作规则，充分发挥国际商事专家委员职能，探索设立国际商事法院。

总之，坚持改革创新，加强涉外经贸执法和司法的互动连通和协调发展，可以更好地将涉外经贸立法体系落实到位，从而营造出一个科学立法、严格执法、公正司法、全民守法的良好局面，以加快推进具有中国特色的涉外经贸法治体系的建设。

---

① 参见《〈中共中央关于全面推进依法治国若干重大问题的决定〉辅导读本》编写组：《〈中共中央关于全面推进依法治国若干重大问题的决定〉辅导读本》，人民出版社2014年版，第54页。

（三）进一步发展涉外经贸法律服务体系

2014年，党的十八届四中全会明确提出要"强化涉外法律服务"。[①]2016年，中央全面深化改革领导小组通过了《关于发展涉外法律服务业的意见》，从多个领域提出发展涉外法律服务业的具体举措。2019年，中共中央办公厅、国务院办公厅印发的《关于加快推进公共法律服务体系建设的意见》也明确提出，"要通过建立健全法律查明机制、完善涉外法律服务机构建设等方式，积极为国家重大经贸活动和全方位对外开放提供法律服务"。可见，高水平的涉外经贸法律服务是中国涉外经贸法治体系中不可或缺的重要组成部分，其对于加大中国对外开放的程度、构建中国对外开放的新格局有着无比重要的现实意义。

为此，一方面，我们要进一步完善涉外经贸法律服务的机制建设。降低涉外经贸法律服务机构发展的经济性成本、制度性成本；加强对涉外经贸法律服务机构的服务、管理和指引；健全涉外经贸法律服务机构和涉外企业、公民之间的联系及信息交流平台。另一方面，我们要进一步提高涉外经贸法律服务的开放程度。在支持境内涉外经贸法律服务机构在境外开拓市场、设立分支机构或服务网点、联合经营的同时，还应当引进境外法律服务机构，并促进境外律师事务所与境内律师事务所合伙经营，借助境外法律服务机构助力中国涉外经贸法律服务的发展。[②]

随着中国全方位对外开放程度的不断加大，中国涉外经贸法律服务的需求也越来越多，其范围既涉及涉外诉讼业务，也涉及涉外非诉讼业务；既涉及国际贸易、国际金融、国际投资等民商事领域，也涉及涉外行政、涉外刑事等非民商事领域。因此，我们必须在涉外经贸法律服务的工作制度、政策机制上做足功课，进一步加强涉外经贸法律服务业的国际竞争力，从而使得

① 《中共中央关于全面推进依法治国若干重大问题的决定》，载《人民日报》2014年10月29日第1版。

② 参见谢宇：《习近平法治思想中的涉外法治理念——时代背景、实践需求与具体路径》，载《云南社会科学》2021年第5期。

中国对外开放的深度和广度再上一个新台阶。

（四）进一步加强涉外经贸法律人才培养机制

《法治中国建设规划（2020—2025年）》明确要求："完善高等学校涉外法学专业学科设置。加大涉外法治人才培养力度，创新涉外法治人才培养模式。"党的十八届四中全会也明确提出："建设通晓国际法律规则、善于处理涉外法律事务的涉外法治人才队伍"。与此同时，《中华人民共和国国民经济和社会发展第十四个五年规划和2035年远景目标纲要》也将涉外法律人才培养作为一项重要任务，提出要"加强涉外法治体系建设，加强涉外法律人才培养"。可见，坚持以人才为本，规划落实涉外经贸法律人才培养机制是我国目前在构建中国涉外经贸法治更高水平对外开放新格局之实践需求中的大政方针。

涉外经贸法律人才的培养对于贯彻习近平法治思想中的涉外法治理念，完善中国的涉外经贸法治体系，从而构建中国涉外经贸法治更高水平对外开放的新格局，有着非常重要的意义。然而，在实践中，由于涉外法律人才和国际法人才的培养混同、国别法人才培养方案不系统、法学与语言结合度低等原因，中国涉外经贸法律人才无论在数量还是质量上都仍待进一步提升，难以满足当前涉外法治实践的需求。①为此，我们应从理论培养和实践培养两个方面入手，进一步完善涉外经贸法律人才的培养机制。

在理论培养方面，我们应该在相关高校内大力推广并多多开设与涉外经贸法律相关的课程，而且课程的设置必须以"专业型""复合型""应用型"为导向。所谓"专业型"，是指在师资条件允许的情况下，我们应该将涉外经贸法律课程予以细化，比如，可将涉外经贸法律课程先细分为国际经济法和国际私法两部分，随后再将国际经济法细分为国际贸易法、国际投资法、国际金融法、国际税法，等等，而将国际私法细分为冲突法、国际民事诉讼法、国际商事仲裁法，等等，再进一步可将国际贸易法细分为世界贸易组织多边

---

① 参见郭一达：《新时代涉外法治专业人才队伍培养路径探析》，载《中国司法》2021年第3期。

贸易体制、区域贸易协定、对外贸易管理措施等课程。所谓“复合型”，是指在给涉外经贸法律专业的学生讲授课程时，除了讲授国际经济法、国际私法等国际法方面的课程外，还需加大民商法、经济法、行政法、刑法等国内法课程的教育，以及国际政治、国际贸易、经济学、外交学等非法律课程的教导。所谓“应用型”，是指对涉外经贸法律专业的学生进行培养时，不能只局限在书本上的条条框框，而应侧重实务，提升学生解决现实生活中的涉外法律问题的能力，并在日常教学中鼓励学生多参加国际模拟法庭比赛、多赴国际组织参加实习、多进行国际谈判的演练、多掌握几门专业外语，等等。

在实践培养方面，我们应当首先从用人单位入手，健全涉外经贸法治人才的引进、培养、选拔、使用、管理机制；加强对相关部门人员有关涉外经贸法治的专门培训和继续教育；建立新类型、疑难复杂涉外经贸法治问题的研讨机制和平台；促进提升涉外经贸法治队伍的专业科研能力。①与此同时，我们还应有国际视野，应资助相关部门的涉外经贸法治人才赴国外知名大学或研究机构深造学习；积极推荐和支持相关人员到国际组织和相关国际司法机构任职；推动建立健全立法机关、执法机关、司法机关、高等院校、科研院所、法律服务机构和国际组织之间的涉外经贸法治人才交流机制；努力培养和储备一大批既有大局观念又有国际视野，既熟悉国内法律又通晓外国法律和国际法规则，且善于处理涉外经贸法律事务的优秀涉外法治人才。②

(五) 进一步践行人类命运共同体理念对涉外经贸法治的保障

2012 年，党的十八大提出“合作共赢，就是要倡导人类命运共同体意识”，首次明确提出了人类命运共同体理念。党的十八大以后，习近平总书记多次对人类命运共同体的理念进行了阐释。2017 年，党的十九大进一步

---

① 参见陶凯元：《在对外经济贸易大学涉外法治研究院成立仪式暨首届涉外法治高端论坛上致辞》，载法学创新网，http://www.fxcxw.org.cn/dyna/contentM.php?id=18851。

② 参见陶凯元、寇昉、王浩、鄢东、孙玉权：《以习近平法治思想为指引统筹推进国内法治与涉外法治建设》，载《中国应用法学》2023 年第 1 期。

提出“构建人类命运共同体”。2018年,“推动构建人类命运共同体”被正式载入宪法,中国首次以根本法的形式确立了该理念的重要地位。可以说,蕴含着分享、合作、共赢、包容精神的人类命运共同体理念,不仅表达了我国“立足国内,胸怀天下”的基本立场,而且也为包括中国在内的世界各国建设涉外经贸法治、维护本国利益提供了绝佳的参考方案。①

当前,国际社会面临越来越多的突出问题,全球治理面临许多重大挑战,尤其随着中国承担国际责任越来越大,我国在涉外经贸法治领域的矛盾和对抗也逐渐增多,而这主要还是各国外交和法治理念的分歧所导致的。因此,此时就特别需要人类命运共同体这一理念来为解决我国在涉外经贸法治领域所碰到的问题提供理论指导和支撑。人类命运共同体不但在政治、经济、社会、文化、生态等各个方面倡导建立符合国际社会和大多数国家需要的共商共建共享理念和公平正义的国际秩序,而且在我国涉外经贸法治的建设过程中,也通过融入利益共生、情感共鸣、价值共识、责任共担、发展共赢等深刻而质朴的内涵为人类社会的未来发展提供观念与价值引导。②在人类命运共同体理念的指导下,国际关系日趋法治化,全球治理日趋规则化,而在进一步尊重和维护国际法权威,确保国际规则得到有效遵守和实施的前提下,我国的涉外经贸法治工作也必将被赋予更明确的发展方向,并得到更强有力的保障。

第三节　中国涉外经贸法治与更高水平国际经贸规则的进一步对接与融合

进入新时代,我国在国际经贸领域所取得的巨大成就,备受国际社会关注。据《2021世界贸易统计评论》统计,2020年中国商品出口占世界的

①② 参见熊光清:《统筹推进国内法治和涉外法治的要点解析》,载《国家治理》2022年第22期。

15.2%，位居世界第一；中国商品进口占世界的11.8%，仅次于美国（13.9%）；2020年国内生产总值首次超过100万亿元，达101.6万亿元。中国已成为世界第二大经济体、第一大工业国、第一大货物贸易国、第一大外汇储备国。①而这些成绩的取得，离不开我国有条不紊推进的涉外经贸法治建设。而在全面推进中国特色大国外交，推动构建人类命运共同体，坚定维护国际公平正义的今天，我们更应该将中国涉外经贸法治建设与开创、参与和引领国际经贸规则新局面进行有机的结合，既要进一步加深中国涉外经贸法治与全球多边贸易体制的对接力度，也要进一步加大中国涉外经贸法治与区域自由贸易协定的融合广度。

一、进一步加深中国涉外经贸法治与全球多边贸易体制的对接力度

在国际贸易领域，以WTO为代表的多边贸易体制是当今世界最为重要的国际贸易制度。作为第二次世界大战后建立的布雷顿森林体系的重要部分，同时也作为国际体系中成员国分布最为广泛的贸易协调机制，WTO及其前身GATT为战后70多年的国际经济秩序的稳定和国际贸易的蓬勃发展提供了机制上的保障。②正如WTO前总干事帕斯卡尔·拉米所言："坚定维护WTO的多边贸易体制非常重要。"

2001年12月，中国加入WTO，这使我国的对外开放进入制度性开放的新阶段。加入WTO标志着中国对外开放进入一个新的阶段，开放模式发生质的跨越，从政策开放转向规则开放是中国对外开放的进步。③加入WTO后，我国对外开放模式进入按照WTO规则的调整期，即以深度参与经济全球化，全面提高开放型经济水平为目标，建立了与全球多边贸易体制

---

① 沈国兵：《构建高水平经纬式对外开放新格局》，载《开放导报》2022年第4期。

② 参见潘晓明：《TPP高标准国际贸易规则对中国的挑战及应对策略》，载《国际展望》2015年第5期。

③ 参见梁小萌：《从政策开放到规则开放——加入WTO后中国对外开放的模式转变》，载《探求》2001年第6期。

相衔接、与国际惯例相适应的市场经济体制，并依据 WTO 国际经贸规则对我国的涉外经贸体制作出了相应的改革。在此阶段，我国以双向开放为目标，对照 WTO 国际惯例和入世承诺对国内经贸法律法规进行大幅度调整和修改。中央层面制定、修订和废止了 3 000 余件法律、行政法规和部门规章，地方政府清理地方性政策和法规近 20 万件，使我国的涉外经贸法律与加入 WTO 承诺相一致。①2022 年，党的二十大报告再次强调，“不断以中国新发展为世界提供新机遇，推动建设开放型世界经济，更好惠及各国人民”。这也就意味着，中国将继续秉持“共商共建共享”的全球治理观，继续发挥负责任大国作用，支持多边贸易体制，积极参与全球治理体系改革和建设，不断贡献中国智慧和力量。②

然而，不可否认的是，美国及其盟友在制定 WTO 的相关国际经贸规则时，很大程度上是制定了有利于自己的国际贸易和投资规则，加之现实与历史的原因，中国在参与 WTO 国际经贸规则的构建过程中，话语权不强，议题设置能力有限，规则制定经验不足，导致我国的涉外经贸法治体系与以 WTO 为代表的全球多边贸易体制仍然存在着一定的差距。因此，在这样一个背景下，中国如何站在一个新的历史方位去思考和解决中国涉外经贸法治与全球多边贸易体制的对接问题，成为摆在我们面前的一个重要课题。

为此，笔者认为，我们可以从如下几个方面来找到相应的应对之策。

第一，强调观念因素在对接中国涉外经贸法治建设与全球多边贸易体制建设中的重要作用。中国传统文化源远流长、博大精深，许多观念如“协和万邦”“万物并育而不相害，道并行而不相背”等，无不闪耀着哲理的光芒，值得我们继承和弘扬。③而全球多边贸易体制所倡导的主流观念恰恰也是“合作、沟通、交流、互利”。可以说两者在理念上不谋而合。作为一个新兴

① 参见全毅：《中国对外开放：理论创新与制度变迁》，载《经济体制改革》2023 年第 2 期。
② 孔庆江：《提高中国在国际贸易法制中话语权的路径研究》，载《政法论坛》2023 年第 3 期。
③ 孔庆江：《提高中国在国际贸易法制中话语权的路径研究》，载《政法论坛》2023 年第 3 期。

的大国，中国有责任去维护符合全球利益的多边贸易体制，并在此基础上尽量对本国的涉外经贸体制进行一定的调整和改革，以使后者更能与前者适配。而习近平总书记所提出的关于构建人类命运共同体的理念以及"一带一路"的倡议，则赋予了一种更新的主导观念，其力求在"共商共建共享、合作互利共赢"这一纲领性要求的指引下，为中国涉外经贸法治与全球多边贸易体制的融合与对接提供一种更为可行的模式和选择。

第二，提升中国在全球多边贸易体制中的话语权。如前所述，由于现行的全球多边贸易体制主要还是按照以美国为首的西方发达国家的意志所设立的，对类似中国这样的发展中国家制约较多，中国在参与国际经贸规则构建的过程中，话语权明显不足。因此，为了改变这一不利局面，进一步提高中国在全球多边贸易体制中的参与感，提升中国制定国际经贸规则的参与度，以使中国的涉外经贸法治建设能够融入全球多边贸易体制，应该适当增强中国在 WTO 中设置议题的能力，并适度增加中国在 WTO 中的代表性。在设置议题能力方面，既要注重所提议题的数量，积极增加议题设置的主动性，同时又要注重所提议题的质量，争取提出更具说服力、包容性强且更适合我国国情并便于我国涉外经贸法治建设的议题。在增加中国在 WTO 中的代表性方面，应加大中国籍职员在 WTO 中的占有比例，尤其是要将一些在外语、经贸、法律等领域有突出贡献的中国籍职员放置于 WTO 中，最好是安排在一些关键性的决策岗位中，这样才能使我们在 WTO 中牢牢掌握话语权，向世界展现中国形象、传达中国声音，促进我国的涉外经贸法治与全球多边贸易体制的一体化建设。①

第三，进一步开放国内市场。市场的开放是中国涉外经贸法治体系与全球多边贸易体制对接的前提和基础。党的十九大报告提出，推动形成全面开放新格局，实行高水平的贸易和投资自由化便利化政策，"形成面向全球的贸易、投融资、生产、服务网络，加快培育国际经济合作和竞争新优势"。

① 参见孔庆江：《提高中国在国际贸易法制中话语权的路径研究》，载《政法论坛》2023 年第 3 期。

2018 年中央经济工作会议指出:“推动全方位对外开放,要适应新形势、把握新特点,推动由商品和要素流动型开放向规则等制度型开放转变。”2019 年《政府工作报告》提出:“继续推动商品和要素流动型开放,更加注重规则等制度型开放,以高水平开放带动改革全面深化。”党的二十大报告着重指出:“稳步扩大规则、规制、管理、标准等制度型开放。”可见,市场开放的目标就是:实行高水平的贸易和投资自由化便利化政策,统筹要素流动型开放与制度型开放,持续打造市场化、法治化、国际化的营商环境,构建更高水平的开放型经济新体制,塑造我国参与国际经济合作和竞争的新优势,形成全面开放新格局,推动构建开放型的世界经济。①具体来说,市场开放的要素包括土地、商品、资本、技术、服务、人员,等等。市场开放的要求包括货物贸易领域关税需削减、服务贸易领域部门需放宽、资本市场准入门槛需降低、知识产权保护力度需加强、人员跨境流动障碍需消除,等等。

第四,进一步加大国际交流合作。当今世界正处于百年未有之大变局,国际秩序正处于大发展、大变革、大调整时期。虽然和平与发展仍然是时代主题,但世界面临的不稳定性、不确定性突出,世界经济增长动能不足,贫富分化日益严重,地区热点问题此起彼伏,恐怖主义、网络安全、重大传染性疾病、气候变化等非传统安全威胁持续蔓延,人类面临许多共同挑战,而这些挑战和威胁仅靠一个或几个国家是无法完全解决的,需要世界各国的同心努力,共同参与。正是在这一大背景下,习近平总书记指出“构建人类命运共同体是世界各国人民前途所在”,“坚持合作共赢,推动建设一个共同繁荣的世界;坚持交流互鉴,推动建设一个开放包容的世界”。可见,世界各国之间的交流与合作是推动人类社会不断发展前进的巨大动力和源泉。而在中国涉外经贸法治体系与全球多边贸易体制的对接过程中,同样需要强调国际间的合作与交流。通过国际交流合作可以更好地将我们的本国利益予以体现,从而也会有助于我国涉外经贸体制在改革和调整过程中,更顺利

---

① 参见李钢:《我国高水平制度型开放的基本趋势与重大任务》,载《中国外资》2023 年第 5 期。

地与全球多边贸易体制融合。具体来讲，我们可以在 WTO 框架内与其他国家进行临时性的联合，以推进议程；对于合作方以及合作形式的选择，我们可以基于该国对议题的立场，而不必太过考虑意识形态、地缘政治，等等。①

第五，进一步对标国际经贸新规则。近年来，在以 WTO 为主的全球多边贸易体制中，逐渐发展出了一些新兴的国际贸易新规则，这既包括 WTO 目前在谈的一些新规则，如电子商务、数字经济、数字贸易、服务贸易规制改革等，也包括 WTO 之前已有但现在又有所创新和深化的规则，如劳工、环境、国有企业等。为了维护多边贸易体制在全球贸易投资自由化中的主渠道地位，我国的涉外经贸法治建设应该在坚持世界贸易体制规则的基础上，不断与 WTO 的一些新规则进行对标。以数字贸易为例，数字贸易是新一轮国际经贸规则改革中的关键议题，而我国恰恰又是数字贸易大国，因此，我们可以在该领域尝试挖掘热点前沿议题，促进国内跨境电商产业发展和大规模的数据跨境流动，鼓励数字技术的普及，从而进一步使我国在有效参与数字贸易国际规则制定的过程中，能够兼顾国内相关经贸规则的改革。对标国际经贸新规则，可以反映出我国涉外经贸体系与全球多边贸易体制之间的差距，从而可以更好地使我们明了今后努力的方向，以便推进我国涉外经贸法治体系的建设与变革。

二、进一步加大中国涉外经贸法治与区域自由贸易协定的融合广度

在中国涉外经贸法治与更高水平国际经贸规则的进一步对接与融合过程中，一方面，我们要维系以 WTO 为支柱的多边贸易体制，尤其在以美国为首的西方国家倾轧多边贸易规则的背景下，中国应继续维护现有规则体系中合理部分，并对不合理和不能适应经济全球化新形势的地方加以变革、

① 参见黄志瑾：《中国引领投资便利化国际合作的证立与实现》，载《武大国际法评论》2019 年第 4 期。

调整、补充和完善；[①]另一方面，我们也要主动对接和适应国际贸易规则的升级，注重与一些高标准的区域自由贸易协定的融合，尤其对中国已经参加的《区域全面经济伙伴关系协定》(RCEP)以及中国将要积极申请加入的《数字经济伙伴关系协定》(DEPA)和《全面与进步跨太平洋伙伴关系协定》(CPTPP)予以足够的关注度。对于RCEP，我们应在涉外经贸法治体系中落实其中的相关规则，对于DEPA和CPTPP，我们应以涉外经贸法治引领其中的规则对接，并借助自贸区、自贸港等特殊经济区优势，扩大面向全球的高标准自由贸易区网络。[②]

(一) 中国涉外经贸法治与RCEP的融合

《区域全面经济伙伴关系协定》(RCEP)是由中国、日本、韩国、澳大利亚、新西兰和东盟十国共15方成员制定的区域自由贸易协定。其先由东盟于2012年发起，并由成员国于2020年正式签署，最后于2022年1月1日正式生效。中国于2021年完成RCEP的核准，成为率先批准该协定的国家，并于同年向东盟秘书长正式交存《区域全面经济伙伴关系协定》核准书。RCEP的签署，标志着当前世界上人口最多、经贸规模最大、最具发展潜力的自由贸易区正式启航。同时，它也是亚太地区规模最大、最重要的自由贸易协定谈判，达成后将覆盖世界近一半人口和近三分之一贸易量，成为世界上涵盖人口最多、成员构成最多元、发展最具活力的自由贸易区。正如我国商务部副部长兼国际贸易谈判副代表王受文所表示的："《区域全面经济伙伴关系协定》是一个全面、现代、高质量、互利互惠的自贸协定。"

RCEP共有20章内容，分别是初始条款和一般定义、货物贸易、原产地规则、海关程序与贸易便利化、卫生与植物卫生措施、标准、技术法规和合格评定程序、贸易救济、服务贸易（包括：金融服务附件、电信服务附件、专业服务附件）、自然人移动、投资、知识产权、电子商务、竞争、中小企业、经济与技

---

① 参见戴翔：《制度型开放：中国新一轮高水平开放的理论逻辑与实现路径》，载《国际贸易》2019年第3期。

② 参见刘晓红：《推进高水平对外开放的法治维度》，载《政治与法律》2023年第4期。

术合作、政府采购、一般条例与例外、机构条款、争端解决、最终条款。可以说，这20章内容所涉及的国际经贸规则，表明了该地区国家以实际行动维护多边贸易体制，深化区域经济一体化建设，进一步提升国际经贸规则标准的决心。

作为协定成员方的中国，我们必须将我国的涉外经贸法治与RCEP中的相关经贸规则进行一个更好的衔接，以便使该协定在中国可以更好地予以实施。根据RCEP中相关经贸规则对中国的重要程度，笔者选取了其中几个较有代表性的经贸规则来就两者的融合问题，提出如下建议：

1. 货物贸易规则

RCEP中的货物贸易规则旨在推动实现区域内高水平的贸易自由化，并对与货物贸易相关的承诺作出规定。为此，我国的涉外经贸法治在对接过程中，可以逐步实施关税自由化以给予优惠的市场准入，允许特定货物的临时免税入境，取消农业出口补贴，取消数量限制、进口许可程序管理，取消与进出口相关的费用和手续等非关税措施方面的约束等。

2. 原产地规则

RCEP中的原产地规则是一条有关成员国有资格享受优惠关税待遇的原产货物的认定规则，其在确保适用实质性改变原则的同时，突出了技术可行性、贸易便利性和商业友好性。为此，我国的涉外经贸法治在对接过程中，可以列明授予货物"原产地位"的标准、实行原产成分累计规则、规定相关操作认证程序等。

3. 海关程序与贸易便利化规则

RCEP中的海关程序与贸易便利化规则旨在通过确保海关法律和法规具有可预测性、一致性和透明性的条款，以创造一个促进区域供应链的环境。为此，我国的涉外经贸法治在对接过程中，可以对税则归类、原产地以及海关估价进行预裁定，为符合特定条件的经营者提供与进出口、过境手续和程序有关的便利措施，制定海关监管和通关后审核的风险管理方法等。

4. 贸易救济规则

RCEP中的贸易救济规则包含了“保障措施”和“反倾销和反补贴税”两部分内容，旨在促进提升贸易救济调查的透明度和正当程序。为此，我国的涉外经贸法治在对接过程中，可以采取规范书面信息、磋商机会、裁定公告和说明等实践做法，以对相关方遭受损害的情况提供救济，等等。

5. 中小企业规则

RCEP中的中小企业规则以开展旨在令中小企业利用协定并在该协定所创造的机会中受益的经济合作项目和活动，将中小企业纳入区域供应链的主流之中为目标。为此，我国的涉外经贸法治在对接过程中，可以强调充分共享中小企业的信息，共享与中小企业相关的贸易和投资领域的法律法规，以及共享其他与中小企业参与协定并从中受益的相关商务信息等。

（二）中国涉外经贸法治与DEPA的融合

《数字经济伙伴关系协定》(DEPA)是由新加坡、智利、新西兰三国于2020年6月12日签署，旨在加强三国间数字贸易合作并建立相关规范的数字贸易协定。DEPA包括16个模块，分别为初步规定和一般定义、商业和贸易便利化、数字产品及相关问题的处理、数据问题、广泛的信任环境、商业和消费者信任、数字身份、新兴趋势和技术、创新与数字经济、中小企业合作、数字包容、联合委员会和联络点、透明度、争端解决、例外和最后条款。DEPA是以电子商务便利化、数据转移自由化、个人信息安全化为主要内容，以积极营造开放、公平、公正、非歧视的数字发展环境为目标的区域自由贸易协定。

2021年10月30日，中国国家主席习近平在出席二十国集团领导人第十六次峰会时宣布，中国已经决定申请加入DEPA。同年11月1日，中国商务部部长王文涛致信新西兰贸易与出口增长部长奥康纳，代表中方向《数字经济伙伴关系协定》保存方新西兰正式提出申请加入DEPA。2022年8月18日，根据《数字经济伙伴关系协定》联合委员会的决定，中国加入DEPA工作组正式成立，全面推进中国加入DEPA的谈判。

而在我国涉外经贸法治与DEPA相关规则的对接方面，笔者认为可以从微观和宏观两个方面入手来展开相关对策的研究。

就微观层面来说，我们可以以DEPA所包含的几个重要模块为探讨对象，具体阐述如下：

1. 模块2——商业和贸易便利化

该模块涉及无纸化贸易、电子发票、电子支付等。DEPA要求各国及时公布电子支付的法规，考虑国际公认的电子支付标准，从而促进透明度和公平的竞争环境；同意促进金融科技领域公司之间的合作，促进针对商业领域的金融科技解决方案的开发，并鼓励缔约方在金融科技领域进行创业人才的合作。因此，我国的涉外经贸法治未来在“商业和贸易便利化”规则与DEPA的对接方面，可以提倡灵活性，在中国模式中采用非整体约束性承诺，给予缔约方更大的自由和包容，让更多成员以符合自己发展水平的方式加入多边合作，也为中国元素融入国际规则提供依据。

2. 模块4——数据问题

该模块涉及个人信息保护、通过电子手段进行的跨境数据流动、计算机设施的位置等。因此，中国涉外经贸法治未来在“数据问题”规则与DEPA的对接方面，可以允许开展相关业务的企业跨边界更无缝地传输信息，坚持数据跨边界自由流动，但同时也要确保他们符合必要的法规，把国家安全、产业安全放在重要位置，将数据安全可控视作数据跨境流动的前提条件，从而兼顾数据的自由流动和安全目标。

3. 模块8——新兴趋势和技术

该模块涉及金融技术合作、人工智能、政府采购、竞争政策合作。DEPA采用道德规范的“AI治理框架”，要求人工智能应该透明、公正和可解释，并具有以人为本的价值观；确保缔约方在“AI治理框架”与国际上保持一致，并促进各国在司法管辖区合理采用和使用AI技术。因此，我国的涉外经贸法治未来在“新兴趋势和技术”规则与DEPA的对接方面，可以更加强调促进初创型科技创新企业的发展，加大对大型互联网科技企业和中小企业的扶持力度，突出科技创新的目标。

就宏观层面来说，我们可以就整个 DEPA 所展现出的总体态势作为对策分析的基础，具体阐述如下：

1. 完善我国涉外经贸法治中有关数字领域的监管立法，加强法律制度保障

与传统的贸易模式相比，数字贸易的贸易方式和贸易内容均发生了巨大的变化，个人信息保护、数据跨境流动、数据产权保护利用、网络空间治理等成为监管的重点。因此，我国涉外经贸法治应健全数字治理体系的法律法规政策，完善数据资源产权、交易流通等基础制度和标准规范，加强对数据安全和知识产权的监管立法，同时加快构建跨部门、跨层级、跨区域协同监管机制，协同提升数字贸易治理水平，为数字贸易开放发展的制度环境与监管协调提供良好的法律制度保障。

2. 加快我国涉外经贸法治中有关信息领域的核心技术突破，推动数字经济高质量发展

以信息技术为代表的数字技术在生产、流通、消费等环节的广泛渗透和应用，为数字经济和数字贸易的发展提供强大动力。我国的涉外经贸法治应集中力量提升科技自主创新能力，加快核心技术突破，包括强化基础技术研究，提升云计算、大数据、物联网等关键技术自主权和创新能力，以技术创新带动产业发展，不断提升贸易数字化和数字化贸易水平；建设信息技术基础设施，加快基础设施智能化改造，确保数字基础设施建设的国际领先优势。

3. 深化高水平对外合作，提升国际影响力和话语权

在日益以数据为基础的全球经济贸易分工中，多数国家从中获得了巨大的发展红利，对外开放是借助全球化分工协作发展经济的前提，同时关键技术和产业国际竞争力也决定了国际规则制定的话语权。因此，我国的涉外经贸法治应根据国家战略定位和产业发展需要，不断深化对外开放水平，以"一带一路"沿线国家为重点，加强数字贸易国际合作，通过多边双边国际贸易规则的制定来提升国际影响力，同时加大与国际高标准规则的对接力度，积极参与重点领域国际规则的制定。

（三）中国涉外经贸法治与 CPTPP 的融合

《全面与进步跨太平洋伙伴关系协定》(CPTPP)是由《跨太平洋伙伴关系协定》(TPP)演化而来。其于 2018 年 3 月 8 日，由日本、加拿大、澳大利亚、新西兰、马来西亚、新加坡、越南、文莱、墨西哥、智利、秘鲁 11 个国家共同签署，并于同年 12 月 30 日正式生效。CPTPP 全文 6 354 页，其中正文 599 页，附件 5 755 页。除序言外，CPTPP 共有 30 章内容，分别为初始条款和一般定义、货物国民待遇和市场准入、原产地规则与程序、纺织品与服装、海关管理与贸易便利化、贸易救济、卫生与植物卫生措施、技术性贸易壁垒、投资、跨境服务贸易、金融服务、商务人士临时入境、电信、电子商务、政府采购、竞争政策、国有企业和指定垄断企业、知识产权、劳工、环境、合作和能力建设、竞争力和商业便利化、发展、中小型企业、监管协调、透明度和反腐败、管理和机构条款、争端解决、例外规定及一般条款、最后条款。CPTPP 代表了迄今为止当今世界最高标准的国际贸易规则。

自 2020 年起至今，多位中方高层领导都展现出了中国对于加入 CPTPP 所持的积极主动态势。而据业内专家分析，CPTPP 文本中的 30 章内容，按照中国目前接受的难易程度，可以分为没有接受难度、接受难度中等、接受难度较大、不能接受四个层次，具体划分可见表 5.1。

表 5.1　CPTPP 规则在中国接受的难度分类①

接受难易程度	条款(CPTPP 的具体章节名称)
没有接受难度	原产地规则、纺织服装、海关管理和贸易便利化、贸易救济、合作与能力建设、发展、管理和机制条款、争端解决机制、其他
接受难度中等	卫生与植物卫生措施、技术性贸易壁垒、跨境服务贸易、金融服务、商务人员临时入境、电信服务、政府采购、竞争政策、监管的一致性、环境、中小企业、透明度与反腐败
接受难度较大	货物的国民待遇与市场准入、投资、国有企业和指定垄断、知识产权
不能接受	电子商务(数据的跨境自由流动条款)、劳动(允许自由结社和集体谈判等条款)

① 苏庆义:《中国是否应该加入 CPTPP?》,载《国际经济评论》2019 年第 4 期。

而我国涉外经贸法治与CPTPP相关规则的对接就可以从“接受难度中等”和“接受难度较大”这两个层次入手来展开对相应规则的研究。笔者选取了其中几条有代表性的规则，具体阐述如下：

1. 卫生与植物卫生措施

CPTPP中的“卫生与植物卫生措施”规则共包含了18个条款和4个换文，这18个条款分别为定义、目标、范围、总则、卫生与植物卫生措施委员会、主管机关和联络点、适应地区条件（包括病虫害非疫区和低度流行区的条件）、等效、科学与风险分析、审查、进口检查、认证、透明度、紧急措施、合作、信息交流、联合技术磋商、争端解决；这4个换文分别为美国与智利换文（SPS）、美国与加拿大换文（奶制品SPS）、美国与越南换文（内脏产品SPS）、美国与越南换文（鲶鱼SPS）。而我国涉外经贸法治未来在“卫生与植物卫生措施”规则与CPTPP的对接方面，可以紧紧把握其中几条核心的重要规则进行相应的进一步的细化，包括实体性规则中的“科学和风险分析”规则、“透明度”规则、“适应地区条件”规则；程序性规则中的“审查、进口检查、认证”规则、“联合技术磋商”规则，等等，力争在实践中达到更为细致、具体的目标，并对自身提出更高的要求。

2. 技术性贸易壁垒

CPTPP中的“技术性贸易壁垒”共有13个条款，13个条款分别对技术性贸易壁垒的定义、目标、范围、国际标准、指南和建议、合格评定、透明度、评定时限、合作和贸易便利化等内容作了详细的规定。而我国的涉外经贸法治未来在“技术性贸易壁垒”规则与CPTPP的对接方面，可以从以下几点来进行考量，比如，我们是否可以将国内技术法规草案的权利扩大到出口方的公民和企业；又比如，我们是否可以将一些重点产品的技术法规、技术标准与合格评定程序进行更加细化的规定；还比如，我们是否可以就关于参与评论主体范围的设定，规定国民待遇原则，等等。

3. 跨境服务贸易

CPTPP中的“跨境服务贸易”共有13个条款和2个附件。这13个条款对跨境服务贸易的定义、适用范围、国民待遇、最惠国待遇、负面清单、例外与限制、透明度要求等内容作了详细的规定。而我国的涉外经贸法治未来在“跨境服务贸易”规则与CPTPP的对接方面，可以重点关注以下三项内容：第一，CPTPP中的“跨境服务贸易”只包括了与GATS相对应的“跨境提供”、“境外消费”和“自然人流动”这三种类型，而与GATS相对应的“商业存在”这一类型，CPTPP则将其纳入“投资”章节。因此，我国涉外经贸法治未来在这方面是否也可作相应的调整。第二，CPTPP中的“跨境服务贸易”中的第10.2条第二款对适用范围做出了例外规定，将第10.5条（市场准入）、第10.8条（国内规制）以及第10.11条（透明度）同样适用于以跨境投资（即商业存在）形式提供的服务。所以，我国的涉外经贸法治未来在这方面是否也可以做出相应的规定。第三，CPTPP中的“跨境服务贸易”末尾还有三个附录，附录A是对专业服务的特别规定，专业服务的范围包括工程与建筑服务、工程许可与注册、法律服务和专业服务工作小组；附录B则是关于快递服务的特别规定，包括快递服务的定义和范围、禁止垄断义务、非歧视原则等；附录C则规定了负面清单实行“棘轮机制（Ratchet Mechanism）”。因此，我国的涉外经贸法治未来在这方面是否也可以进行相应的模仿。

4. 金融服务

CPTPP中的“金融服务”共有22个条款。这22个条款分别对金融服务的相关定义、国民待遇原则和最惠国待遇原则、禁止行为、金融服务监管义务、例外事项、金融监管的相互承认等内容作了详细的规定。而我国涉外经贸法治未来在“金融贸易”规则与CPTPP的对接方面，可以重点关注以下两项内容：第一，CPTPP中的“金融服务”的第11.2条对金融服务的定义作了相关限定，将三类活动排除在金融服务的适用范围之外，包括构成社会保障制度组成部分的活动或服务以及以缔约方财政资源为担保或适用其财政资源从事的活动或服务；政府对金融服务的采购活动；政府支持贷款、担保和保险等。针对此点，我国涉外经贸法治可否也作出相应的调整。第二，CPTPP中的“金融服务”的附件为各缔约国对部分领域适用情形的特殊约定，包括各国对与金融服务有关的跨境贸易的承诺；各成员国对特定领域的承诺；各缔约国金融监管机构列表，等等。针对此点，我国涉外经贸法治是否也可以在相关领域实行特殊的约定。

5. 政府采购

CPTPP 中的“政府采购”共有 24 个条款。这 24 个条款分别对政府采购的定义、范围、例外、过渡性措施、采购信息的公布、预定采购的通知、参加条件、供应商资格、限制性招标、谈判、技术规格、招标文件、时限、投标的处理和合同的处理、合同授予后的信息、信息披露、保证采购程序中的廉正、国内审查程序、附件的修改和更正、便利中小企业的参加、合作、政府采购委员会、进一步谈判等内容作了详细的规定。而我国涉外经贸法治未来在“政府采购”规则与 CPTPP 的对接方面，需要对以下这项内容予以关注，即 CPTPP 对政府采购的适用范围、采购方式和国内审查程序非常关注，非歧视原则和透明度原则是 CPTPP 的“政府采购”规则的核心价值之所在。因此，我国的涉外经贸法治今后需要对此点给予足够的重视。

6. 竞争政策

CPTPP 中的“竞争政策”共有 9 个条款，该 9 个条款分别对国内竞争法、竞争执法中的程序公正、消费者保护政策、私人诉权、合作原则、透明度原则和争端解决机制等内容作了详细的阐述。我国的涉外经贸法治未来在“竞争政策”规则与 CPTPP 的对接方面，可以主要关注以下两大方面：第一，CPTPP 就缔约方国内竞争法的层面对国内相关立法、实施监管、执法及司法提出了一些规制要求。因此，我国的涉外经贸法治也可在上述这些方面进行相应的改革。第二，CPTPP 就各缔约方之间竞争政策的互动，以及 CPTPP 竞争政策的执法合作和争端解决机制作出了相应规定。因此，我国的涉外经贸法治未来也可就竞争政策的互动与合作予以更加细化的规定。

7. 国有企业和指定垄断

CPTPP 中的“国有企业和指定垄断”共有 15 个条文，这 15 个条款分别对国有企业和指定垄断的定义、适用或排除适用的范围、属地管辖和司法公正原则、非商业援助、透明度要求、国有企业和指定垄断委员会、缔约方所做的保留、规则适用的例外情形、争端解决中的信息形成、缔约方开展技术合作、进一步谈判的义务等内容作了详细的规定。我国涉外经贸法治未来在“国有企业和指定垄断”规则与 CPTPP 的对接方面，可以主要关注以下三大核心内容：第 17.4 条非歧视待遇和商业考虑、第 17.6 条非商业援助和第 17.10 条透明度。

8. 知识产权

CPTPP 中的“知识产权”共有 83 个条款，这 83 个条款分成了总则、合作、商标、国家名称、地理标志、专利和未公布的试验数据或其他数据、工业设计、著作权及相关权利、执法、网络服务提供者和最后条款共 11 个方面。我国的涉外经贸法治未来在“知识产权”规则与 CPTPP 的对接方面，可以从以下几个重要的方面入手，比如，在商标和地理标志方面，CPTPP 扩大了商标注册客体、强化了驰名商标的保护、混淆性认定举证责任倒置、弱化商标使用许可备案制度、弱化对地理标志的保护。因此，我国的涉外经贸法治可否也在这方面进行相应的变化。又比如，在专利方面，CPTPP 扩大了专利范围、设定了宽限期、规定了专利的撤销事由、限制了专利权的例外、延长了专利权的保护期限、推定了专利执法的有效性。因此，我国的涉外经贸法治可否也就此进行相应的设置与规定。还比如，CPTPP 在执行措施方面，对赔偿数额进行了具体化、对临时措施的申请人以及被申请人的范围作出了限制、对制裁措施的种类规定得更加严格。因此，我国的涉外经贸法治可否也就此进行相应的调整。

9. 投资

CPTPP 中的“投资”共有 29 个条款，主要由 A、B 两大部分构成完整的投资规则体系。其中，A 部分规定了投资的基本原则和实体内容，包括投资的范围、业绩要求、投资与环境、卫生和其他管理目标、国民待遇、最惠国待遇、待遇的最低标准、征收与补偿、转移规定、高级管理人员和董事会、不符措施、代位、特殊手续和信息要求、拒绝授予利益、企业社会责任等。B 部分规定了 CPTPP 下的投资者——国家争端解决机制，包括磋商和谈判、提交仲裁申请、各缔约方对仲裁的同意、各缔约方同意的条件和限制、仲裁员的选择、仲裁的进行、仲裁程序的透明度、安全例外、信息披露、对附件的解释、专家报告、合并审理、裁决、文书送达等。同时，CPTPP 中的“投资”还包括 12 个附件，内容涉及习惯国际法、征收、转移、公共债务、不符措施棘轮机制、提交仲裁申请等内容。我国的涉外经贸法治未来在“投资”规则与 CPTPP 的对接方面，可以从 CPTPP“投资”章节中所包含的一些创新性内容上获取灵感。这些创新性内容包括允许“投资授权”的可仲裁性的差异化安排，不适用“用尽当地救济”原则，大幅提升仲裁透明度，仲裁员的选任方面对仲裁员资质提供了更明确的指引，试图对仲裁员的公正性和独立性进行监管，裁决内容可列明仲裁费用相关问题，对仲裁准据法的规定更为具体，仲裁程序细化且提供多样选择。因此，我国的涉外经贸法治也可从中寻找相应的对策。

由上可知，中国涉外经贸法治与更高水平国际经贸规则的进一步对接与融合，可以在推动高水平对外开放的同时，也进一步推进法治中国的建设。虽然自改革开放至今的四十余年来，中国基本构建了涉外法律体系，但在百年未有之大变局下，我国涉外法治工作仍存在短板。因此，党的二十大报告明确指出要加强涉外领域法治建设，以进一步维护国家利益，保障对外开放的独立自主，为中国式现代化的推进保驾护航。加强涉外领域法治建设，就是补齐补强涉外法律体系的短板，健全涉外法律法规体系，充实涉外法治工具箱。①这既强调了涉外领域法治建设要以合作为导向，通过法治化的方式疏通对外开放的具体通道，也将维护国家利益，敢于斗争、善于斗争的精神注入法治体系，切实保障对外开放的成果。②而涉外经贸领域的法治建设也同样如此，通过进一步加深中国涉外经贸法治与全球多边贸易体制

---

① 参见黄文艺：《推进中国式法治现代化，构建人类法治文明新形态——对党的二十大报告的法治要义阐释》，载《中国法学》2022 年第 6 期。

② 参见刘晓红：《推进高水平对外开放的法治维度》，载《政治与法律》2023 年第 4 期。

的对接力度以及进一步加大中国涉外经贸法治与区域自由贸易协定的融合广度，中国涉外经贸法治建设必将取得圆满成功。

三、进一步加强中国涉外经贸法治与自由贸易试验区的匹配建设

2023年11月27日，习近平总书记在主持第二十届中共中央政治局第十次集体学习时强调，“要对标国际先进水平，把自由贸易试验区等高水平对外开放的有效举措和成熟经验及时上升为法律，打造开放层次更高、营商环境更优、辐射作用更强的对外开放新高地……加强涉外法治建设既是以中国式现代化全面推进强国建设、民族复兴伟业的长远所需，也是推进高水平对外开放、应对外部风险挑战的当务之急。要从更好统筹国内国际两个大局、更好统筹发展和安全的高度，深刻认识做好涉外法治工作的重要性和紧迫性，建设同高质量发展、高水平开放要求相适应的涉外法治体系和能力，为中国式现代化行稳致远营造有利法治条件和外部环境”。

从习近平总书记的讲话中，我们不难看出，作为中共中央在新时代推进改革开放的一项战略举措，自贸区犹如激活了我国高质量发展的一池春水。而其中，上海自贸区所走过的每一步，则更加值得总结。上海自贸区始终将区域建设与中国涉外法治建设融为一体，从而使其能够更好地站在中国大地上眺望世界，融入世界。可以说，“试制度、闯新路”这两句话最适合用来形容上海自贸区的历史使命。

2013年8月30日，由第十二届全国人民代表大会常务委员会第四次会议通过的《关于授权国务院在中国（上海）自由贸易试验区暂时调整有关法律规定的行政审批的决定》规定，在中国（上海）自由贸易试验区内，暂时调整《外资企业法》《中外合资经营企业法》和《中外合作经营企业法》规定的有关行政审批，但对国家规定实施准入特别管理措施的外商投资除外。上述调整在三年内试行，对实践证明可行的，应当修改完善有关法律；对实践证明不宜调整的，恢复施行有关法律规定。

2013年9月29日，中国（上海）自由贸易试验区正式成立，其位于上海东部的外高桥保税区、外高桥保税物流园区、洋山保税港区和上海浦东机场综合保税区，面积仅有28.78平方公里，相当于上海市面积的1/226。目标是建成具有国际水准的投资贸易便利、货币兑换自由、监管高效便捷、法治环境规范的自由贸易试验区。

2013年12月21日，由国务院根据人大常委会决定和上海自贸区总体方案决定并发布的《关于在中国（上海）自由贸易试验区内暂时调整有关行政法规和国务院文件规定的行政审批或者准入特别管理措施的决定》规定，推进改革外商投资管理模式，扩大服务业开放，对32项行政审批或准入特别管理措施进行暂时调整。

2014年7月25日，上海市第十四届人大常委会第十四次会议表决通过《中国（上海）自由贸易试验区条例》，该条例于同年8月1日起施行。条例定位为综合性立法，集实施性法规、自主性法规、创制性法规的性质于一身，其为自贸区提供地方立法保障，堪称自贸试验区建设的“基本法”。条例共9章57条，包含管理体制、投资开放、贸易便利、金融服务、税收管理、综合监管、法治环境等。

2014年12月28日，第十二届全国人大常委会第十二次会议决定上海自贸区扩容。扩容后，上海自贸区扩展区域总面积120.7平方公里，新增陆家嘴金融片区、金桥开发片区、张江高科技片区，成为最大的自贸区。

2015年4月27日，上海自贸区扩展区域正式揭牌。上海自贸区的五大片区局——保税区管理局、陆家嘴管理局、金桥管理局、张江管理局和世博管理局正式亮相。

2015年10月30日，《进一步推进中国（上海）自由贸易试验区金融开放创新试点　加快上海国际金融中心建设方案》印发，其又被称作《上海自贸区金改方案四十条》。该方案回应了外界期待的多项热点政策，包括率先实现人民币资本项目可兑换，合格境内个人投资者境外投资，进一步扩大人民币跨境使用等。其要求大力促进自贸试验区金融开放创新试点与上海国际金融中心建设的联动，更好地为全国深化金融改革和扩大金融开放服务。

2017 年 3 月 30 日，国务院正式印发《全面深化中国（上海）自由贸易试验区改革开放方案》，这是上海自贸区设立以来，国家出台的第三个改革方案，也被外界称为“上海自贸区改革的 3.0 版”。该方案提出改革任务共 5 方面 21 条，包括加强改革系统集成，建设开放和创新融为一体的综合改革试验区（9 条）；加强同国际通行规则相衔接，建立开放型经济体系的风险压力测试区（5 条）；进一步转变政府职能，打造提升政府治理能力的先行区（3 条）；创新合作发展模式，成为服务国家“一带一路”建设、推动市场主体走出去的桥头堡（3 条）；服务全国改革开放大局，形成更多可复制推广的制度创新成果（1 条）。

2017 年 6 月 26 日，《中国（上海）自由贸易试验区金融服务业对外开放负面清单指引（2017 年版）》印发，该指引的金融服务业范围包括：外资投资设立金融机构管理（市场准入限制）、外资准入后业务管理（国民待遇限制）共 10 类 48 项，同时还包括例外规则依现行规定执行，在上海自贸试验区内按照内外资一致原则实施管理，完善事中事后监管制度。

2019 年 8 月 6 日，国务院印发《中国（上海）自由贸易试验区临港新片区总体方案》，在上海大治河以南、金汇港以东以及小洋山岛、浦东国际机场南侧区域设置新片区，先行启动区域面积为 119.5 平方公里。2019 年 8 月 20 日，中国（上海）自由贸易试验区临港新片区成立，临港新片区管理委员会正式揭牌。

2019 年 8 月 20 日，上海市政府正式公布《中国（上海）自由贸易试验区临港新片区管理办法》，该办法共 11 章 49 条，其以政府规章的形式，明确临港新片区的管理体制机制，全面体现新片区改革亮点，衔接国家授权改革措施，为新片区顺利运作提供法治保障。

2021 年 7 月 15 日，《中共中央国务院关于支持浦东新区高水平改革开放打造社会主义现代化建设引领区的意见》正式发布。该意见在深入推进高水平制度型开放，增创国际合作和竞争新优势章节中提出：推进中国（上海)自由贸易试验区及临港新片区先行先试,更好发挥中国(上海)自由贸易试验区及临港新片区"试验田"作用,对标最高标准、最高水平,实行更大程度的压力测试,在若干重点领域率先实现突破,相关成果具备条件后率先在浦东全域推广实施。在浦东开展制度型开放试点,为全国推进制度型开放探索经验。具备条件、符合监管、风险可控下推进:海关特殊监管区域建设;围绕战略性新兴产业领域创新监管安排;商事争端与国际通行规则接轨;更多跨境专业服务;优化离岸转手买卖业务审核流程;适应境外投资和离岸业务发展的税收政策;支持浦东企业服务出口的增值税政策;保税维修业务;国际经济组织和企业总部落户;自由贸易账户的税收安排;洋山特殊综合保税区消费服务设施及保税展示交易平台。

2021 年 8 月 18 日,上海市委、市政府发布《关于支持中国(上海)自由贸易试验区临港新片区自主发展自主改革自主创新的若干意见》。该意见有三大特点,分别是聚焦本市权限,突出改革创新;聚焦重点领域,突出系统集成;聚焦国家战略,突出协同联动。其以解决临港新片区改革创新发展过程中遇到的政策痛点堵点问题为导向;赋予临港新片区更大的自主发展、自主改革、自主创新管理权限;支持临港新片区深化差异化政策制度探索,助力临港新片区成为全市发展的"增长极"和"发动机"。

2022 年 2 月 18 日,临港新片区首部综合性地方性法规《中国(上海)自由贸易试验区临港新片区条例》由上海市第十五届人民代表大会常务委员会第三十九次会议通过,自 2022 年 3 月 1 日起施行。该条例共 10 章 55 条,是保障改革创新发展的关键性立法,且在《管理办法》的基础上,为临港新片区打造市场化、法治化、国际化营商环境提供更高质量的法治保障;是推动临港新片区各项改革创新发展工作在法治化轨道上守正创新、行稳致远的关键性立法。同时,改革创新成果也通过该条例予以确认,一方面,具有创新性、突破性的制度和政策需要通过条例予以确认,来稳定市场预期;另一方面为临港新片区持续对标最高标准、最高水平开展系统集成改革创新提供法治保障。另外,该条例预留接口,构筑开放型经济的制度新优势,充分体现新片区的自主发展、自主改革、自主创新的特点，并且很多正在推进，还没有完全落地但是国家相关主管部门已经明确了方向，原则上支持的政策也被写进了条例。

2023 年 11 月 26 日，为全面实施自由贸易试验区提升战略，更好发挥中国（上海）自由贸易试验区（含临港新片区）先行先试作用，打造国家制度型开放示范区，国务院印发了《全面对接国际高标准经贸规则推进中国（上海）自由贸易试验区高水平制度型开放总体方案》。该方案支持上海自贸试验区对接国际高标准经贸规则，推进高水平制度型开放，是新时代全面深化改革和扩大开放的重要举措。

综上，上海自贸区经过十年的开放探索，创新了诸多成果。在国家层面复制推广的 302 项自贸试验区制度创新成果中，近一半源自上海首创或同步先行先试。可以说，上海自贸区充分发挥了全面深化改革和扩大开放的试验田作用。具体来讲，上海自贸区取得的成就包括对标国际高标准经贸规则，推进高水平制度型开放；坚持要素市场化改革方向，增强全球资源要素配置能力；加强政府自身改革，提升治理现代化水平；聚焦产业发展所需创新制度供给，增强高质量发展新动力；区域主要经济指标保持快速增长。而能够取得如上突出成就，最为关键的原因就在于上海自贸区与中国涉外法治建设进行了非常高效且有机的融合，正因为上海自贸区从成立之初直至现在，推出了诸多与涉外法治密切相关的规范文件，从而才使得上海自贸试验区建设能够有效激发市场活力动力，并使其示范引领作用不断凸显，区域发展能级全面跃升，服务国家战略能力显著增强。新十年，上海自贸区必将整装再出发，进一步加大与中国涉外法治的联合，为扩大高水平开放破题，为构建新发展格局探路，为推动高质量发展赋能。

第四节　结　语

从 2020 年开始，“十四五”规划启动和 2035 年远景目标的提出，意味着中国的对外开放进入一个历史的新阶段。两会通过的"十四五"规划和2035年远景目标建议提出，坚持实施更大范围、更宽领域、更深层次对外开放，依托我国大市场优势，促进国际合作实现互利共赢。可以这样说，"更大范围、更宽领域、更深层次"的开放是高水平开放的具体要求，其意味着我国不但要在国内某个地区实施开放，而且整个国家都要开放；不仅制造业要开放，而且金融、法律、医疗等各种服务业也要开放；不仅在具体做法上要开放，还要在制度和体制层面上通过改革来保证这些开放。其中最重要的一个关键点是：我们在实行开放的过程中，必须认同和遵守国际通行的规则，坚持多边主义全球化。[①]在我国涉外经贸法治的建设过程中，也同样需要体现这种规则意识。无论是WTO的多边经贸规则，还是如RCEP、DEPA、CPTPP这样的区域经贸规则，它们都体现了国际经贸领域所崇尚的"自由贸易""公平竞争""平等互利"的基本原则。作为一个全球经贸大国，我国遵守国际经贸规则是赢得世界各国尊重的基础，也是构建中国涉外经贸法治更高水平对外开放新格局的应有之义。

推动高水平对外开放是中国参与全球治理并推动构建人类命运共同体的前提，需要维护以国际法为基础的国际秩序。全球治理需要形成稳定公平的国际秩序，而国际法无疑是维护国际秩序的重要工具，对以国际法为载体的"准则和行为规范"的维护自然也是对国际法治的维护。[②]而在国际经贸领域，对外开放也恰是中国参与全球经贸治理并促进国际经贸法治的重要基础，我们应通过对国际经济法的维护，践行共商共建共享的全球经贸治理观，坚持真正的全球多边贸易体制和高水平的区域自由贸易协定，以凸显中国在涉外经贸法治建设及推动全球经贸治理朝着更加公正合理的方向发展方面的责任。[③]

---

① 参见海闻：《构建以规则为基础和以互利为原则的高水平对外开放新格局》，载《中国经济评论》2021年第4期。

② 参见黄进：《习近平全球治理与国际法治思想研究》，载《中国法学》2017年第5期。

③ 参见刘晓红：《推进高水平对外开放的法治维度》，载《政治与法律》2023年第4期。

总而言之，在中国经济发展的新阶段，面对百年未有之大变局，中央提出构建高水平对外开放新格局是一项有勇气、有智慧、高瞻远瞩的战略决策，意义重大，影响深远。而构建中国涉外经贸法治更高水平对外开放新格局的历史任务，同样需要勇气和智慧，需要我们党、我们政府、我们企业以及全中国人民的不懈努力和艰苦奋斗。

附篇:亲历者说——我国申办、筹办和举办世博会概况

2010年5月1日,举全国之力、集世界之智举办的中国上海世界博览会盛大开园,这是百年世博史上首次在发展中国家举办的盛会,是生动隽永的中国融入世界的故事,让全球看到一个民族对世界文明和进步作出的巨大的贡献。对于中国来说,世博会是改革开放再出发的一大动员;对于世界而言,更加坚定了全球对中国在构建人类命运共同体的道路上与世界各国一同前行的信心。①

第一节　申办世博会的艰辛历程

一、举办世博,意义重大

世博会是由某一国家政府主办,由多个国家或国际组织参加的国际性大型展示盛会,被誉为世界经济、科技、文化的"奥林匹克"盛会,它展示了每个时代的文化、科技和产业上的伟大成果。时光荏苒,2010年上海世博会已过去十余载,一些问题和思考始终萦绕在我的脑海里:中国为什么要举办世博会?在21世纪初叶,在中国迎来改革开放新阶段的关键历史时期,举办世博会对我们的国家和民族、对上海这座城市具有怎样的深远意义?世

① 下文将以亲历者(周汉民)的视角阐述我国申办、筹办和举办世博会的概况。

博会具有举办时间长、展出规模大、参展国家多的特点，是新思想、新文化、新技术、新产品、新时尚的五新聚会，是全球各国向世人展现本国在社会经济文化各领域的成就与发展前景的最好机会，是人类文明进步和对未来梦想的生动展示。中国举办世博会的意义何在，我认为有三个方面：

第一，我深切地感知，2008 年的北京奥运，2010 年的上海世博，对中国最重要的意义就是它理应成为中华民族伟大腾飞的阶梯。仅举两例，我们的两个邻国，在战后分别崛起，今天都成为世界的强国。一个是日本，日本在 1964 年举办过东京奥运，1970 年举办过大阪世博。另一个是韩国，韩国在 1988 年举办过汉城奥运，在 1993 年举办过大田世博。2005 年世博会在日本的爱知举行，那是日本举办的第五届世博会。世博会将使申办国家和承办城市的现代化提速，这已经被历史反复印证。世博会是一个舞台、一扇窗口，通过这一舞台和窗口，中国可以与世界实现零距离接触，所以世博会理应成为民族腾飞的阶梯。

第二，世博会在很大程度上推进国家的现代化和工业化进程。往届世博会都在发达国家举办，历史证明，这些国家举办世博会时，大致是这些国家工业化、现代化发展最关键的时期。首届世博会在 1851 年的英国伦敦召开，这绝非偶然，1851 年的英国是世界最强盛的国家，其工业化发展到了巅峰时期。在那个时候，需要举办一届世博会，来展示其工业化的成就，来推进其工业化的进程。又如美国，其工业化道路其实就是举办世博会的历史。美国举办首届世博会是在美国革命胜利 100 周年即 1876 年，在美国的革命圣地——费城。迄今，美国共举办了 14 届世博会，从美国西部的旧金山、斯波坎、芝加哥、费城、丹佛、新奥尔良，一直到东部城市圣盖堡和纽约，无不留下世博会伴随美国工业化和现代化发展的轨迹。再如，法国首都巴黎是一座历史名城，它举办过 7 届世博会，最有名的是在法国大革命 100 周年庆典时举办的世博会。1889 年，法国人在那一届世博会上所建造的标志性建筑——埃菲尔铁塔，今天仍被称为法兰西的精神象征。

第三，极大地激励国民意识和提升国家形象。世博会的举办，有利于全面提升中国的民族精神，提高国民的道德素质和国际交往能力，为国家的发展注入新的动力。申办世博能够进一步激发民族的责任心、自豪感。我们对世博和奥运的期盼，其实就是我们对世界又一次重要贡献的期盼，这些重大活动是民族气节和国家形象的又一次提升和又一次集中体现，这是我们全民共同的心愿，也是中华民族伟大复兴的重要内容。

世界的精彩建立在科学技术的进步和文化发展的多元融合这两个基点上，而世博会就提供了这样一个平台，举办世博对于始终积极融入并致力于推进经济全球化和促进全球文明交流互鉴的中国而言，是一个千载难逢的机遇。中国上海申博具有得天独厚的优势，一是政治稳定，对于申办城市的选择是一项严肃的国家行为，是一个主权国家从政治、经济、文化、社会、外交等诸方面进行综合考虑所作出的政治决策，因而，世博会申办体现国家意志，并由举国体制促成其事；二是经济活跃，20 世纪末，上海在努力建设国际经济、贸易、金融和航运中心，上海改革开放以来积累的优势，例如经济活跃而有序，万商云集尤其是众多跨国公司总部和分支机构的入驻，对于世博会的举办有着内在需求且能提供良好条件。经历 1999 年《财富》500 强论坛和 2001 年 APEC 会议的洗礼，上海积累了许多举办大型国际会议的丰富经验，仅 2000 年，在上海举办的国际展览会就达 270 多个；三是文化兼容，中国是世界文明的摇篮之一，近年来更是在改革开放中活力喷发、魅力四射，上海背靠长江水，面向太平洋，自开埠伊始便以大气谦和、兼容并蓄的文化理念融贯东西、海纳百川；四是社会安定，上海不断建立健全法律制度体系，把法治作为最重要的制度供给、最基本的治理方式，做到社会安定、城市安宁、人民安康；五是交通便利，上海位于长江的出海口，濒临太平洋，处于亚洲的心脏地区，其优越的地理位置使得全世界 50%左右的人口都可以在五个小时之内到达上海。此外，上海还具有三个独有的特点：一是上海的知名度，上海具有较好的国际知名度和影响力，且上海与长三角地区具有密切联系与合作，人流、资金流密集，有利于国际展览事业的传承；二是主题，世博会要求所选主题要 150 年来没人选过，我们的主题得到了世界的广泛认同；第三是选址，我们选择黄浦江滨水区，那里有百年老厂，也有大量居民，居民、工业混杂，污染严重，结构亟须调整和改造。为什么选那里，因为办世博会不是为了建场馆，而是为解决城市已有的问题，因此，这个选址是最具吸引力的选址。面对激烈的竞争格局，上海满怀豪情地出发，“中国如有一份幸运，世界将添一片异彩”，这句口号也昭示了我们的美好愿望和坚定决心。

二、百年梦想，由梦成真

举办世博会，不是无源之水、无本之木。1851 年，第一届世博会在英国伦敦举行，当时的统治者对世界科技的飞速发展和政治经济格局的历史性变化还茫然无知，将世博会称为“赛奇会”，仅有上海英商“宝顺洋行”的一个商人徐荣村，以其经营的“荣记湖丝”参加博览会，并获得金银大奖。经过几次走近世博会，不少中国人大开眼界，接受了近代文明的洗礼，进而萌发了学习西方、追赶西方的强烈使命意识。1867 年，世博会在巴黎举行，主张学习西方的清朝学者王韬在《漫游随录》中第一次记述精彩绝伦的“巴黎万国博览会”。1876 年，当时的清政府第一次以官方名义参加了美国费城世博会，随团参展的中国工商界代表李圭根据经历写下了《环游地球新录》，成为中国人“睁眼看世博”的名篇。此后，一些有识之士不仅希望参与世博会，更期望中国举办世博会。1894 年，中国近代改良主义思想家郑观应的名著《盛世危言》出版，书中提到“故欲富华民，必兴商务，欲兴商务，必开会场。欲筹赛会之区，必自上海始”。中国近代著名政治活动家、启蒙思想家梁启超曾于 1902 年在《新中国未来记》中想象了 60 年后的博览会，渴望自己的祖国“睡狮破浓梦，病国起沉疴”。“处处有论说坛、日日开讲论会，竟把偌大一个上海，连江北，连吴淞口，连崇明县，都变作博览会场了”，在梁启超看来，将在上海举办的大博览会不仅陈设商务、工艺，还是各种学问乃至宗教的交流场所。1910 年，晚清小说家陆士谔创作《新中国》，预言一百年后要在上海浦江东岸举办一届万方来仪的博览会，主人公还在梦中规划了浦东大铁桥、越江隧道和地下电车隧道。从“睁眼看世博”到幻想未来，反映了国人对世博的期待。1982 年以后，中国陆续参加了 12 次世博会，国际展览局也多次以不同方式表达了希望中国加入国际展览局的愿望，1993 年，国际展览局通过了中国政府的申请，接纳中国为第 46 个成员国。根据国际展览局的规定，只有国展局的成员国才能举办世博会，非成员国可以参展，但不能举办冠以“世博会”名称的展览会。因而，中国与世博会交往的历史，也是中国从封闭半封闭走向全方位对外开放、从积贫积弱走向繁荣富强的历史。20 世纪 80 年代的中期，时任上海市市长汪道涵就提出，一定要争取把 20 世纪最后一届世博会办在上海。他曾说过，世博会是战略性的，要管 50 年。虽然当时我们无此实力，但这一思想一直鼓励着我们不懈努力。

在中国人萌发世博梦想后历经一个多世纪，梦想终于得以落地生根：1999 年，在国际展览局第 126 次全体大会上，中国正式宣布申办 2010 年世博会，并且是第一个提出申办该届世博会的国家，会场内顿时掌声不断。如果说提出申请只是一种表态，那么递交正式的申请函，就可以被认定为“法律依据”。根据国际展览局的规定，在口头提出申办综合类世博会后，需要等到举办期前十年，才可以正式递交申请函，也就是最早也要到 2001 年上半年才能正式递交。2000 年，在国际展览局第 128 次全体大会上，有信息提示，国际展览局有可能把 2001 年 5 月 2 日定为接受申办国正式申请函的日期。既然已经第一个口头提出申办，那为什么不去争取第一个递交申请函呢？2001 年 5 月 2 日，中国政府正式向国际展览局递交了书面申请，这一由时任外交部长唐家璇签署的“2010 年上海世博会”的正式申请函，是第一次由国家外交部长签署的申请函。

2001 年 7 月 13 日，中国北京申奥成功后，我们的申博工作才进入了最后一年零五个月的冲刺。2001 年 10 月，我受中央任命，出任中国驻国际展览局代表，远赴巴黎，成为国际展览局成立以来首位专职从事申博的国家代表，由此开启了十年世博路，人生最壮丽的时刻就是实现了一个知识分子最起码的理想——零距离为国家服务。作为一名“申博大使”，我的任务就是在党中央、国务院的直接领导下，在全国人民的大力支持下，充分调动国际积极因素，最后获得这一届世博会的举办权。

接受任命后没有多久，我就随时任上海市市长、中国 2010 年上海世博会申办委员会副主任徐匡迪，前往法国巴黎出席国际展览局第 130 次全体大会。就是在那一次出访中，我第一次见到时任中国驻法大使吴建民，徐市长把我介绍给吴建民，并希望上海申办工作能够得到吴建民大使和中国驻法大使馆的全力支持。那天晚餐后，吴建民约我散步，询问了我许多问题，包括工作、学习和家庭生活。第二天中午，吴建民再次与徐匡迪见面时，明确表示，他认为我可以成为一个合格的驻国际展览局代表，可以借住在我国驻法使馆馆内，并热情提出可用使馆政治公参所用的住所，且安排相关同志协助我工作。顷刻间，一种莫名的感动涌上心头。我有了家，有了国家作为后盾，有了开展工作的最重要条件和支撑。随即，我就展开了申博工作。这一份工作，对我的压力和挑战是前所未有的，它不仅关乎申博的成败，同时关乎国家的声誉和形象，责任重于泰山。

到临巴黎前线，工作千头万绪，于我而言，这是人生全新的历练、极大的考验。什么是工作的主轴？我认真学习、全面了解从 1850 年开始，世界博览会对人类文明和社会进步的贡献，深切地感知到，世博会是人类文明的驿站，以科技的光芒指引人类前行，用文化的力量震撼人类的心灵，从 1851 年伦敦世博会到 2000 年汉诺威世博会，为全世界留下了诸如英国海德公园水晶宫、法国巴黎埃菲尔铁塔等宝贵的文化遗产，成为世界人民相聚、相交、相知的盛会，每一届世博会都有其各自的空间和时间限制，但它们却都有一些共同的特点：鼓励创新、促进沟通和交流、探索远远超过时空界限的疑难问题，正是由于不断地扩展和继承这些宝贵的精神遗产，才使得世博会成为永不停止的人类文明的全球盛会。世博会非常自豪地把自己定义为“一切始于世博会”这样的世界级盛会，它不仅是人类一段历史时期内新思想、新文化、新科技、新创造和新成果的集中展示，而且在很大程度上是理念创新和思想创新，唯新唯先，唯新唯达。因而，举办世博会的真正目的在于，启迪整整一代人和一个时代的思维方式，这也是其历久不衰、常办常新的精髓所在。

按照《国际展览公约》的规定，第一个提出申办申请的国家必须留有6个月的时间让其他成员国来参与竞争。在世博会的申办历史上，几乎都是一个国家提出举办，别国附和，很少有几强相争的情况。然而，中国申博共引来了另外5个实力强大、特色鲜明的竞争对手：韩国的丽水、俄罗斯的莫斯科、波兰的弗洛兹瓦夫、墨西哥的克雷塔罗、阿根廷的布宜诺斯艾利斯，可谓强手环伺。俄罗斯的莫斯科是一座世界名城，它具有的文化、技术以及建筑的深厚历史积淀，有着极强的竞争力，韩国的丽水、波兰的弗洛兹瓦夫、墨西哥的克雷塔罗都以各自鲜明的城市特色或良好的生态环境而独树一帜，同样，阿根廷的布宜诺斯艾利斯也是拉丁美洲的一座著名城市。由此，2010年世博会申办城市的选择面临国际展览局有史以来最激烈的一次竞争。后来由于国内的金融危机和经济状况，阿根廷在2002年5月8日中途退出竞选。最终参与竞选的5个国家对申博都高度重视且各有优势，申办过程跌宕起伏，竞争始终十分激烈，形势不断发生变化，各国的陈述各有千秋、难分伯仲，一些国家还组成了以政府总理为首的申办世博会的班子，在各类公众场合进行宣传。而这一竞争的背后，其实就是以什么样的理念来赢得民心的工作。当时国际展览局成员国是88个，我的任务就是游说各国代表，通过他们促进其所在国政府下决心支持中国申办这届世博会，就是走访、拜会、结交朋友，讨论我们对这一届世博会的憧憬。各国申办世博会的竞争是一场没有硝烟的战争，这不仅是各国国力的竞争，同时又是各国历史、文化、传统、法制的综合展现。

尽管当年的中国在经济增长上的巨大成就已逐渐得到世界认可，但有150年历史的世博会，还从未在任何一个发展中国家举办过，人们是否有足够的时间和耐心听一听中国人的声音，还是一个未知数。同时，人们总免不了要问这样一个问题，在中国于2001年7月赢得2008年第29届夏季奥运会举办权之后，为什么还要申办世博会？那一年，中国还加入了世界贸易组织且首次世界杯出线，足以让别国艳羡。国际社会有一个普遍疑问：为何要让中国“好事成双”，甚至“大四喜”？还有媒体直接犀利提问，中国同时要办两件大事，这是否有点不公平？这种舆论给上海申办世博会带来了很大的压力。要想赢得办博权，就必须直面这一问题，不能回避，更不能保持沉默。对此，我们可以简单地回答，国际上早有先例：1992年，西班牙在巴塞罗那举办了奥运会，同年又在塞维利亚举办世博会。但我觉得，更要有一以贯之的思想，以理服人，以情动人，所以我告诉自己，要利用一切机会向大家传递信息：把世博会带回家，就是把世界带回家，你们目前所了解和认识的中国，只是这个国家的一部分，世博会不仅可以让中国人看到世界的精彩，更可以让整个世界认真地看看中国。中国拥有五千年源远流长的历史，不少国人可能认为中国在国际舞台上应当是无人不晓的，然而，事实上，当时，很多人对中国的理解是不全面的，印象是模糊的，在很多方面是矛盾的。不少未亲身到过中国的外国人，对中国文化的既定印象是“龙、灯笼、京剧”等程式化的传统符号，一个经济现代化、文化多元化的当代中国，对他们来说似乎很难想象。我认为，世界对中国应该有进一步的了解，这种了解一定要在平和的、平静的、平常的氛围中进行，而世博会就制造了这样一种氛围，我们要借此展示中国五千年的文化以及中国的成长和改革开放的成果，中国应当对人类作出更大的贡献，而中国举办奥运和世博会就是为世界作贡献。同时中国也要感知到自己是世界的组成部分，要非常强调以谦虚谨慎、虚怀若谷的心态看世界。

因此，我在十几个月的申博过程中，始终坚持三个观点：第一个观点，中国应当对人类作出更大的贡献，中国举办奥运和世博会就是为世界作贡献，所以我一直说，“多少年来，中国人积贫积弱，但今天随着中国的发展，我们要对世界作更大的贡献”。第二个观点，世博会不只是上海的，不只是中国的。所以，中国举办世博会，既要举全国之力，又要集世界智慧。“世博会不仅是中国的，世博会还是世界的"，这句话我在之后的整个办博过程中讲了10年。第三个观点，要把劣势转变为优势，想要全世界各国参加世博会主要困难有两点，一是有的国家没有积极性，二是有的国家没有钱。所以我的工作是，既要对发展中国家参会作出提供援助的承诺，又要最大程度地激发各国参会的积极性。

由此展开，我的工作千头万绪，千变万化，也千辛万苦，但是理念始终坚守毫不动摇。不仅是其他成员国代表，而且包括竞争国代表，我无不专门拜访，友善交流，成为知心朋友，道理是竞争得按照规矩来，竞争得在阳光底下，但竞争绝不能伤及感情，更不能造成国与国之间未来可能的纷争，我们要在公平的条件下与其他国家展开友好竞争。

结果也是如此：在2010年上海世博会上，俄罗斯国家馆、韩国国家馆不仅是独立馆，而且分别是境外规模最大的世博展馆之一；波兰馆是独立馆，那一年恰逢世界伟大的音乐家肖邦诞辰200周年，波兰不仅建了一个美轮美奂的国家馆，还在上海举办九场肖邦作品音乐会，其中一场独特的音乐会上邀请100位音乐家同时用100架钢琴演奏肖邦的作品，创造了一项新的吉尼斯世界纪录；墨西哥也是独立馆，并将风筝这一连接墨西哥文化和中国文化的共同元素作为核心主题。所有和中国竞争的国家，最后都是积极参与世博会的国家，他们的友善、努力和奉献当为中国人民永志不忘。

三、奋力拼搏，不辱使命

要做好前方的游说工作，既要能流利地使用外语，又要通晓国际政治、经济、文化知识，还要善于与人打交道、交朋友，学会用自己的工作态度和精神去展示中国申博的态度和精神。我深感重任在肩，利用各种场合和机会广泛拜会国际展览局官员，遍访其他87个国家的代表，反复沟通，争取他们同意中国举办世博会。我的工作主要分成三步：第一步是博得其他国家的认同，认同我们的努力；第二步是博得同情；第三步是实实在在地争取支持票。当时有60多个国家的代表常驻法国巴黎，6个国家的代表常驻比利时布鲁塞尔，8个国家的代表常驻英国伦敦，我和工作小组拜访了所有驻巴黎、布鲁塞尔、伦敦的成员国代表，对没有在上述三地常驻代表的国家，则访问他们的驻法使节。对有的国家代表拜访了多达20多次，最少的也有3次，全面阐述中国申博的主题、选址、民众支持、政府财政和税收、承诺、担保与优惠、对发展中国家的援助、预期的参展国家和参观人数以及为什么世博会在中国上海比在其他五个申办国家的城市举办更有利，请他们把信任票投给中国，投给上海，同时，了解这些国家的立场，促使他们逐步理解、支持中国申博，要做到锲而不舍、苦口婆心，始终保持振奋的精神、意志和气概。这些国家的文化、历史背景与中国不同，我不能单纯追求他们的理解，还必须将中国上海的优势完整地展现在他们面前。例如，根据盖洛普公司公布的调查结果，上海申博的民众支持率是93%，位居5个候选城市之首。申博成功后，上海至少将投入30亿美元用于场馆等各项建设，而这些资金完全由中国中央政府承担。政府对上海申博作出全面彻底的承诺，这点给予了那些支持国极大的信心。

由于投票是秘密进行的，在做好国家层面工作的同时，还要重视做好投票人的工作，争取各国代表的认同，使他们从理解同情我们转变为积极支持我们。如何做好代表的工作，需要有周详的工作计划和准备，要不厌其烦、不厌其详地做说服工作，我对自己的要求就是努力在工作中“学做人、学做事、学求职、学共处”。那个时候，我每周都要制定全面的工作进程表，时任中国驻法大使吴建民邀请我参加几乎每个工作日上午举行的使馆晨会，听取我申办工作的安排和进展，及时加以指点。尽管竞争有极大的变数，但我还是相信没有一票是不能被争取的，没有一票是可以放弃的。有着国家作为后盾，有中国驻法大使馆同志们最全面、最无私的支持，我有信心将工作往前推进。

我首先选择了拜访我们竞争伙伴驻国际展览局的代表，这完全出乎了竞办国家的预料。在拜访中国最主要的竞争对手——韩国驻国际展览局代表，也是韩国驻法公使车本友时，我们还专门聊起了“车”姓在中国的起源。我的第一句话就是，“车公使，您的姓在中国百家姓里面也有”。他说，“对啊，我们家800年前就是从山东移民到韩国的”。我接着说，“800年前我们是一家”。接着，我话锋一转问他，“明年（2002年）韩国要和日本联合举办世界杯足球赛。贵国有没有想过，2010年世博会也由贵我两国联合举办？”他回答，“我们从来没有考虑过”。我心里有底了，因为我们对韩国的策略只能是直面竞争。临走前我跟他说，“您是我兄长，我们能不能有个约定，可以直面竞争，但不要伤和气”。他说，“一定”。这人说到做到，是个谦谦君子。之所以以如此方式开局，就是为了向国际社会表明中国的姿态和立场，那就是我们所有的竞争都是平等的，是建立在相互间尊重的基础上展开的，是朝着一个共同的目标而推进的。在世博会闭幕之日，车本友作为中国人民的老朋友专程前来祝贺，他与我两次紧紧拥抱，共庆这一亚洲人民及世界人民的光荣。

令我印象尤其深刻的是信息委员会的主席，她在国际展览局的影响很大，是中东一个友好国家的代表，还是当年国际展览局赴中国考察团的成员之一，当时还有其他申办国的竞争对手对其也异常关注。为了赢得她对中国的支持，我在不同的场合与她沟通，不仅专程登门拜访，还利用各种会议的间隙与她交流，这样的沟通前后加起来足有20多次，不知不觉中坚定了这位重要人物对中国的支持。实践证明，交这个朋友是对的，她对中国申博给予了充分支持，对中国上海举办世博会的能力给予了充分肯定。

外交游说还要把握分寸、以变应变、处变不惊，中东地区的一成员国已公开照会投另一竞争国一票，并且表示还没有确定俄罗斯被淘汰出局后的选择方案。对此，我仍然不遗余力、坚持不懈地做说服工作。有一次，我和同事等候在该代表准备下榻的宾馆前，该代表刚一下车，我就再次与其进行长时间的坦诚交谈，请求他在原本支持的国家出局后出于对中国的友好，投支持中国的一票。最后，他同意了，也这么做了。

到巴黎后不久，我主动拜访了中美洲一国驻英国高级专员、驻国际展览局代表，该专员认为，在与中国建交后的五年里，两国关系发展很好，他们国家虽尚未就投票作出抉择，但会充分考虑这一关系。他分析了竞争形势，认为最终角逐将在中韩之间展开，阿根廷政局动荡，经济不景气，波兰不具备申办的实力，墨西哥缺乏申办成功的丰富资源，俄罗斯很难得到大多数成员国的支持，他们国家将在中韩之间选择，他本人倾向于中国，但他可能不参加第 131 次全体大会。这则消息十分重要，对我们判断竞争态势，制定对该国的游说计划起到了更有针对性的作用。南美洲一国家是最早一批政府书面照会支持我国申办世博会的国家之一，该国驻国际展览局的代表是驻比利时的大使。我第一次拜会他时，他就暗示，“要用半只眼睛看另一申办国”。这引起了我的高度警惕，并立即向国内报告，同时还请求我国驻比利时大使加大工作力度。最后，在该大使到达摩洛哥参加第 132 次全体大会时，我们抢先一步在尼斯机场接机并把他送到宾馆，我继续对这位投票人不断地做说服工作，直到进入会场、投票的最后一刻。就这样，在一年不到的时间里，我和工作小组的同事们先后发回了 370 多份与申博相关的密电，为国内及时收集信息、分析判断、及时决策提供了支持。

申博就是场没有硝烟的战争，它不重在形式上的豪华，而重在国家伟大文明的表达。有一次，我们在巴黎举办宴会，其间要安排文艺演出。最初的方案是把改革开放以来，我国在全世界声乐和器乐领域得过金奖的艺术家全部请到巴黎来，我和使馆的同志们讨论后，一致认为这些艺术家在餐厅演出，场合不合适。西方有一个惯例，这种演出场合，所有客人都要放下刀叉观看，如果 20 多位艺术家演两个小时，那这顿饭就没法吃了。于是我提出调整一下，以欢乐、动人为基调，上海有个小荧星艺术团，可以把孩子们请过来，弹钢琴，拉提琴，唱几首歌，使气氛热烈、热闹。最后，孩子们表演得很动人，好多观众看得热泪盈眶，我们的目的也就达到了。

2002 年 1 月 30 日，吴建民大使代表中国，向国际展览局递交了中国申办 2010 年世博会的报告，这也是所有申办国中第一个递交的。如何让这次亮相给人们留下深刻的印象？我和在法国的同事颇费思量，“众里寻他千百度”，蓦然，一个奇特的构想生成：在报告上系上一个火红的“中国结”。浓郁的中国特色和火红的喜庆特征果然产生了强大的冲击力，时任国际展览局秘书长洛塞泰斯及其他成员都非常欣赏这独具匠心的设计，“中国红”映红了欧罗巴。这是一份分量很重的报告，分三册共15万字，860多页、400多张图片，是中央各有关部门、上海市有关部门、专家学者们历时8个月齐心协力的成果。报告的第一册是正文，对国际展览局提出的12类问题作了系统回答和全面阐述，正文前面是时任国家主席江泽民和时任国务院总理朱镕基的支持信。第二册是场馆规划设计，包括选址地区的概况、理念、规划、主要场馆与标志性建筑的形象设计等内容。第三册是对报告正文的详细阐述和必要补充，包括参展合同、政府承诺书和附件、介绍上海概况的小册子等。当吴建民把报告交到洛塞泰斯秘书长手中时，他微笑着说，“这次你们又得了第一名，中国是第一个递交申办报告的国家”，他还说，“中国的报告中有国家元首和政府总理亲笔签署的支持函，有五位部长、上海市市长亲笔签署的承诺函，这在国际展览局的历史上前所未有，他本人对中国有能力举办2010年世博会充满憧憬，并祝中国好运”。这份报告后来得到了国际展览局的高度赞扬，评价是：计划可行，质量卓越，无愧于一届伟大的世博会。

2002年3月11日至16日，国际展览局官员一行在北京、上海及周边城市进行2010年世博会的申办考察。这是国际展览局对2010年世博会申办国家和城市进行考察的第一站，预示着申办2010年世博会的决战序幕已经拉开。在此期间，时任国家主席江泽民、时任国务院总理朱镕基于3月11日分别会见了国际展览局来华考察团的全体成员和国际展览局的主席与秘书长，这在外交礼仪上是破格的。但为了给胜利加码，时任国家主席江泽民和时任国务院总理朱镕基在全国人大会议期间，在繁忙的公务之中抽空接见考察团。时任国家主席江泽民在会见考察团时，将预定的半小时时间延长至1个小时20分钟，充分肯定了上海的申博优势，充分表达中国中央政府对上海申博的全力支持。考察团团长会后表示，想不到一国的领袖这么和蔼可亲，你们的最高领导人是在用另一种更有影响力的方式为申博做工作，你们的领袖真有魅力，并且她已百分之一百，甚至百分之一百五十相信中国政府支持申办 2010 年上海世博会。当天，时任国务委员吴仪还率中央 20 多个部门与考察团进行座谈，吴仪的陈述有三个要点：一是中央人民政府坚定不移毫无保留地支持，世博会要有 25 亿美元投资，全由中央人民政府担保；二是所有要求都要符合，如搬迁钢铁厂；三是民众支持。考察团提了一个很好的问题，如果上海承办 2010 年世博会，会留下什么遗产？我们的回答是，物质遗产和精神遗产。举例而言，1851 年世博会给英国伦敦留下了水晶宫；1889 年法国大革命 100 周年，世博会给巴黎留下埃菲尔铁塔；1958 年给布鲁塞尔留下原子球；1962 年给西雅图留下了太空针，这些永久标志都是人类文明的宝贵遗产。国不分大小、地不分南北，也不论贫穷，更不论信仰，希望世界在上海有一个和睦的盛会。用时任国家主席江泽民的话来说，上海世博会将办得最成功、最精彩、最难忘，其之后还在上海和墨西哥举行的 APEC 领导人非正式会议等多个国际会议上，表达中国政府支持上海申博的坚强决心，呼吁国际社会支持中国申博，关注中国未来的发展。时任国务院总理朱镕基在 2002 年访法的 2 天行程中，先后四次为申博进行外交斡旋，尤其是在会见国际展览局主席和秘书长时，朱镕基总理已经相当疲惫，我记得会见时他第一句话就是这么说的，"主席和秘书长同志，我现在已经是筋疲力尽了。但是，我还是要抽时间会见你们两位。你们知道我见你们的用意是什么吗？这一用意就是一定要争取中国申博的成功"。我们所有在场的中国同志闻之，无不深为感动。在 2002 年 7 月申博工作进入决战阶段之后，时任国家主席江泽民和时任国务院总理朱镕基还向有关国家的元首和政府首脑发出 30 多封请求支持函，在整个申博过程中，国家领导人利用多个外交场合为推动申博进行了卓越的工作，中国政府 18 个特使团和其他 19 个团组遍访国际展览局成员国，70 个驻外大使馆、驻联合国使团、驻世界贸易组织使团都为申博不遗余力、殚精竭虑，上海市委、市政府领导专程前往或转道前往巴黎，有力地推动申博工作，给予申博工作以莫大的鼓舞。

在 2002 年的这次国际展览局来华考察中还有个小插曲。当时，国际展览局决定哪一个国家要申办，就要派考察团去考察，提出申办的几个国家开会时互不相让，最后就用古老的方法来解决考察顺序的问题。六个人坐在一起，每张纸各有一个编号，大家抓阄，拿到哪个号就是哪个号。我抓到了1号后，立即报告中央，中央回复说，就由你来担任这次考察团的总指挥。此时第一个问题就是国际展览局考察团到中国来考察，谁来接待？我提出，接受考察的国家能否在礼仪上做足文章，由国家元首、政府首脑分别会见？虽然当时这被认为不太可能，但在上级的支持下，我一直坚定不移地努力，最后，考察团得到了时任国家主席江泽民和时任国务院总理朱镕基的接见，我有幸都作陪在旁。两场会见结束以后，我立即向上海市领导报告说气氛好极了。

这次考察分量太重，要求太高，但不管怎么说，我相信中国做到了一件事，即使不能叫作拔得头筹，但至少是争得了先机。

接见考察团后的第二天，考察团就开始听取申办国对准备工作特别是12类问题的陈述，问题包括世博会名称和日期、申办世博会的理由、当地对举办世博会的态度、主题和目标、展览对象的分类、立法组织财政等措施、公共宣传策略、举办地、参展者、给外国展馆的面积和场馆、预期的参观者人数和类别、为参展者提供的信息等，每类问题下面还有若干个小题。从内容上来看，涉及申办国关于举办世博会的理由和决心、地区概况、一旦举办世博会拟采取的措施、对外承诺；从写作角度上来看，则涉及理论阐述如对举办理由的理解、对上海发展前景的预测，事实信息如国情市情、需要地方和中央决策的内容等。作为第一个接受考察的国家，我们对于其间的规则还不是很清楚，国际展览局也没有提供关于考察的书面要求，我多次与国际展览局高官沟通接触，与他们磋商并及时向国内报告，担当起了国际展览局与北京和上海的“特别联络员”，为中国形成更有针对性、更有效的接待工作方案提供参考。考察团在中国期间，我全程陪同，原本我是作为申博的陈述人，但由于工作安排，我另有任务，需要主持在上海的三场陈述报告，因而，在模拟彩排中，我充当起了“考察团长”的角色，我们深知，只有反复进行演练、模拟彩排，才能做到万无一失、有备无患。彩排期间，在陈述人依次登台亮相后，我安排“考察团成员”一一提问：中国的一些传统节日、庆典活动如何体现和谐社区的建设？世博会规划面积是否太小，在客流量高峰时这些场地会否显得太局促？规划场地上是钢厂、船厂、煤厂，该地是否污染、是否符合世博会用地环保的要求？如何在规划方案中更重视发展中国家？从现在起到2010年，中国普通家庭收入增长情况如何，他们是否买得起门票？等等。那天的模拟考察持续了四个小时，最后我们对每一位陈述人的陈述内容、演示文稿的制作、回答问题的针对性和巧妙性分别作了点评。我在点评中提出陈述存在三个方面问题：一是还有水分；二是相互之间不通气，重复现象比较多；三是除了陈述稿，更要在答题方面下功夫，现在有点欠缺。之后，我召集部分工作人员开会，建议要关注“三重点”：迎接考察是整个申办工作的重点；上海的三场陈述是整个“迎考”工作的重点；回答问题是整个陈述过程的重点。从现在起，要盯住三个陈述组，每组演练要熟悉情况，每次演练后要收集情况，包括专家的意见。由于我被确定为陈述的主持人，在演练期间，除了帮助陈述人反复彩排，我自己也在熟悉主持这一角色。申博工作领导小组在了解我们的准备情况后，强调我担任主持人时，要注意“传球”，考察团提出的问题，有的涉及宏观方面，就传给市领导或相关领导；有的技术性强的问题，由专家来回答。2002年3月12日下午、13日下午、14日全天，我主持了全部三场陈述，市领导、中外专家等进行陈述，所有陈述均以英语或法语进行，大家直到最后一刻还在反复练习，不时纠正发音、语音语调。事后据统计，模拟考察所提的问题以及陈述人和专家工作组准备的问题共计200多题，与后来考察团提出的21个问题对照，命中率达30%，起到了实战锻炼和提升的作用。考察团在事后的新闻发布会上表示，上海作了质量很高的陈述，是比以往听到的准备更好、更充分的陈述报告，中国已具有相当高的专业水平。2002年上半年，国际展览局完成了对五个申办国家的考察，从之后公布的对申办国的考察评估报告看，国际展览局代表、政府官员都认为，其中对于中国的考察评估报告是最优秀的，是可信的。虽然大家都知道，考察评估报告对申办结果并不会起到最重要的决定性作用，但没有一个申办国不为之努力，因为结论对于投票有着不可估量的影响力和导向性，在国际展览局第131次全体大会上，国际展览局执委会主席提醒各位代表，虽然申办国都通过了考察并进入第132次全体大会投票表决的程序，但是在考察评估报告中的结论部分还是有差别的，希望各国代表仔细阅读。考察团对于中国的高度肯定，起到了积极作用。

2002年上半年，吴建民大使和我一起回到上海，参加相关筹备工作会议。我受命用英文起草上海市领导在国际展览局第131次全体大会上的陈述稿。与申奥的一次陈述不同，申办世博会有四次陈述，每次陈述都是各申办国之间的重要竞争，为了以最有创意的形式、最强的冲击力，向国际展览局传递最清晰、最直接、最及时的信息，陈述内容要精益求精，更是以秒为单位精心安排，以确保最佳效果。吴建民和他的夫人施燕华大使对我起草的讲稿一字一句，精心修改，不厌其烦地就某个概念的表达和翻译与我多次探讨。为筹备2002年年中和年末的国际展览局第131次全体大会及第132次全体大会，吴建民调动各方面力量，保障了两次全体大会上我国代表团陈述的成功完成。在这期间，我无数次去他在使馆的办公室和官邸，一起分析、讨论。此外，上海在申博工作中需要在巴黎协调的，也往往由我来沟通、操作。例如，在第131次全体大会前夕，为上海提供参考材料，包括法国电视一台拟采访的提纲，“法国企业支持中国申博俱乐部”背景及成员名单，出席文艺晚会、使馆招待宴会的贵宾名单。又如，上海歌舞团在法国巴黎演出大型舞剧《金舞银饰》，中国艺术家在巴黎表演大型文艺节目《今夜星光灿烂》，这些活动有大量的事务和商业交往需要来回沟通，我在前方就担当联系的角色。整个申博的进程波澜壮阔，但能够做到静水流深，于无声处最大限度地赢得国际展览局所有成员国的理解、支持和赞赏，让中国所选择的世博会主题“城市，让生活更美好”引起世界的共鸣和认同。

随着申博进入关键时间，不仅前线紧锣密鼓，后方也在大力支持，各个层面的申博积极性都被充分调动，形成了最广泛的“申博统一战线”。2002年3月，在国际展览局考察前夕，58家中外著名大企业成立了“支持中国申博企业后援团”，其中外资跨国企业 27 家，分别来自 8 个国家和地区；中资大企业 3 家，中央企业 10 家，上海企业 21 家，形成国内国外企业界强烈声援中国申博的良好氛围。2002 年 6 月，以家乐福集团为代表的法国大企业成立支持世博俱乐部，在国际展览局第 131 次全体大会前夕出资租用游船在塞纳河上行驶，“2010 年相约在上海”成为一道亮丽的风景线，这一专门策划、举办的造势活动，在五个申办国中是独一无二的。在同年 9 月，时任国务院总理朱镕基赴法国正式访问后，俱乐部成员从原来十几家一跃增加到几十家，还委派代表约见总统外事顾问，力陈中国申办 2010 年上海世博会对法国的好处，并联名签署给时任法国总统希拉克的信，要求支持中国申办。2002 年 11 月，距离投票还有一个月的时间，当时，上海正在举行第 14 次上海市市长国际企业家咨询会议，时任会议主席魏思乐代表全体成员致信国际展览局主席，对中国申办 2010 年上海世博会表示支持。信中说，本人谨代表上海市市长国际企业家咨询会全体成员们，表达我们对中国申办 2010 年上海世博会的支持。市长企业家咨询会议成员是中国过去 20 年重大变化的见证人，而上海的发展与其他城市地区相比更为难忘。我们完全相信中国有热忱、有活力、有实力举办一届精彩的世博会。信中还说，市长企业家咨询会议成员承诺，如果中国申博成功，我们将共同把 2010 年上海世博会办成令人难忘的盛会。后来，国际展览局表示，这是一封极其有分量的支持信，也是国际展览局历史上第一次收到这样的支持信，这充分表达了来自申办国以外的信心、支持和力量。此外，比利时行业协会工业协会、阿尔卡特、贝尔等 59 家企业及协会联名写信给比利时政府要求支持中国申博。其他国家的企业联名写信给政府希望支持另一个国家申办世博会，这在国际展览局历史上也是从来没有过的。

在中国全身心投入的同时，其他申办国家也在各显身手、纷纷发力。例如，我曾在巴黎参加过波兰的宣传活动，当时，波兰全国申办委员会主席、政府副总理来到巴黎的波兰驻法国大使馆，举行了隆重的招待会，摆了许多海鲜和波兰特色佳肴，请大家坐下来，他先不让大家吃。他说，谁去过我们国家的弗洛茨瓦夫请举手。结果，只有两个人举手。他看后说，那好，等会儿有美味佳肴等着你们，但要先跟我把弗洛茨瓦夫念十遍。结果，他让大家跟着他念十遍，大家真的也念了十遍。这看上去是一种轻松的游戏，也很难说对申办成功到底有多大的作用，但有一点是肯定的，因为申办是重在参与的过程，让国际舆论关注你、重视你，也是不可多得的机遇。韩国则从提出申博的第一天起，就处处摆出志在必得的架势，特别是外交游说有经验、起步早、官民结合，是启动媒体舆论宣传最早的申办国，2002 年还在巴黎举行法韩之间历史上前所未有的、规模最大的一次“韩国文化周”，营造强大声势。墨西哥虽然低调，但一直在努力争取，如反复强调“克雷特鲁是拉美国家的代表”“应该给拉美国家一次机会”，将此作为自己的独特优势。俄罗斯也显示强劲的竞争力，多次在法国发行量最大的《世界报》上刊登宣传文章，在国际展览局第 130 次全体大会的陈述环节，放映的影片中出现两位宇航员向代表们问好，并提醒大家“2010 年是人类登上太空 50 周年”，这次大会是六个申办国首次集体同台亮相，俄罗斯总理还通过远程会议系统发表讲话，充分展示了科技大国的形象。

四、精诚所至，金石为开

世博会申办是一场时间长达两年的“马拉松”，有几个重要的时间节点：一是 2001 年 6 月的国际展览局第 129 次全体大会，中国首次作申办陈述报告，那时中国的竞争对手还只有韩国、俄罗斯；二是 2001 年 11 月的国际展览局第 130 次全体大会，再次作陈述，并且增加了另外三个竞争对手；三是 2002 年 3 月，国际展览局对中国进行考察，随后对其他五国进行实地考察；四是 2002 年 7 月的国际展览局第 131 次全体大会，公布对 6 个国家的考察报告；五是 2002 年 12 月的国际展览局第 132 次全体大会，对 2010 年世博会举办国举办城市进行最后投票。这五个时间节点的工作前后呼应、密不可分，必须只争朝夕，跨越一个又一个时间“驿站”。特别是最后一年，形势不断发生变化，从韩国的最早启动，到俄罗斯的后来居上，再到波兰打出加入欧盟后“代表欧洲、为了欧洲”的口号，墨西哥把自己作为拉丁美洲复兴的杰出代表，竞争态势异常激烈。

转眼间，申博决战的时刻到了。2002 年 11 月底，中国代表团来到了摩纳哥蒙特卡洛格林马迪会议宫准备决战。当时，我们所有的竞争者都声势浩大，踌躇满志。吴建民在与我一起走过蒙特卡洛的某个房间时告诉我，他曾住过这里，那时他是中国第一次申奥代表团的新闻发言人，1993 年的第一次申奥就在这里失败了，这是我们的兵败之地。我马上就把这个情况报告给中央，我写道，据悉，中国第一次北京申奥就在此地投票，还加了三个字，“并失利”。时任国务委员吴仪在报告上面写了一句话，“我们不信那个邪”。事实上，在 12 月 3 日最终投票前，还有当年 7 月 2 日举行的国际展览局全体大会之前，中国代表团团长已经定下，由时任外交部长唐家璇担任。2002 年 5 月底我收到情报，俄罗斯要派出时任总理卡西亚诺夫作团长，我当即把情况发回北京，吴仪在上面画个圈，写了一句话，“我亲自出征”。为了这次最终陈述，我还记得，她一下飞机就说，“建民、汉民啊，我的陈述稿先演一遍给你们看”。我们准备了个小房间，刚坐下，她就把演讲演练了一遍，声情并茂、感人至深。她的秘书后来告诉我，吴仪每天都在背稿，一天不知背多少遍，车上背，睡觉背。我听得很感动，领导这样努力，我们更应尽力。在投票前夕，国际展览局规定申办国不能再宣传拉票，但是有的申办国违背了这一规定，在投票前一天还整日整夜在摩纳哥宣传。在接到是否要采取临时措施的汇报请示后，吴仪明确指示，做好各项冲刺准备工作，不学别人的做法，坚定信念，保持冷静。这番话体现出了镇定自若的大将风范和气度，她的坐镇指挥，为申博提供了重要保证。

在蒙特卡洛，我们感受到了不少有利于我们获胜的好兆头，首先，通过抽签，我们拿到了大会会场外最醒目、最中心的位置用来布置展台。其次，代表团抵达蒙特卡洛后我们第一个举办记者招待会，由吴建民主持，台下座无虚席，两边过道都站满了人，记者的问题一个接一个，气氛热烈而有序。

最后，投票当天我们是最后一个作陈述。像过去一样，五个申办国为争取有利的位置，都想争第一位或第五位陈述，第一个出场可以事先准备，不受其他申办国带来的影响，第五个出场容易形成高潮，令人印象深刻。国际展览局为此早就召开君子协定会，并通过老办法“抓阄”以表示公平。在会上当场撕下五张纸，写上 1、2、3、4、5，折好后放在一个小纸箱内，波兰第一个上去摸，拿出来一看，脸色一般；第二个轮到韩国，神色也颇为沮丧；第三个是俄罗斯，脸色好像也不是很好；我是第四个上去，摸出来一看，是 5 号。在旁的吴仪也说我的手气很好。这就有了中国申博最后一次陈述的精彩“压轴戏”。

此时，忙碌而又紧张的竞争气氛已经开始弥漫，我国的展台外形颇似照相机取景框，寓意着聚焦中国、聚焦上海，并以三大亮点吸引了各国代表和记者：激光琴——所有的琴键由激光束组成，拨动闪着绿色荧光的琴弦，美妙的琴声飘荡在展厅；动感灯箱——高楼大厦霓虹闪烁，高架路上车流穿行，编织成了光与速度的美丽图景；虚拟成像器——采用电脑三维技术和激光科技的虚拟成像器，展示了上海日新月异的发展。摩纳哥讲英语的人并不多，最受欢迎的还是法语和意大利语，虽然语言不通，这里的公众对来自中国的我们却非常友善。

2002 年 12 月 3 日，在摩纳哥蒙特卡洛国际展览局第 132 次全体大会上，各申办国代表开始围绕各自的主题进行陈述发言，为了确保公平竞争，国际展览局对各申办国的陈述时间作出了严格的规定，每个国家 30 分钟时间，到 30 分 1 秒时，面前的话筒就会变无声，灯光也会逐渐变暗。每个国家换场时间是 5 分钟，也就是 5 分钟内要全部准备好，否则就占用 30 分钟的规定时间。墨西哥以富有魅力的音乐风光片拉开陈述序幕，俄罗斯采用了优美的钢琴曲作为背景音乐，韩国一直围绕虚拟世博会这一特色，波兰则以“沉思”为特色。最后一个登台亮相的中国申博代表团一步入会场，立刻成为全场关注的焦点。12 点 20 分，吴建民大使以一段精彩的开场白，拉开中国陈述的序幕。“三人行，必有我师”，他一开始就用法语引用中国先圣孔夫子的名言，表达对竞争伙伴们的敬意。随后，话锋一转，充满自信地说："但毫无疑问，中国上海将是你们最好的选择。"接着，时任国务院副总理李岚清代表中国政府郑重承诺："如果中国申办成功，将兑现所有承诺，举办一场成功、精彩、难忘的世博会。举办世博会是中国人民由来已久的梦想，中国正敞开博大的胸怀，迎接各国人民。"发言每个字都铿锵有力，充分显示了泱泱大国的气度。在极富感染力的宣传片《茉莉花》播放后，时任上海市市长登台陈述，"2010 年的上海世博会必将书写崭新的世博纪录，成为国际展览局历史上一次前所未有的盛会，中国人民欢迎你们"。在全场掌声雷动之际，吴仪身着天蓝色套装，自信地走上讲台，她的陈述最简短却异常完美地将国际会场转化为我们的主场，"我的 12 亿同胞正翘首等待着各位的选择。他们对世博会的热情和渴望，可能远远超出您的想象……如果您选择了中国，占世界人口五分之一的中国人民，将会以他们的勤劳和智慧向世界证明，您的选择睿智而有远见……中国绝不会让您失望！上海将给您一个惊喜！请投我们一票！"她向全体代表举起双手，"给中国一个机会！投中国一票，就是投向我们共同的未来"。

在所有五个竞争国家的陈述之后，上午会议就此结束。紧接着是国际展览局举办的联合午餐会，由世博会成员国代表以及申办国每国各 20 人参加。这也是下午投票前最后一个可以争取选票的场合，没有人关注餐食，大家都忙着与相熟或不相熟的各国人士交流，各国的代表手里都拿着饮料杯，三五成群地在作最后一次游说。一些代表对我们说，你们的陈述太棒了，认为我国的展陈宣传和大会陈述都令人感到恰到好处。

下午进入正式表决。按照《国际展览公约》的规定，投票是秘密的，世博会成员国代表以无记名方式进行封闭式投票。吴建民、时任国家贸促会副会长刘福贵和我，是中国的 3 位投票人，坐在中国的席位上，心中无比自豪，也有无比压力，所有人都在殷切地期待。时任国际展览局主席诺盖斯宣布开会，代表们入座后，主席宣布发放投票器。这时，一位技术人员按照法语国名第一个字母的顺序唱名，唱到哪个国家，哪个国家的代表就走到前面领取投票器。每一位代表拿到投票器后，还要转身在台前停一下，让大家看到他的脸，这是为了防止冒领。每一个投票器都有编号，上面标记着数字，按字母序列，分别代表五个申办国，如中国是一号，韩国是二号，按了投票器的电钮，主席台长桌上的仪器会立即反应，屏幕上显示已按，但并不显示投了谁，如果忘记按电钮，技术人员就会提醒××号没有投票，如果仍不投票，就视为弃权。唱名结束后，技术人员开始解释投票器的使用方法，宣布两名监票人。

我首先上台，领到了我们的投票器。投票共四轮，每轮结束，票数最少的一个国家将被淘汰，保证最后一轮有两个国家竞争。每轮间隙不作休息，投票结果即时显示在礼堂内的大屏幕上。根据事先的约定，为了确保准确无误，由我投第一轮、第二轮，刘福贵投第三轮，吴建民投最后一轮。中国在与其他四个申办国家的激烈角逐中一路领先，脱颖而出，最终在 88 个国家的有效票中得到 54 票，以接近三分之二的多数票赢得了 2010 年世博会的主办权，多年努力终成功，一场惊心动魄的申博工程画上了圆满句号。整个会议中心顿时成为沸腾的海洋，欢呼声响成一片，会场内外，人们高高举起五星红旗，鲜红的色彩与人们激动的心情交相辉映，热烈的场面已经很难用语言表达。

随后，获得 2010 年世博会举办权的中国代表团和国际展览局共同举行新闻发布会。由于新闻发布会会场不设背景牌，我们在主席台后拉起一面五星红旗作为背景，时任国际展览局主席诺盖斯庄严地宣布：2010 年世界博览会举办地——中国，上海！

当时，有媒体评价，“中国的发展又多了一个加速器”。国际外交界人士认为，这次中国的申办不仅赢得精彩、赢得光明，而且堪称是历史性的，因为，世博会在其 150 多年的历史上，将第一次在一个发展中国家举办。诺盖斯在接受媒体采访时表示，中国的“申博工程”及最后陈述都很出色，中国赢得了一场令人信服的胜利、用心获得的胜利。谈及将如何庆祝中国的成功时，他回答说，“我已经接受了中国代表团的邀请，马上就要参加中国的庆功晚宴，胜利的喜悦难以用香槟酒的杯数来衡量，但我今晚肯定要喝它几杯”。法国政府在贺信中写道，“祝贺中国获得2010年世博会举办权，这一结果众望所归，中国当之无愧”。在当晚举办的庆祝晚宴上，国际展览局以及各成员国代表等400余名嘉宾应邀出席，四个争办失利的国家代表全部前来真诚祝贺中国的胜利。当韩国代表眼含泪水上前祝贺的时候，我除了明白他的失落，更从心底感觉出他的真诚，因为不论最终在什么地方举行世博会，大家都希望世博会本身获得圆满成功。这次庆祝晚宴由吴建民主持，时任国务院副总理李岚清和时任国务委员吴仪出席，可谓是国际展览局历史上出席人数最多、规模最大的一次，气氛十分友好，人头攒动，欢声笑语。面对这样千载难逢的历史性时刻，吴建民邀请各位嘉宾在菜单上签名留念。时任国际展览局秘书长洛塞泰斯在鲜红的请柬上饱含激情地写下了一句话——今天，世界诞生了一个伟大的希望。诺盖斯写道，“热烈祝贺上海的伟大胜利！我们希望在2010年上海世博会见，这一胜利对各方面产生影响。祝贺你们！”宴会快到尾声时，如水晶般靓丽的穹顶慢慢向两边移动打开，满天的星星向人们蜂拥而来，天上的星斗闪烁着柔和的银光，与我们共同分享这美好的时光。蒙特卡洛曾是中国第一次申奥失利的地方，而2002年12月3日，中国人民创造了新的历史。我们曾经请教过洛塞泰斯，为何称上海世博会是伟大的希望？他说，“你们这届世博会，是面向未来的”。这句话，让我们豁然开朗。如果说以往的世博会都强调对过去已有成就放大的宣传，那么上海世博会的使命是要引领世界走向未来的，这也是世界对我们的期许。

回想当时情景，其实我是非常平静的，因为胜利不是突然的，更不是一种意外惊喜，它是我们努力以后的客观必然，也是在我们申博团队的期望之中的。我们国家赢得了一场堂堂正正、不被诟病的胜利。时至今日，我仍然充满自豪，中国以一个文明古国的伟大传承作为我们思想的砥砺和行为的规范，包括竞争对手在内，大家都认为胜利由中国取得是一种必然，中国将以更加开放的姿态拥抱世界、以更有活力的文明成就贡献世界。

第二节　筹办世博会的不懈探索

一、树立两个崇高目标

申博成功，举国欢腾，但这只是万里长征第一步。正如英国前首相丘吉尔的名言——“这不是结束，甚至连结束阶段的开始也不是；但是，这却是开始阶段的结束”。怀着对未来的憧憬和向往，我们更需要付之以具体的行动和努力。因为是第一次举办世博会，所以筹备过程中没有现成的经验，尽管世界上有许多国家举办过世博会，但没有一届世博会是可以被复制的，唯一能做的只有创新，创新是世博会最宝贵的闪亮之处。没有既定的模式，正是世博会的魅力所在，也正是这种魅力，吸引更多的人来参观世博会、了解世博会。

首先是要学习。所有办过世博会的城市都要学习，每个细节都要学习。从1851年的英国伦敦世博会到1970年大阪世博会、1992年塞维利亚世博会、2000年汉诺威世博会，都要学习。以我本人为例，2005年爱知世博会我去了三回——开幕式、上海周、闭幕式，认真学习他国之长。

在学习的基础上，还要有所突破。创新不只是创造出一个新东西，而是你所创造的那种制度与安排，将来可以被传承。

2004年5月下旬，时任国际展览局秘书长洛塞泰斯来访，时任国务院副总理吴仪、时任中国贸促会会长万季飞分别会见了他，我记录了两次会见过程。5月31日下午，吴仪会见洛塞泰斯时说，“上海世博会的筹备，目前最重要的是完成《注册报告》，衷心希望在国际展览局和秘书长的帮助下，我们写出一个出色的报告”。洛塞泰斯说，“上海世博局成立以来，作出了重大努力，已编写好《注册报告》全部大纲，基本要点都是正确的”。《注册报告》不仅是一个既定程序的履行，更是一个行动计划，如何将承诺变为现实是重中之重。

2005年4月，11万字的英文和法文《中国2010年上海世博会注册报告》初稿提交后，国际展览局随即反馈了 108 个问题，每一个都十分复杂，涉及国情、国际规则等。关键时刻，我和团队成员反复推敲、一一破解、拾遗补阙。这是一份十分全面、博大精深和细致入微的报告，内容大致包括：2010 年上海世博会的法律地位和财政措施，名称、主题和持续时间，主题演绎，场馆规划，财务计划，沟通与推介，后续利用，以及商业化运作等部分。同年 10 月 21 日，国际展览局召开会议，讨论中国《注册报告》，我向执委会作了汇报。之后，上海世博局收到了执委会传来的 21 条书面意见，我们当即组织力量进行修改。同年 11 月 14 日，我再次前往法国，向国际展览局执委会详细报告了根据 10 月 21 日执委会意见对《注册报告》的修改，那一年为了沟通、答疑和完善报告，曾数度往返巴黎。12 月，正式的《注册报告》在国际展览局全体大会上一次性通过，获得近 100 个成员国的一致赞同，在展览局历史上前所未有，令国际同行钦佩不已。我当时也是报告人之一，全程与会，当大会以热烈的掌声一致通过上海世博会注册报告的那一刻，我深感欣慰。至此，上海世博会完成了法定注册程序，同时上海世博会筹备工作进入实施阶段，中国政府可以全面启动上海世博会的国际招展工作。

上海世博会在申办的时候，也就是 2001 年就树立了两个崇高的目标：第一个目标，关于参展国家和国际组织。此前参展者最多的一届世博会是 2000 年德国汉诺威世博会，有 155 个主权国家和 17 个国际组织参加，这次我们希望能够邀请到 200 个国家和国际组织的参展，绝不能让某一个国家由于地域的遥远、由于国力不足，或者由于其他的原因，被世博会边际化，希望这次世博会能够成为人类有史以来规模最盛大的和平聚会。中国政府的坦荡让世界各国和全球人民为之动容。第二个目标，关于参观者。世博会参观者数量之最是 1970 年大阪世博会的 6 421 万，这次我们希望有 7 000 万人次，能够从 2010 年 5 月 1 日到 10 月 31 日，一共 184 天的时间，参观世博会。事实上，早在中国等六国相继提出申办世博会后，媒体最关注、报道最多的话题之一就是参观人次。根据《世界博览会历史词典》的统计，历年来，世博会平均每届参观人次为 1 000 万，最少的一次仅 167 万。在世博会举办之前，预测的参观人次是判断世博会举办是否合理、成功的重要依据，我们确立这一目标，是希望尽可能多的同胞能够利用这一机会近距离地观察到、体会到世界文明的进步和科技的发展，能够真切地看世界。有人提出，是不是我们中国人喜欢数字越大越好？其实不然，上海世博会是世界上第一个由发展中国家举办的综合类世博会，旨在让大家共聚一堂，并形成新的共识走向未来。因而，这两个崇高目标不是出于一得之见，更不是好大喜功，而是深具含义，我们考虑的是如何为世界作中国应有的贡献。后来，我们不仅打破历史，并且创造历史。

正是基于这样的理念，我们始终全力推进国际招展这一重要工作。2006 年 3 月底，向与中国有外交关系的 168 个国家发出由时任国务院总理温家宝签署的官方邀请函后，我们又陆续向未建交国家、一些政府间国际组织和非政府、非营利组织发出郑重邀请，筹备工作迈入关键阶段。我作为上海世博局分管国际招商工作的负责人，和同事们一样，深知国际招展工作使命光荣、责任重大、任务艰巨。上海世博会组织委员会会议在 2006 年上半年于北京举行，会议认为考虑到 2006 年正式发出官方邀请函已经是第一季度末，因此全年的招展目标要适当调整。在回上海的飞机上，时任上海市市长杨雄明确告诉我，尽管组委会体谅我们工作的难处，但我们上海同志要往前赶。这句话深深地启发了我，我和上海世博局国际参展部的同志们不断细化国际招展方案，并仰仗中国驻各国使领馆、中国驻国际组织代表团的大力支持来推进我们的招展工作。当年，我们就实现了 107 个国家和组织确认参展的目标，这是个了不起的成就。

记得在国际招商工作最为关键也是压力最大的那段时间，有次代表团去法国西部某个海岸城市与某法资企业进行业务谈判，那天已经到了傍晚时分，天开始暗下来了，代表团正好路过奥马哈海滩，司机提醒大家尽管时间比较晚了，但是既然路过了不如下车去走走。于是，我们下车，匆匆浏览了非常小的 D-day 军事博物馆，随后大家在沙滩上散步。我走在前面，突然发现前方沙滩上有一块碑，在昏暗的天色下，我们一起辨认着碑上的文字，依稀能认出 Duty first。看到这些文字，当年盟军不怕牺牲，一波一波冲击着沙滩，终于在付出巨大牺牲的情况下，逐渐占领桥头堡的情景，似乎复现在我们的眼前。我当即回过头对其他同志说，我们国际参展也要有这样的勇气和斗志，只有把国家责任牢记在心，把使命牢记在心，不畏艰难，全力去达成，才可能为世界、为中国真正迎来一届成功、精彩、难忘的盛会，国际参展部要以此为自己的准则，一定要不负重托，创造历史。我接着自己翻译说，我看这个中文就叫使命必达吧。大家听了都十分赞成，等一周后回到国内，发现国际参展部的墙上和柱子上已经贴上了“Duty first”和“使命必达”的中英文标语。这个标语后来一直是激励我们全力完成国家使命的精神动力。

与此同时，世界各国和国际组织所回应的善意和诚意，以及共赴盛会、共襄盛举的欢欣，令我们深受鼓舞。与中国有长期友好关系的一些国家，如法国、加拿大、巴林、马里、柬埔寨都争先成为第一批确认参展的国家。中国的友好邻邦印度、北欧国家瑞典则别具匠心地选择时任国家主席胡锦涛到访该国时正式宣布确认参展，以示郑重。加蓬总统则亲自到访上海世博局，宣布加蓬的参展决定。有的国家路途遥远，但在我国代表团到访之后迅速作出参展决定，如南美国家圭亚那。有的国家则选择在上海世博会推介活动举行之后确认参展，如阿根廷和乌干达。上海世博局仅在 2006 年和 2007 年接待的外国代表团就分别达到 385 批和 470 批，外国代表团就参展事宜与我们充分协商，不少国家表示“一定要在上海世博会上有精彩表现”；有些国家领导人承诺“要尽最大努力为 2010 年上海世博会的成功作出贡献”。2006 年 7 月，当时的联合国秘书长安南亲笔写信给时任国务院总理温家宝确认参展，之后，联合国副秘书长兼人居所所长亲自到访上海，签署了联合国参展的合同，上海世博局收到确认参展的副本，联合国及其近 30 个重要机构将在同一面旗帜下展示这个重要的国际组织对人类美好未来的独特作用。在向国际社会发出邀请函之后，上海世博会组织者平均不到三天就会收到一份确认函，每一份参展的确认书都让我们感动，国际社会对上海世博会的反应积极迅速、反响热烈，在世博会 150 多年的历史上都是罕见的。

许多国家的巨大努力和认真准备，令我们敬佩。比如英国，英国不仅在中国申办世博会期间给予了坚定支持，而且提供了二战以后最大的政府投入，再加上民间投资，预算接近5 000万美元。比如法国，以5 000万欧元用于参展事务，时任法国总统萨科齐到访上海的时候明确表示，法国参展的地位应当与中法友好关系相吻合，法国馆的镇馆之宝是7件法国大师名作，分别乘7架飞机运抵上海，向观众展示，此前，这批珍品从未同时在法国境外展出过，每件价值都超过1亿欧元。比如意大利，时任意大利总理普罗迪是上海世博局迎来的第一个外国国家的政府首脑。他在世博局发表的演讲中提到两个重要观点：第一，意大利必须有一座高质量的展馆；第二，他鼓励我们办博人员说，中国人很会骑自行车，办博就如同骑上自行车没有回头路，这和中国的成语“开弓没有回头箭”是同一寓意。比如西班牙，其国家馆的建设也是其有史以来最大的海外世博会国家馆的建设，设计同样让人惊奇，西班牙的国舞是弗拉明戈舞，他们从全西班牙100个最伟大女性设计师的设计中选择了一个，设计理念就是从弗拉明戈舞裙摆摇动一瞬间凝固而成为国家馆，建筑材料则选用西班牙和中国自古以来就用的藤编，可以说使出了浑身解数。比如奥地利，2009年3月，我在奥地利出访，与奥地利政府签订了世博参展合同，并参加奥地利国家馆设计方案揭晓仪式，当时在媒体上看到发布的世博会志愿者口号“世界在你眼前，我们在你身边”，我的心头为之一振，这句话充分反映了我们对于这届世博会的期待以及世博会的特质，这是世博史上最宏大的一次人民的嘉年华。比如丹麦，丹麦将首都哥本哈根的城市标志——海的女儿即小美人鱼铜像带到上海世博会，丹麦馆的主题是向世人，特别是中国人传递来自童话王国——丹麦的生活理念和幸福观，于是他们通过立法架构的表决投票决定将小美人鱼铜像送到上海向千万观众展示，这样的壮举让人为之动容。我曾两次去丹麦旅游，每次友人都会带我去看小美人鱼铜像，这是他们国家的骄傲，所以一开始，对大多数丹麦人来说，这个想法简直无异于异想天开。因为小美人鱼铜像自1913年诞生后，在过去的一个世纪里，她每天都在哥本哈根的长堤公园眺望大海。远渡重洋，且不说有可能使小美人鱼铜像受伤，就是小美人鱼铜像要离开半年的这个事实，也让当地人接受不了。2009 年 3 月，小美人鱼铜像的持有者、哥本哈根市政府决定，在市政厅举行一次市民投票，第一轮，大多数人投了反对票。但是丹麦馆要担当扩大未来中丹合作的平台，如果小美人鱼铜像不去的话，丹麦馆的效果会大打折扣。经过努力，在第二轮投票中，小美人鱼铜像以两票微弱的优势取得了出使的通行证。无独有偶，卢森堡馆的金色少女像，也是自 1923 年诞生以来，第一次跨出国门。这座备受卢森堡人珍爱的雕像，纪念的是在一战中牺牲的志愿军，从 1923 年建成起就象征着自由和国家主权，这次它带着卢森堡人民的友谊，漂洋过海，不远万里，来到中国。比如赤道几内亚，根据世博会的安排，每天都有一个国家馆日，该国的国家馆日正逢甘肃舟曲特大山洪泥石流全国哀悼日，全国停止公共娱乐活动，去机场迎接特地来参加国家馆日的赤道几内亚总统时，工作人员都忐忑不安，不知道如何告知总统这样一个变动。最后，当工作人员试探性地询问总统有没有可能将国家馆日活动推迟到次日时，总统非常干脆地表示："你们的安排就是我们的决定"。于是，在次日上午已经有巴拿马馆日活动的情况下，赤道几内亚国家馆日的活动被推迟到了次日下午。即便如此，在开场致辞中，总统还多次表达了对舟曲遇难者的哀悼，令我们所有人都非常感动。比如加蓬，在国家馆日的官方仪式上，压轴出场的是一位年长的女士，引吭高歌赢得阵阵掌声。退场之后，这位女士居然将表演用帽随手扣在加蓬总理的头上。当时我还觉得奇怪，怎么演员和总理那么熟悉，后来才知道，原来那位以普通演员身份登台表演的歌唱家正是加蓬总理的母亲。一位总理的母亲以普通演员的身份为国家馆日载歌载舞，难道这不是他们重视世博会的最好体现吗？

二、首次以"城市"为主题

对和谐社会的孜孜以求和不懈探索是上海世博会的点睛之笔。世博会的国际影响力，不仅在于多少国家参与其间、多少游客纷至沓来，更在于揭示了怎样的主题以及这一主题与国际关切度的关联性。世博会从1851年开始到1933年是没有主题的，当时主要是展示创造性的成果，以产品为主。从1933年美国芝加哥世博会开始到今天，世博会以主题作为思想指引。1994年，国际展览局第115次代表大会正式通过“1号决议”，宣告了世博会主题体系的正式形成。决议强调，任何世博会应该有一个合乎社会现实的主题。主题应该准确和明了，应该具有相当的广泛性，使任何一个参与者都能明白。主题应积极展示人类在重要领域中所取得的科学、技术、经济方面的进步，表现人类和社会发展中产生的思想、创意、创新，以及展示自然环境保护的成果。我们确立了以“城市，让生活更美好”（Better City，Better Life）为主题，这也是世博会历史上首次以“城市”为主题。2001年我们向全世界征集主题，最后入围的这一主题，不是风花雪月，也不是无病呻吟，而是切中了人类发展的一大趋势，那就是城市化。这个主题同时也延续了世博会的传统，始终体现了在特定历史阶段人类的共同关注和共同利益。从人类发展自身的模式而言，城市化是非常鲜明的特征，1800年，全世界大概只有不到2%的人居住在发展程度不等的城市，而到了2007年，联合国宣布人类进入了城市时代，其标志是当时全球65亿人口中，有一半以上居住在发展程度不等的城镇，由此人类城市时代来临。一方面，城市发展给我们带来极大的机遇，另一方面，发展面临巨大的压力，既有环境的，又有资源的，如果把握不住、发展不当，就会使人类进程出现重大逆转和挫折。我们选择这一主题，选择当下更选择未来，收获了全世界一片赞誉，就在于这一主题体现了对人类自身的关切，为世界城市化进程提供了警醒，更提供了非常难能可贵的探讨未来发展路径与前景的平台。从某种意义上可以说，上海世博会是全球围绕城市主题最大规模的头脑风暴。时任国际展览局秘书长洛塞泰斯也十分关注2010年上海世博会的主题，他说，“城市，让生活更美好”，中国2010年上海世博会这个主题完全符合标准，这是一个直接影响大约三分之二世界人民的主题，它代表着国家和政策制定者所面临的一项主要挑战。对于这一主题，他表示非常赞赏，认为人、城市、空间是相互联系的，三者结合起来决定了2010年世博会的主题，期待世博会为各国提供一个对话的平台，让各国就城市的话题进行交流，使“城市，让生活更美好”从理想变为现实。

这一今天广泛传播的主题，在当初是先有英文，再翻译成中文的。关于中文表述，有些周折。最开始是采用直译的方式，即“更美好的城市，更美好的生活”，但有人认为中文表述太平淡，缺乏激情，不够响亮。后来，有人提起亚里士多德的一句话：人们来到城市是为了生活，人们居住在城市是为了生活更美好。于是，“城市，让生活更美好”脱口而出，由直译变为意译，从某种程度来看，既表达了英文主题的内容，又体现了中华文化的创意。

我们的主题首先直接反映在会徽上。通过向全球征集的方式，会徽于2004年11月问世，是一个中文字“世”的美术体变形，表明人类你我他欢聚一堂，双手托举着太阳和月亮，是人类未来发展的责任以及自信豪迈的态度。这个会徽的选择，得到世界的普遍赞赏。2007年12月，我们向全世界发布了上海世博会的吉祥物，是中文字“人”的艺术变形，说明本届世博会讴歌的是顶天立地的人，关注的是人类自身的发展和未来的途程，并取名叫“海宝”。我们同样也是在全球范围内征集，并且来稿数量创下了历届奥运、世博和世界杯足球赛之最，从26 655件有效征集来稿中选择出了吉祥物形象，“海宝”谓之“四海之宝”，体现的就是四海之内皆朋友、皆兄弟的理念，蓝色的底色体现了胸怀宽广，体现了我们对蓝天、白云、大海的心境，也得到了国际社会普遍认同。现在，到任何地方，我们送给别人的就是这个活泼的海宝，海宝成为一份非常重要的礼物。时任联合国秘书长安南在给我们的来信中提到，2010年上海世博会所确立的“城市，让生活更美好”主题与联合国60多年来的奋斗目标完全吻合。这一评价十分中肯，说明上海世博会的目标不只是开展一次盛会，还是为了提升人类社会发展的力度、广度、深度和向前迈进的程度。

在主题演绎方面，我们不仅要关注城市时代的表征，更要关注它的实质，其实质就是产业结构、社会结构和人类居住场所的重大演变。我们这届世博会作为发展中国家举办的首届综合类世博会，中国应当对如下问题有所作为，例如，城市时代人们的沟通和理解；城市化速度最快的中国有哪些先进的案例；我们对未来的发展，尤其是挑战，有哪些因应之道；我们对历史遗产保护作了哪些努力，等等。总之，上海世博会要回答：怎样的城市让生活更美好？怎样的生活让城市更美好？怎样的城市发展能够让地球成为更加美好的人类生存的家园？由此，“城市，让生活更美好”主题发展出了“城市文化的多样化”“城市经济的繁荣”“城市科技的创新”“和谐城市社区的重塑”“城市与农村的互动”等五个副主题，分别从文化、经济、科技、社区和城乡关系五个方面表达了人类对未来和谐城市生活的追求，那就是，城市要更美好，它的文化必须是多元而融合的；城市要更美好，它的经济发展必须是永续的；城市要更美好，它的高科技运用必须得当且始终惠及民生；城市要更美好，必须与乡村有良好的互动；城市要更美好，必须不断地改造，成为友好型、节能型、生态型区域。除了场馆展示、文化和娱乐活动，我们还有三大类型的论坛，包括与联合国举办高峰论坛，围绕人类城市化所面临的挑战探讨交流，以及主题论坛和一系列公众论坛。

犹记得 2002 年 3 月，国际展览局考察团来沪考察，他们提出必须进入我国办世博会的园区考察，要去实地。当时，关于世博会选址，曾有很多建议，最后确定在浦江两岸共同举办，规划面积 5.28 平方公里，跨越浦江两岸，位于南浦大桥和卢浦大桥之间，其中六成占地在浦东。选址首要考虑的是，上海的世博会与上海的母亲河黄浦江密不可分，因此选择了跨江办博，这片土地有深厚的文化底蕴，另外，这一区域交通相对便利，有利于将来观众出行。当然，这样的选择是非常大的挑战，彼时拟定的世博园区土地上有 18 000 户居民，烟囱林立，交通拥堵，里面的居民几乎全部使用煤球炉，家里都在用马桶，考察团无法踏入要准备办世博会的园区深入考察。我前后去了三次，后来还去了卢浦大桥，我边行走在卢浦大桥上边思考，要想办法告诉大家卢浦大桥两岸的美景。最后我们找到一家小厂，在四层楼上，让他们俯瞰现场。考察团的人都很聪明，他们心里都理解我们的善意。我们把数据都告诉了他们，依靠办博，18 000户居民，5万人全部动迁，包括现代中国工业摇篮——江南造船厂在内的272家工厂将全部搬迁。这样的决心不得了，甚至很多人不相信我们能做得成，但最后我们做成了。2001年开始，上海大街小巷里漂亮的招风旗上就写着“世界给中国一次机会，中国将还世界一片异彩”。我们说到做到，世博会首先让这块交通拥堵、环境受到污染、居民基本生活条件远远没有现代化的土地上的人民生活美好起来。把这块土地用作世博园区规划，就是为了城市功能再造以及让人民享受高品质生活，作为新中国成立以来上海最大的单体动迁项目，所有为世博会搬迁动迁的员工和居民率先实现了更美好的生活。国际展览局代表在参观了位于闵行和浦东的两个动迁基地的现场后告诉我，他知道了政府应该做些什么、人民为什么欢迎上海举办这次世博会。考察团在结束对上海的考察时表示，无论从组织能力、经济力量、场馆、交通设施以及民众支持程度等任何一个角度考虑，上海都完全有能力举办世博会，他们对上海的选址很满意。在最终的考察评估报告中，对中国上海的结论部分这样写道：“这届世博会无疑会留下一个城市生活的典范区以及一整套建立在对城市化现象进行研究、探讨基础上的知识……热切建议将2010年上海世博会的申请提交全体大会通过。”之后在申博的过程中，有人想要借用1.8万居民搬迁“做文章”，认为涉及人权问题，国际展览局执委会基于对中国的考察报告，一致表示对所谓“人权问题”不予支持。上海世博会的选址将工业改造、环境治理与人民生活水平和居住条件的改善相结合，创意新特，独具匠心，这本身就是对城市主题的最好诠释。世博园区的华丽蜕变，这个纪录不敢说能够永远保持，但可以说长期难以打破。

上海世博会的选址和规划本身就在演绎主题：居民们从简居陋室迁入生活设施完整的世博家园；企业迁往新的更大发展空间；城市产业结构得到重新合理布局；具有文物价值的老建筑保护下来，如三山会馆、原求新造船厂厂部办公楼、红楼、江南造船厂内的翻译馆和将军楼等2万平方米建筑将全部予以保留和保护；沿黄浦江建成一条有森林有湿地的绿带；市中心新增大片绿地。上海世博会还专门成立了企业和专家两个主题演绎专业团队，先后邀请近百名知名专家进行深入探讨和几轮论证，试图把主题演绎核心理念更好地融入主要场馆的规划、设计、建设和布展中，既保留了城市记忆，同时也深刻地改变着城市版图和市民生活，提升文化内涵，弘扬城市精神，使世博会主题深入人心。什么是世博会？就是为了解决人类共同面临的难题进行开创性的探索。世博会不仅是一个展会，更是一场探索。

三、打造中国馆这一“国家名片”

世博会需要合力，但首先需要东道国的努力。人们始终要问一个问题，本届世博会，中国作为东道国的国家名片是什么？我以为，这张名片就是中国馆。颇受关注的中国馆是中国历史建筑的再版，由中国人自己设计，国家馆看似一个粮仓，又像一顶古代的礼冠，“东方之冠，鼎盛中华，天下粮仓，富庶百姓”，故称之为“东方之冠”，它承载着国人的一个强烈心愿，就是希望中国元素、中国符号、中国思想能够在中国馆中得到传承。如何将中国馆这一东道国的场馆打造好，让中国馆充分展示中华伟大文明在城市发展中的点点滴滴和蔚为大观的智慧，是上海世博会一项非常重要的任务。这座由斗拱技术所造，以中国风为外貌的国家馆，气势恢宏、大气庄重，以“城市发展中的中华智慧”为理念，通过“生命之光”“自然之美”“生活之乐”和“文明之脉”全面、立体地展现中华民族的灿烂文明和深厚的文化积淀，展现改革开放的成果，展现中华民族自强不息、厚德载物、师法自然、和而不同等理念，成为中国这个千年文明古国在世博会上的国家名片。中国馆那一抹“中国红”，庄严、静美、温暖而大气，而在如此大体量的建筑物上通体采用红色，是一个巨大的挑战。一开始，无论试用哪种红色，看上去都不太理想，一直到2008年年底，配色方案都未确定。最后，国内的色彩学专家经过实地勘察和模型试验，在短时间内另辟蹊径，采用了一组红色调为中国馆“上色”，外立面从低到高所采用的红色其实有着四种不同的色调。正因为有了色差，才营造出了丰富的层次感，无论在蓝天白云的映衬之下，还是在夜景灯光的照耀下，“东方之冠”的红色调总是显得磅礴而宁静，而这正是对“和而不同”的生动诠释。

通过中国馆，能看到中华五千年的智慧如何凝聚到城市发展的精髓中，也可以看到我们在低碳经济发展的当下如何关注城市发展的未来，这些都是筹备时所做的工作，使得中国馆可以真正表达出“城市，让生活更美好”的理念。除了主体建筑“东方之冠”，在中国馆区内还有一个“地方政府馆”，内地的 31 个省、自治区、直辖市将联合展示，同时考虑到“一国两制”，台湾馆、香港馆、澳门馆同在展区内，但可以独立地有一个建筑。所以，这一次我们的展示，不仅是中国馆要和其他国家的馆相得益彰、交相辉映，与此同时，我们的地方馆和港澳台馆也要力求体现各自的文化传承、民族特色、自然风貌和伟大创造。

四、历经风雨艰难

在筹备过程中，上海乃至整个中国甚至全世界，都发生了许多变化，让世博会筹备历经风雨艰难。我清楚地记得，2008 年 11 月 13 日召开的第三次上海世博会参展方会议上那一片“愁云惨雾”。当时，全球金融危机对世界各个国家和地区，尤其是对以美国为代表的西方发达国家经济的全面冲击已经显现，身为会议主持人的我意识到，上海世博会有可能受到一定程度的影响。此后，世博园区内部分参展方场馆建设一度出现停滞，连当时的世界强国美国的参展资金也迟迟未能落实，至少一家原定建馆参展的知名跨国企业临时退出。面对冲击，我们始终坚持认为并宣传，上海世博会将成为世界各国人民凝聚力量、增进友谊、增强信心的重要场合。在世界博览会的历史上，有许多类似的例证：以“一个世纪的进步”为主题的 1933 年美国芝加哥世博会，是在 1929—1933 年世界经济危机的背景下举行的。虽然受到经济危机的影响，但芝加哥世博会仍成为19世纪末期以来电气革命成果的一次总结，取得了巨大的成功。1933年美国芝加哥世博会因参观者的踊跃参与一直延长至1934年10月31日，参观人数高达4 900万人次，主办方也由此盈余69万美元。因而，我们相信，上海世博会将成为建立共同信心、推动全球合作、促进未来发展的重要抓手，为上海、全国乃至全球经济的长远健康发展注入新的活力，带来新的动能。世博会作为“经济奥林匹克”，多次扮演着引领世界经济走出萧条的重要角色，对于整个世界经济的发展有很强的推动力，正因为在金融危机的大背景下，上海世博会更具有庄严使命和特殊意义，越是危难之际，越是孕育着机遇。

经过中国中央政府及上海市政府和国际展览局的努力，加上多方协调合作，面对金融危机，没有一个国家提出退展，或者提出各种理由认为参展世博会有特别大的不可逾越的困难，大部分国家都想方设法、竭尽全力确保参展世博，并且将参加世博会视为经济复苏的绝佳契机。例如，在金融危机中受到重创的冰岛，2009年同上海世博会正式签署了参展合同，并且表示把上海世博会作为一个契机，要通过参加2010年世博会来重振冰岛的经济。受国际金融危机冲击，韩国货币明显贬值，这意味着上海世博会韩国馆原来296亿韩元的预算也在“缩水”，为了保证参展规模和质量不下降，韩国政府将韩国馆的预算增加至400亿韩元，增幅超过三成。俄罗斯打破近年来只租赁世博会场地的惯例，决定在上海世博会自建本国展馆，总预算超过15亿卢布，约合3.6亿元人民币。各国在参展方会议和指导委员会会议上强调，各方愿意与中国一起同舟共济，让世博会成为提升信心的标志。这让我们特别欣慰和自豪，我们也会加倍努力，绝不能让别人的一份好意落空，绝不懈怠世界和时代赋予的责任。

美国的参展也是一波三折，可谓有志者事竟成。早在20世纪90年代，美国国会就通过了一个决议，规定美国的国家财产不能用于参加世博会这样的活动，并且美国此前已经缺席了两届世博会，即1992年的塞维利亚世博会和1998年的里斯本世博会。因此，很多人就有了疑问，美国会来吗?

在2006年3月22日中国政府向全世界发出了上海世博会邀请函后，美国虽然口头承诺参展，却始终没有与上海世博局签署书面合同。2009年4月15日原本是上海世博会参展方与组委会签约和确认参展的最后期限，但为美国馆预留的5 600平方米场地依然闲置，由此不少传言认为美国馆将无缘上海世博会。当第189个国家宣布参加上海世博会的时候，有人说，已经空前了，差不多也绝后了，但我们觉得美国作为世界第一大国应当融入世博会，成为第190个国家。为了这件事，我们先后与小布什内阁及奥巴马内阁都有洽商，最后是奥巴马政府决定参加的。美国馆落户的难点在于，既然不能拿国家资金来支撑，那么就一定要借助民间支持，但是美国企业要问，我为什么要支持国家馆？有钱我可以自己建，比如建可口可乐馆、思科馆。即便美国企业愿意出钱也有障碍，如果政府不先宣布参加，企业怎么能把这笔款汇进来呢？而美国政府担心的是，如果参展预算中的大部分资金没有到位，又怎么能宣布参加呢？这就成了鸡和蛋的问题。我们当时主要讲了两段话，第一段话是讲给美国政府听的，"美国馆的建设，小而言之，对中美两国的友好关系，中而言之，对亚太的发展，大而言之，对世界的和平，都是直接的贡献"，这段话能打动美国，美国对于世界的发展理应担负责任。第二段话是说给美国企业听的，那就是"支持美国馆的建设，就是支持世博会本身"，这句话很关键，我在上海说了，在北京又说了，我们把企业组织起来恳谈，就是请大家帮忙，众人拾柴火焰高。美国最终确认参展并正式签约，着实不容易。2009年7月，美国政府正式签署参展合同；7月17日开工建设美国馆；10月14日宣告结构封顶，虽然"姗姗来迟"，但建设速度却是最快的。也许正是为了契合美国馆颇费周章的融资、建设过程，美国馆将主题定为"拥抱挑战"，而在拥抱这一"挑战"的过程中，中美双方从政府到民间通力合作，让美国馆历尽波折后终于亮相世博园，并且成为上海世博会最成功的国家馆之一，美国馆在184天的时间内迎来了700万人次的观众。其中，最生动和动人的就是其中一部电影，这部电影的名字叫作《花园》，讲述一个10岁的女孩如何改变环境，与邻里共建美好家园。上海世博会190个参展国家和56个国际组织几乎都有电影，但只有两部电影让我感动流泪，其中之一就是美国馆的。这说明，我们只要积极面对挑战，就可以迎来成功。

在当年申博的时候，我们提出过一项承诺，如果中国申办成功，就每年举办一届世博论坛，真正做到举全国之力，集世界智慧。这样的承诺，我们说到做到了。世博论坛从上海出发，2003年办在上海，2004年办在法国巴黎，2005年办在日本爱知，2006年又回到上海。时任上海市委书记习近平高度关心和支持世博会的筹备工作，和时任上海市市长韩正都出席论坛，给各参展方以极大鼓舞，给办博人以极大支持。2008年，世博论坛办在西班牙萨拉戈萨，最后一届论坛办在北京。我们所有的论坛，就是与世界商量着办的最实际的举措。从2006年开始，我们每年举办一次参展方会议。在2008年的参展方会议上，第一个问题就是：上海世博会办得下去吗？记得我当时回答说，西方有一句谚语：不要在冬天砍倒一棵树。冬天你把一棵树砍倒了，你以为它枯败了，其实到春天它照样会枝丫生长，根深叶茂。在那样困难的国际经济形势下，上海世博会最终没有一个国家退展，这真是一篇令人振奋的中国故事。记得2009年开春的一个晚上，我的一位同事给我打来电话，告诉我他在网站上看到某个国家内阁会议决定，由于国家经济困难，可能要退出上海世博会。由于各方面的积极工作，这个国家最终来参加上海世博会，并有上佳表现。这个例子说明，办世博会，真正是"众人拾柴火焰高"。

在筹办的过程中，还曾出现一些不和谐的"声音"，例如有一种说法，认为过去因为信息、传播等技术非常落后，通过世博会来展示各国的优势和特点成了必要，但随着信息、传播技术的发展，展会的作用也越来越小。因为它只在有限的时段内进行，对当地经济的短期刺激只是暂时的，事前和期间固然能支持当地的经济繁荣，但结束后当地经济却会经历连续几年的下滑。这种说法认为，世博会在信息时代已经成了一块"鸡肋"。对此，我在申博成功后第一次接受媒体采访时就予以回应：虽然在网络上获取信息已经非常便捷，但是上海为什么还有新天地，为什么还有那么多酒吧、茶坊？因为人们需要面对面的交流，需要交流的场所，所以世博会绝对不会是无用的鸡肋！至于为了建设场馆投入资金的问题，其实就算不举办世博会，浦江两岸的改造，尤其是展馆选址的地段，都是改造的重点。有人担心世博会结束后，场馆会空置，许多资源会被浪费，其实这些我们都考虑到了。世博会结束后，展馆将成为一个展示各参展国经济、文化的中心，继续加以利用。根据计算，2001 年中国的出境人数只占全国人口的 1%，上海举办世博会，就是为了让那 99%的中国人亲眼看见其他国家的风俗人情。总之，将世博带回家，就是把世界带回家。此外，一些上海市民也有疑问：上海到底为什么要办世博会？世博会到底是什么？我从自身的亲身体会出发，告诉大家，世博会不是贸易会，也不是一个交易所，世博会上的展品是不能出售的。它只是为参展国提供了一个展示自己国家文化、国情的舞台。在 2000 年德国汉诺威世博会上，瑞士的展馆是泥塑的一条长长的隧道，里面没有一件展品，只是每天都会有瑞士工作人员向游客讲述瑞士的风光。自 1851 年第一届世博会在伦敦举行以来，它一直都是一个国家经济振兴的转折点。纽约、费城、大阪、东京等城市都举办过世博会，它能将一个城市的现代化进程推进 10 年。正如有些国家的代表曾对我说的："参加世博会就是为了推进公共外交，提高本国的知晓率和外交率。"世博会能够提升城市的知晓度、喜爱度和参与度，是上海建设国际化大都市的重要契机。世博会不仅是上海的，不仅是中国的，它更是整个世界的。

五、举全国之力、集世界智慧

在 2009 年和 2010 年的全国"两会"上，举行了同一个主题的记者招待会，那就是"走进世博"，这在以往是不曾出现的。我有幸两次都参加了世博记者招待会，通过政协向海内外全面推荐世博会。我认为，这不是"特殊现象"，而是精心的安排。因为，世博会需要举全国之力、集世界智慧。在"两会"这个崇高的平台上，向国内外介绍世博会上看什么、怎么看，将世博会呈现给全世界。申办和举办世博会，是国家责任、国家使命、国家承诺。还记得在2009年的记者招待会上，有记者提问，门票中是否有赠票，我回答，世博会预计有7 000万人次前来参观，准备销售6 200万张票，当中的差异是有许多优惠票，本届世博会没有一张赠票，6 200万大致是一个全票的概念。财政预算也是大家关注的内容，我介绍了世博会的财政预算组成和收入来源，并告诉大家，这届世博会至少能做到收支相抵。2010年的记者招待会上，我分别就世博会试运营阶段的安排、如何应对大客流、场馆的特色和后续利用、安保等问题进行回应，让大家更好地"走进世博，共享世博"。

国家先后成立上海世博会申办工作和筹办工作的领导机构，由国务院副总理亲自挂帅。在世博会的筹办过程中，全国各地及各地的人民更是倾力支持和参与——各省、自治区、直辖市的展馆美轮美奂，为世博会增光添彩。世博会数百个场馆的建设者来自全国各地，全国数家企业为世博作出了重大贡献，它们或赞助，或捐赠，或以供应商、服务商的身份直接服务世博会。负责世博安保的公安干警、武警部队和任务部队来自全国各地。长三角地区为了世博会的安全，还共同筑起"护城河工程"。长三角同时是上海世博会最大的客流来源和腹地，成了吸引外国游客进一步游览中国大好河山的地方。世博会也是博采各家之长，在这个"世界看中国、中国看世界"的最佳平台上，各地展示了高科技、独特的文化、对未来的生活理念和美好期盼。

2009年5月1日，在北京天安门广场东侧中国国家博物馆前，举行了中国2010年上海世博会倒计时一周年暨计时牌启动仪式，在昔日北京奥运会倒计时牌所在地，竖立上海世博会倒计时牌，表达着"举全国之力，集世界智慧"办好世博会的决心，在上海，在中国，在全球，开始步入"世博时间"。与奥运会倒计时牌不同的是，在2010年上海世博会开幕后，该计时牌将变成正计时牌，还要显示每天进入世博园区的观众人数，直至世博会结束。倒计时牌启动标志着上海世博会筹办进入冲刺阶段，人们用不同方式，在迎接世博的最后一年，全力以赴。可以说，没有党中央国务院的坚强领导，没有全国人民的热情支持，没有世界人民的高度关注，世博会不会成功。通过世博会的举办，13 亿中国人可以在世博园区零距离领略世界的精彩，而世界各国人民同样可以透过浦江两岸的展示来领略中华文化的魅力，体验中国人民的热情好客。

第三节　举办世博的生动实践

一、成功、精彩、难忘

上海世博会有 190 个主权国家参与，此前的纪录是由德国汉诺威世博会保持的 155 个主权国家；上海世博会有 56 个国际组织参与，此前最多一次的纪录为 17 个，也是在德国汉诺威世博会上创造的；爱知世博会的企业馆数为 9 个，创下此前历史之最，而上海世博会的企业馆达到了 18 个；上海世博会首创的城市最佳实践区更是吸引全球 50 个不同的城市案例参与……无论是总数还是分类，本届世博会都创下了世博会的参展方之最。习近平总书记指出，“办好一次会，搞活一座城”。办好世博会，不仅是在履行国家赋予的责任，也是从各个方面为上海走向国际大都市打下扎实的基础。“世界给中国一次机会，中国将还世界一片异彩”，我们是这么说的，也是这么做的。

我们不遗余力地把我们能做到的最好的奉献给世界。当然，这并不代表没有问题、没有缺陷、没有瑕疵，但我们有勇气、有努力、有措施。世博会展期长、观众数量庞大，要求运营保障方面和谐高效，如何做好参观者的服务、如何建立交通保障、如何实现万无一失的安保措施，都是难题。2010 年 4 月 20 日世博园区举行首次试运营，首批数十万游客蜂拥入园，现场一度拥挤无序，整整一天，不断有朋友给我打电话，电子邮箱也被朋友发来的问候或者入园现场感受塞满，有些朋友甚至还附上了自己所拍的照片，我和我的团队备受压力，如“芒刺在背”。我当即鼓励他们，出了问题不要紧，最重要的是及时沟通，勇于改正。所幸，这种压力经过适当转化变成了动力。第二天，我们就列出了分片区、分大组与各参展国总代表及馆长沟通的计划，并迅速付诸实施，希望能听到最真实的声音，也希望通过这样的一种制度去完善组织者的各项服务。我所参加的第一次沟通会的对象是来自欧洲片区的45个参展国。至今我还记得有一些意见十分尖锐，甚至连话语的表达也十分激动。而随着各项工作的日趋完善，到之后第五次与大洋洲和国际组织开沟通会时，听到的更多的是各参展方发自肺腑的赞扬与感谢——这么大规模的世博会，也只有中国才能办好。一开始游客的排队秩序不好，可后来即便是在40℃的高温下，大家还是非常有序地排队。在2010年10月16日即中国的重阳节，观展人数达103万人次，那天，我在现场工作九个小时，其实当天许多人一个热门馆都进不去，但人们脸上还是露出幸福的笑容，他们认为到了现场就是到了世博会，就是参与了世博会。我还记着有一家外媒报道："我们敬畏中国人，顶着烈日骄阳，中国人坚持数小时排队参观，透露的是一种求知若渴的愿望。"中国人的从容、坦诚、自信、谦恭，成为最好的展品，向世界展示了学以致用、积极进取的形象。

我还给自己定下了一个巡馆计划：每个星期，不管日程多么繁忙，都要抽出两到三个半天到园区里巡视，了解场馆一线情况，及时处理发生的问题，并且鼓励现场工作人员的士气。这样的巡馆对加深双方感情，建立良好沟通模式非常有效。中国人第一次办世博会，我们学到了什么、得到了什么，非常需要总结，而总结就是为了让中国更好地走向世界。世博会是一所大学校，既教育别人，又教育自己。世博会的另外一个影响就是国际观的改变，国际观就是中国义无反顾、坚定不移坚持改革开放的基本方针，将改革开放的成果与世界共享，我们不仅要清楚自己的使命和责任，也要懂得与别人沟通。哪些方法最自然、最有效，我们都需要通过世博会的筹办深刻地反思和总结。如果说我们感动了世界，就是感动在这样的义利观上。

世博会举办期间，大量外国国家元首、政府首脑、国际组织代表来园内参观，无不留下难以割舍的情怀、难以忘怀的记忆。例如，在"万湖之国"白俄罗斯的国家馆日，有超过100人的表演团体献上歌舞表演，该国著名的乒乓球运动员也在欧洲广场与中国乒乓球学校的学员切磋球技，当天我陪同白俄罗斯总统卢卡申科先后参观了中国国家馆和白俄罗斯国家馆，总统先生连连赞赏，并直言中国是白俄罗斯最好的朋友。中国“友谊勋章”获得者、法国前总理拉法兰代表法国第一个确认参加上海世博会，并且兴致勃勃专程来到园区见证这一盛会，我在与他的交谈中深深感受到了他对中国的友好和浓厚感情，这位中国人民的老朋友，对上海世博会给予了高度评价，认为“这次欢乐聚会能够让全世界各大城市都能够分享它们非常好的实践经验，并且作一个总结”。时任国际展览局秘书长洛塞泰斯、原主席菲利普森一直对上海世博会非常关心，我还陪同当时的国际展览局主席蓝峰和他们两位共同参观上海世博会，在中国国家馆日，洛塞泰斯一行出席并与时任上海市委书记俞正声、市长韩正座谈，我也一起与会，洛塞泰斯给出了“上海世博会是世博史上重要转折点”的高度评价。时任联合国秘书长潘基文前来参观了世博园区联合国馆，我参与了相关接待工作，他对上海世博会的出色组织能力给予了赞赏，在之后出席上海世博会高峰论坛发表致辞时说道，上海世博会给世界带来希望，让人们有信心来应对城市化时代日益涌现的挑战，我们要让上海愿景融入日后的讨论、生活和工作中去，共同努力建立一个更加美好的世界。

还有一个人，特别值得我们尊敬，那就是中国人民的老朋友，日本著名作家、经济评论家和政治活动家、原日本经济企划厅长官堺屋太一。早在20世纪80年代初，作为日本大阪世博会发起人，堺屋先生多次向我国国家领导人和时任上海市市长汪道涵提出应该举荐上海出面申办世博会，并介绍了日本大阪成功举办世博会的诸多经验。在2010年上海世博会筹办期间，先生不顾自己年事已高，多次往返于日本和中国，不但积极为世博会建言献策，还身体力行动员数十家日本知名企业设立世博联合产业馆，并亲自担任总代表，可谓费尽心血、殚精竭虑、矢志不渝，为上海成功举办世博会作出了很大贡献。

特别令我们感动的是，许多国家在创设国家馆时着重考虑了中国元素，希望以此作为与中华文明相互融合、与中国国民互动的具体表现。例如，波兰馆的整个表面是镂空设计，源于中国民间传统的剪纸艺术。又如荷兰馆，荷兰人发现中国人喜欢数字“8”，而且上海又以白玉兰作为市花，因而将荷兰馆设计取名为“快乐街道”，其整体参观行进路线就是一个“8”，主建筑就是一朵盛开的白玉兰。意大利的总代表在交流时说，意大利馆的设计理念出自上海人小时候喜欢玩的游戏棒，他们将游戏棒散开，把意大利的21个省份尽情展示。再如瑞士馆，瑞士是上海世博会国家展馆完成设计最早的国家之一，该馆从下而上体现中华文明理念。还有英国馆，英国早在2007年夏季就将本国设计的六个馆模型拿到上海，请上海市民投票选择，将“创意之馆”作为英国的国家馆，这是一个很有雅量的做法。

在世博会上还有一道亮丽的风景线，那就是所有世博会参展方的国旗和国际组织旗，被称为“旗林”。旗帜，代表了国家和国际组织的尊严，旗林是各参展方成功参展上海世博会的象征之一，其建设必须慎之又慎，一旦出现差错，甚至会导致外交事件，影响国与国之间的关系。上海世博会参展的国家和国际组织为史上最多，其中还有20多个国家在当时与我国是非建交国。有关部门曾多次发函各参展方的驻华大使馆、相关国际组织等，想要得到他们的准确旗样，但在半年的时间里，仅反馈了不足两成。由于政权更迭、情况变化等因素，市面上大部分的现成材料都不可靠。各参展方的旗帜还有自己独特的样式，如旗帜长、宽比例分别有16∶9、15∶7、4∶3等，有的形状为三角形，而按照外交中一律平等的国际关系原则，所有同号旗在面积上必须大致相等；在颜色上，用色也应严格按照国际通行的色号进行配比，不能有色差。旗的管理也有原则，门对门户对户，严丝合缝，不能出错。世博会“旗林”选择的是室外广场旗，风吹雨淋日晒，破损率很高，需要经常巡视，及时更换。升旗的排序也有原则，先升国旗，再是国际组织旗。升旗时，中华人民共和国国旗第一个升起，国旗升起与日出同时，降落时与日落同时。为此，世博会期间，上海世博会组委会还专门通过了依据《国旗法》制定的上海世博会旗帜悬挂办法。上海世博会的“旗林”有215面旗帜，而本届世博会有246个参展方,这是因为按联合国的规定,所有联合国旗下的参展国际组织只挂联合国旗。自2010年4月30日旗帜升起,这片旗林飘扬并且一直伴随着上海世博会走过184天的行程。2010年10月31日24点,举行了简短而隆重的降旗仪式。让我感到意外的是,虽然已是午夜时分,但依然有大量游客赶来观看仪式。在激荡人心的上海世博会曲和国际展览局曲中,上海世博会旗、参展方旗和国际展览局旗先后缓缓降下。随后,在全场庄重的注目礼中,中华人民共和国国旗也慢慢降下。现场闪光灯亮成一片。随后,旗手将国旗、会旗和局旗分别交至上海市政府、上海世博局和国际展览局负责人手中。一时间,全场观众不约而同地齐齐鼓掌、欢呼,浓浓的离别和欢庆气氛交织在一起。“上海世博会将永载史册”,我在现场接受采访时说道,世博光彩长存,世博魅力永续,世博精神不朽。

二、设立城市最佳实践区

令人印象深刻的还有我们接受的一个大挑战,很多发达国家都问我们:这一届世博会有什么镇馆之宝可以流芳百世,有什么文化和物质遗产可以留给人们?为了这件事,召开了多次会议,最后我们做了一件事来集世界之大成,那就是设立城市最佳实践区,并提出四个理念:宜居家园、可持续城市化、历史遗产保护与利用、建成环境的科技创新。什么样的城市是美好的?什么样的美好城市给人们创造了更加美好的生活?只要是最好的案例,就可以拿来。全世界响应我们的呼吁,几百个案例踊跃报名。选择是艰难的,为了体现公正性,我们成立最佳城市实践案例的国际遴选委员会,邀请了相当数量的来自联合国、经合组织、世界银行等权威国际组织的城市问题专家来共同参与,由联合国副秘书长、国际展览局局长担任联合主席,我本人担任秘书长。

在全球范围内,从2007年5月到2008年1月底,整整八个月有87个国家自荐了113个最佳案例。由于此前从未有过城市最佳展示,这一努力是首次的，是前所未有的，因此规则制订很重要。2007 年 4 月，遴选委员会第一次会议决定了规则，认为这些案例必须是国际公认的、有价值的、创新的、可学习的。我还清楚地记得，洛塞泰斯先生在这次会议上致辞说，“世博会是组织者手中的特殊工具，能够促进城市创新、国家及区域性思考、领导力和其他各类主题探索”。遴选委员会先后共举行了三次会议，逐步形成了遴选理念、入选标准和评审制度，要集中展示具有代表性、先进性和示范性的最佳实践案例。世博会能够就全球所共同面临的挑战对公众预先进行教育。基于此种精神，我们创建了“城市最佳实践区”，这完全符合世博宗旨，也正是世博会所应该做的创新。城市最佳实践区不只是一个展示区域，还是城市进行可持续实践的舞台。城市最佳实践区给了城市一个独立参展世博会的机会，集中展示全球城市为提高城市日常生活质量所做的公认的、创新的和有价值的各种实践和生动做法，成为引领城市发展的典范。从某种意义上而言，城市最佳实践区将成为上海世博会最大的主题馆，第一次给了城市独立参展的机会。

2007 年 9 月开始，进一步分析相关案例。我一直记得那次会议，遴选的最后一次投票，全程录音录像，将来自全球 90 个国家的 113 个案例的所有原始资料植入电脑，评委鸦雀无声地从电脑中翻阅资料。在正式开会前，我接到杨雄的电话，他提醒我，“对于我们提供的案例，要准备应对可能的质疑，因而一定要做到案例原始、信息完整、评审严格”。我回答道，“我一定严格执行，认真完成”。走到会议室的时候，我郑重告诉大家，我们提供的案例都是原始提交的，未作任何节选或编辑，请各位根据原始文件作出判断。我还说道，今天上面有录像，旁边有录音，有四张表决票，各位要签名留给历史，中国人就是这样的光明正大。大家乍一听，感到始料未及，继而都非常赞同这样的做法。评选历时一整天，从上午一直持续到晚上，当天晚上的投票，共要投出 50 个案例，最后表决结果是 49 个一次遴选成功，这高度集中的投票结果反映出大家对最佳案例是非常认同的，对遴选标准和原则是信服的。我问两位主席，还有一个没有遴选成功怎么办？他们说托付给中国政府，将来通信表决就够了，世界信赖你们。最终，上海世博会的“城市最佳实践区”精心挑选了在自身领域里领先、具有创新意义且有推广价值的案例，让参观者充分领略人类对城市未来美好生活的向往。这些案例达到了五个方面的平衡：一是五大洲的平衡，五大洲都有案例；二是发达国家与发展中国家案例的平衡，两者都有案例；三是实物展示案例与展馆展示案例的平衡；四是物质展示与非物质展示的平衡；五是海外案例与中国自身案例的平衡。概言之，既有发展中国家的，也有发达国家的，既有中国的，更有世界的。

例如，瑞士三座城市联合提交了一个改善水质的案例。瑞士的国土面积虽小，但城市名气大，有世界政治名城日内瓦、金融名城苏黎世和巴塞尔，瑞士的湖光山色令每一个去过的游客印象深刻，但很少有人知道，50 年前的日内瓦湖水质非常糟糕。正如同许多国家为工业化发展付出代价，瑞士的污染也极为严重，因而在 20 世纪 80 年代瑞士正式立法，禁止将污染物倾倒于湖中。1965 年瑞士只有 14％的家庭可以直接饮用自来水，现在瑞士每户人家自来水都可以直接饮用，甚至瑞士每一座城市市中心的水池和所有喷泉的水都能饮用。曾经污染严重的日内瓦湖，如今清澈无比。这个案例就展示清洁水源的实践，这对中国十分有意义。同样，西班牙毕尔巴鄂市要展示的是古根海姆美术馆，毕尔巴鄂市是位于西班牙西北部的一个冶金和化工城市，污染严重，为了摆脱困境，政府致力于改造，通过修建毕尔巴鄂博物馆作为改造的一部分，这座博物馆启动资金 1.5 亿欧元，直接的回收效果是旅游大发展，更重要的是作为文化带动城市经济的案例在世界上屡屡获奖，曾于 2004 年荣获威尼斯双年展大奖。

又如，伦敦零碳馆，案例原型取自世界上首个零碳社区贝丁顿零碳社区。其运用了英国贝丁顿零能耗体系的核心理念和关键技术，暖通需求由太阳能风力驱动的吸收式制冷风帽系统和江水源公共系统供给，电力则通过建筑附加的太阳能发电板和生物能热电联产生并满足建筑全年的能量需求，为参观者提供最低能耗的舒适体验。零碳馆旁边是马德里“竹屋”，这是一个社会住宅的创新试验，使用的是竹子幕墙，既可以遮阳又能够通风，竹子是速生材，能够满足大量需求。此外，还有“汉堡之家”，展现的是一座以极低的能耗标准为特征的“被动房”，这一房屋基本无须主动提供能量，而是通过地热泵实现采暖、制冷、通风和去湿；法国阿尔萨斯的水幕太阳能建筑，构筑了一个充满自然气息的垂直植物墙体；麦加展示怎么样通过朝圣帐篷为世界各地纷至沓来的朝圣者提供舒适的栖息场所等，这些案例从不同的方面提倡低碳，提倡城市化和自然融合，并且如同一面镜子，照出我们自己，不论是中国还是其他地区，只要想去做，就可以从实践区的案例中找到可以借鉴的地方。

再如，马德里的廉租房案例，在政策设计方面对年轻人、老年人、残疾人作出不同需求、相关计划，公共政策建立在普遍性、公正性和可持续性上，2008年时其社会保障性住房已经占所有住房建设的60%，做到社会公正和城市平衡。印度艾哈迈德巴德的城市规划则规定每年提供款项，为贫民窟安居住所、改善设施，实现人人有房住，同时推出一揽子计划确保整个国家最穷的人们每年可以至少就业100天，这一点对于发展中国家非常有学习意义。巴西阿雷格里港市则基于地方社会管理和实践来解决交通问题，针对长途线路的成本票价比短途线路高的问题，为如何统一公共票价、如何实行统一账户按照运营成本在公交成本中进行比例分配等提供解决方案，使居民与公交公司都能够共享公平。这些案例都为社会保障与和谐城市提供探索方向，正如联合国人居署《伊斯坦布尔宣言》中所指出，城市必须成为人类能够过上尊严、健康、安全、幸福和充满希望的美好生活的地方。

占地不到世博园总面积3%的城市最佳实践区以开创性、前瞻性和实践性成为上海世博会留给人类文明的宝贵财富，这些案例充分展示了全人类在构建美好城市生活方面的努力，引领着时代的发展。最佳城市实践区的创意，被后来的多届世博会所采用，如2015年米兰世博会以及2020年迪拜世博会都有相应安排，这是中国上海对世博会的重大贡献。

三、五点启示值得总结

我作为为这场盛会奉献十年职业生涯的参与者，以为这一成功、精彩、难忘的世博会，至少有五点启示值得总结：

一是以人为本。世博会此前从未以城市作为主题，2010年上海世博会以“城市，让生活更美好”这一主题开创了新的历史。中国共产党和中华民族的奋斗无不是为了“让人民的生活更美好”，我们所有工作的出发点和落脚点就是“人”，而且这个“人”不单是中国人，更应是世界各国的人。以人为本，核心就是要满足人的基本需求，相互尊重，求同存异，变“独善其身”为“美美与共”，以“中国方案”为维护人类共同利益、加强全球团结合作注入新的动力。

以人为本，并不是一个空洞的理念。在申博时我们获得一个数据，中国大陆的残疾人数量多于法国人口总和，全世界的残疾人口接近7亿。如何让他们共享世博、共同观赏世博会的精彩？特别是如何用以人为本的理念来铺垫、铺陈、展示世博的方方面面？世界关注着我们如何为之。我们首次设立残疾人综合馆，并且唯有这样的馆用了拟人化的名称来表达——生命阳光馆，把生命阳光洒向万里河山，让众多残疾人都可以在世博会找到他们心中的家，这是温暖人心的义举。这样一个独特的馆无法归类，它不是国家馆，不是国际组织馆，不是企业馆，也不是城市最佳实践区馆，最后我们把它单列，以示重要。这个馆我去过四回，每次都不能自已，因为从中看到人类的自强不息，也更体会到以人为本是第一要义。

人有基本需求，人有崇高尊严，因此，这一届世博会要回应我们对人的基本需求和崇高尊严的追求。一些积贫积弱的国家，以了不起的努力和追求表达了对人类自身的崇高尊重。比如，当时仍处于战争状态的阿富汗，依然在上海世博会展现了这个由70多个民族组成的国家的伟大的历史和对未来的畅想。阿富汗展馆的名称十分令人感动，叫“亚洲的心脏”，我几乎不敢相信，那些展品在战火纷飞的境遇中是如何收集并运到中国的。每个国家在确认参加上海世博会后，都会任命一位总代表，在收到阿富汗总代表的照会几天后，我们又收到一份报告，告知这位总代表在爆炸中不幸遇难，用中国的古诗词来说，那是出师未捷身先死的一位战士，世博会应该铭记他。又如，上海世博会于2010年5月1日开幕，其中有一个馆推迟了一个月才开馆，那就是刚从战争阴影走出、走向复苏的伊拉克，步入伊拉克馆，不仅可以看到“一千零一夜”古老故事的现状，更能看到巴格达的崭新蓝图。令我震撼的是他们所取的主题是“下一个城市”，硝烟终将散去，曙光就在面前，这样的勇气值得褒奖，这样的行动更值得尊重。为了让全世界发展中国家整整齐齐地在世博会上亮相，中国提供了1亿美元的专项资金援助，使120余个国家受惠，中国政府给非洲联合馆内每个参展国家的援助资金，基本涵盖了建设和运营的全部费用，在世博会历史上，从来没有一个主办方对非洲国家如此重视，这是中国在申办时许下的承诺，因为我们深知，参与一届世博会，许多国家有此心、无此力，作为发展中国家的中国，深切地体会到发展中国家需要展示自己，而我们应当为他们提供与发达国家平等交流的平台，中国要通过自身努力，让人们欢聚一堂，让发展中国家共享人类城市化发展所带来的益处。

而且在世博会举办期间，中国既做好了园区内7 000多万人次的接待和服务工作，使人们真正在参观世博会的过程中体会到身心的愉悦，同时上海这座城市没有一次限制道路通行，没有一天采取车辆单双号上路，在保障世博安全有序运行与维护市民正常生活之间保持平衡，于细微处体现了以人为本的理念。

二是文化多元。中国近代思想家梁启超曾言，“文化者，人类心能所开积出来之有价值的共业也”。文明因多样而交流，因交流而互鉴，因互鉴而发展。上海世博会以最广泛的参与度，真正实现了世界人民的大团圆。我们最大限度地争取世界各国政府和各国人民的参与、理解和支持，例如，首次集体亮相世博会的14个太平洋岛国和13个加勒比海岛国中，有的是第一次参加世博会，有的当时还没有与中国建立外交关系，但是都兴高采烈地加入世博会参展方的行列，真正体现了世博会可以超越信仰、超越地域、超越种族的伟大精神。走进园区，平均每天100多场，总计2万多场次丰富多彩的文化演艺活动，7 300多万名全球观众亲临现场。184天里举办了192个国家馆日和荣誉日，场次最多的一天是5月9日，举办了3场；国家最集中的一次是“加勒比共同体馆日”，有15个国家，可谓天天是节日，如果每天都来世博会，甚至可以说看尽了世界。不同国家、不同种族、不同文化和谐共处，人不分远近、国不分大小，汇聚在这块土地上，各方齐心协力，各种文化、思潮和观念相互碰撞、交流和融合，留下了“和而不同”的最高境界。以中国馆中长约128米的《清明上河图》为例，多少人在这幅长卷面前流连忘返，人们所赞赏的就是在这幅画中，看到1 100年前的北宋汴梁城内，有那么多人可以如此和谐地相处，而且在这个当时世界上最大的城市中可以呈现这样一种和谐、和睦的景观，这是中华文明5 000年的集中体现。上海世博会犹如一部写在大地上的百科全书，构成一幅多元文化和谐共融的美好画卷。还有一位叫山田外美代的日本老人，人称“世博奶奶”，之前就曾来到中国为参观世博会探路，几年内往返中国18次，世博会开幕后，她购买了183张门票，每天都出现在世博园，与我们结下了深厚的友谊。

世博会上有许多世界闻名的乐团或者戏剧团，但有些小国的文化却给我们以深刻印象，有一个故事令我至今难忘。按照国际展览公约的规定，世博会期间，每个参展国要举办一次国家馆日。有一个总人口不到一百万的非洲国家的代表突然对组委会说，总统在原本选定的国家馆日不能来。世博会184天，要安排190个国家馆日和56个国际组织日，时间实在紧张，活动彼此重叠，而且已经排完。当时直接答复对方取消国家馆日活动可能是最简便的回答，但是国家不论大小，必须一视同仁，是上海世博会的工作原则。因此，组委会几经努力，另外选定日期，国家馆日照常在指定场地分两个不同时间段进行。后来，总统代表团来了，我们才知道，总统取消行程的原因是随行的一位歌唱家刚做了心脏手术。这位歌手是他们的国宝级音乐家，总统为了等她，将行程推迟两个月。来上海后，他要求用世博会最大的演艺中心为这位歌手开演唱会，于是，组委会就安排了与美国费城交响乐团演出同样的舞台，即当时的世博演艺中心，今天的梅赛德斯—奔驰文化中心。虽然那天演唱的歌曲我一句也没听懂，但看到总统眼睛里闪着泪花，并且全场起立鼓掌时，大家都热泪盈眶。我问他们的总代表为什么流泪，他回答我说，这位歌手用的是方言，大意是"我们美丽的国家，为什么来了这么多商船和战舰，把我们的漂亮姑娘都带走了。她们应该留在这里，参与我们国家的建设……"，这首歌是他们国家仅次于国歌的第二首歌，唱的是全世界没有一个地方比得过你的故乡。故乡就是生命的传承，是文化的传承。这位歌唱家在上海世博会演出的一年多后去世，我还专门写了一段文字怀念这位只谋面过一次的人，道理很简单，文化具备直达心灵的力量，所以我们希望有多元文化，希望多姿多彩。

人们看完世博会以后会深深思考一个问题：作为地球村的一员，为实现世界和谐、实现和而不同的表达，应该作怎样的贡献？最打动人心、不需要语言翻译的就是文明和历史，这是生命中的血脉、血脉中的氧气。世界上不存在高人一等的国家，文明更没有高低优劣的差别，向着构建人类命运共同体的目标不断迈进，让世界文明百花园姹紫嫣红、生机盎然，应成为我们矢志不渝的追求。从这个角度上讲，上海世博会是一次非常好的心路历程的体现。

三是科技创新。我们正处在集群式科技革命和工业革命成果爆炸的时代，在这一时代，所有科技成果都围绕着为人的生活更美好而努力。

世博会庄严地发出"低碳文明"的宣言，这不是今天才开始坚守，而是一直的传承：低碳、绿色、可持续。1 000 辆新能源车在世博会期间共运送乘客超过 1 亿人次，全部使用清洁能源，零废气排放。如此大规模、高强度、长时间投入商用的清洁能源车，这在中国是前所未有的，上海世博会也是迄今为止世界上最大规模的以新能源汽车服务的一届国际盛事。中国作为本届世博会的东道主，也是本届世博会的参展方之一，最广泛地利用了太阳能。从中国馆到主题馆，太阳能发电能力高达4.7兆瓦，其中仅主题馆一座建筑，就创下了亚洲的单体太阳能使用之最，主题馆外墙上建成了面积达4 000平方米的世界上最大生态墙，象征工业文明的165米高的大烟囱被改装为气象信号塔。2011年年底，联合国环境规划署发布《中国2010年上海世博会环境后评估报告》：2010年世博会成功避免了超过160万吨额外二氧化碳排放，在世博会结束前成功抵消了88%的碳排放。低碳世博、绿色世博，得以充分显现。众多科技元素闪耀世博会，沙特馆的展示令人印象深刻，“月亮船”的独特气质、全球最大的巨幕影院、360度投影给参观者带来全新体验，所以游客愿意排长队等待入内，而像拥有4D电影的石油馆、有虚拟互动游戏的哈萨克斯坦馆、由机器人演奏小提琴的日本馆外同样大排长龙，这些热门场馆之所以吸引游客，是因为其中蕴含着很多科技革命的成果展现。还有很多国家与我们一起努力，打造科技世博，瑞士馆的外立面可以降解，日本馆的薄膜外壳是最新技术，英国馆的亚克力杆中有6万多颗种子，阿联酋的国家展馆完全可以整体移回国，在科技创新、节能环保方面各参展方各有千秋，不胜枚举。相隔十余年，我至今仍然如数家珍，因为印象太深刻了。

上海世博会还提出，尽管世博会要举行184天，尽管有7 000多万人来观赏世博会，但是我们希望这届世博会“永不落幕”。怎样实现，那就是利用互联网，通过虚拟现实技术、多媒体、通信等许多高科技手段，展示各国的成就和发展前景，使远在世博园区千里之外的人们也可以与2010年世博会场馆内的参观者一起分享快乐与和谐，是世博会的导引、补充与延伸。我们不是简单地上网展示，而是让人们可以欣赏、参与，甚至可以创新，并且将一些实体场馆无法展示的内容多维度实现。如果你认为哪个馆建造得不合理，就可以在网上自行设计。以网上上海馆为例，使用了Web3D技术，打造了线上哈哈镜、线上城市涂鸦、一镜到底的城市穿越、全景式名人故居、交互式视频点播等展示方式。这些在当时闻所未闻，即使如今亦还算新潮的概念，在2010年的网上世博会就已经实现了。数字技术激发了世界各国的广泛参与，我们把世博会真正办到了网上。在上海世博会举办期间，米兰作为

2015 年世博会的主办城市亮相意大利国家馆，意大利也表示要大力发展数字世博。凡此种种，上海世博会展示与运用最新科技成果达 500 多项，可以说科技亮点不是寥若星辰，而是繁星点点。

四是合作共赢。上海世博会在 5.28 平方公里土地上展开，迎来 7 308 万人次参观，创下历届世博会之最。单日参观人数在 2010 年 10 月 16 日达到全天入园 103.27 万人的最高纪录。这些数字还仅是根据门票计算的，我们的工作人员若计入，至少还有数万人共同参与。参加世博会的 190 个国家，其中有 21 个国家在当时与中国没有建立外交关系，也就是说，这些国家的国旗在中华人民共和国的大地上从来没有高高飘扬过。这一次这些国家来了，我们照样举行每个国家的国家馆日，看到这些国家的国旗升起的时候，许多人无比感慨。此外，五大洲最主要的区域性组织，欧盟、东盟、阿盟、非盟、加勒比共同体、南太旅游组织等也都来了。“海上生明月，天涯共此时”，在 5.28 平方公里的世博园区，全世界其乐融融地一起奋斗了半年，相互学习、相互交流、亲密无间、难分彼此，友谊也同时得到延绵、传播和升华，上海世博会不是中国自己的，而是属于世界的，为全世界热爱和平的一切国家营造共赢发展的局面，实现了“世界人民的大团圆”。我曾在瑞士日内瓦与联合国总代表以及联合国 40 个机构代表开会，会议持续三天，为的是联合国联合馆得到充分的展示，会议结束后，伊拉克籍的联合国总代表告诉我，他作为联合国参与上海世博会的总代表，年薪仅一欧元，为的是为他一生所从事和平与发展的事业尽力，为他曾经得到中国的支持予以应有的回报。因而，绝大多数国家参与上海世博会，是一种支持，是一种信任，合作共赢是我们应有的气度。一个国家要有这样的雅量，能够容得下天下，世界更要同舟共济、共襄盛举。

令我们感动的还有 79 965 位志愿者，来自全球百余个国家和地区，以一种“我志、我愿、我在”的心胸，用真诚服务向世界展示了一代青年的使命担当。对于世博园里的年轻人，我有着非常深刻的印象，我到许多高校去宣讲世博，所见之处，年轻人群情振奋，上海如此，国内如此，海外亦如此，我曾经遇到很多人提出请求，希望能让海外留学的孩子来做几天志愿者。没有一个人说过，他们要有一个什么样的岗位，要有多少体面的感受，更没有一个人说过应当得到怎样的报酬，这些都是给我留下最深刻的体会之一。园区志愿者用他们实实在在的奉献展示了世博主题，弘扬上海城市精神，传扬互助友爱风尚，让人们看到，志愿者工作绝不是"有你不多，没你不少"，而是"缺你不可，有你添彩"。

让我们来看看参展国家的评价。美国馆总代表费友乐表示中国让世界有机会知道他自己的故事。哥伦比亚是一个小国，将国宝——哥伦比亚最大的一块蓝宝石送给了中国，因为他们欣赏我们的家庭价值观，他们看到了世博的小手牵大手，一家人一起来看世博会。意大利馆是最大的馆之一，意大利代表评价说高效率和建筑速度证明了中国的能力。芬兰把整个馆做成桑拿浴室的样子，它不求得任何奖，就是为了向我们展示新能源。挪威用木材搭了一个非常美丽的国家馆，尽管那时我们两国关系有些紧张，但是他在此地就如同一个友好使者。荷兰总代表说，他们把馆造得如此美丽，叫作欢乐街，但绝不是为了得奖来的。土耳其的馆高 4.7 米，因为有个展品是一块石碑的仿制品，这块石碑是中国与古代土耳其之间的首份书面文件，是唐朝与古代土耳其友好关系的象征。

按照规定，所有来参展的国家要有一个组织，并选出一个管理委员会的主席，东道国可以进行提名。当时中国政府提名邻国日本，尽管中日关系当时较为紧张，但事实证明，这位外交官很称职，他把上海世博会和日本及世界紧紧连在一起。

在上海世博会上所看到的其乐融融的景象，不是虚构的，也不是中国指导的，更不是用宣传力量达到的，而是人同此心，情同此理。人们认为这是和平的聚会，我们为和平而来。在世博会闭幕的前一天，时任联合国秘书长潘基文来到园区，会见了我，并授予我一个铭牌，表彰我对世博会联合国馆的贡献。我对他说，上海世博会可以作为世界和平的一个参照，甚至是一个典范。来此的所有国家几乎浓缩了世界，如果不怀有崇高的理想，可能会把纷争浓缩在世博会中，但人们没有刻意挑起纷争，而是用各种方式化解纷争。

上海世博会闭幕后，参展的190个国家、56个国际组织、50多个城市最佳实践区案例和18个企业馆给上海写了一封信，这封信的标题叫作“致上海”，这就是世界对中国的评价，这就是合作共赢的最好体现。中国要交遍天下的朋友，我们和世界要有更大范围的合作，这也是符合全球利益的事情。

五是面向未来。世博会包含思想，包含实践，也包含人类对未来的美好期盼，世博会不仅是为了今天，更是为了千秋万代的未来。世博会的成功绝不在于184天如何辉煌，而在于对这一国家、区域乃至全世界的理念影响。每个人都将以自己对世博会曾经有所贡献，对城市和国家有所贡献而感到自豪。各国人民在这里总结历史经验，交流聪明才智，体现合作精神，展望未来发展，上海世博会成为一届既传承历史，又继往开来的世博会。正如时任美国总统威廉·麦金莱在1901年美国布法罗泛美博览会上的演讲所言，“每一届世博会无论规模大小，都使人类文明迈上了一个新的台阶”，世博会就是要为未来指引方向。

未来充满着变数和挑战，但一定也充满光明。对未来的畅想，就是对未来的一种思考，因而，面向未来其实就是一种预判、一种筹谋、一种准备和一种行动。首先就是这一届世博会主题所揭示的城市化问题，人类已经不可逆转地步入了城市时代，一方面，城市带来无限的遐想并实现人类的梦想；另一方面，城市让我们共同面临极为严峻的挑战，对于未来，我们发出的声音就是，城市要更美，生活要更好。根据自身国情选择合适的道路，真正形成“奇文共欣赏，疑义相与析”的局面，是各国的共识。世博会也是活教材，能够寓教于乐，比如世博会没有特意建设标志性建筑，但留下66公顷的森林，浦江两岸的交通设置在世博会结束后做到了“零废弃”，在行动中持续探索引领未来发展的先进理念。上海世博会留下的光辉篇章，让所有国人感到自豪，获得了世界的尊敬，并且为新的发展注入活力，其势如五岳三山，巍峨万仞，其力如江河湖海，一泻汪洋。

未来已来，未来不是我们等来的，未来是扑面而来的。我们时刻准备着，坚持咬定青山不放松的精神境界，所以心之坚毅，舵也。因此，我们要坚信未来、坚定不移、坚韧向前，调动一切积极的因素，众志成城，团结协作，满怀豪情，共同奔赴美好的未来之约。

第四节　延续世博会的精神传承

2010 年上海世博会闭幕时，经过 246 个国家和国际组织参展方的审议和认可，世博会高峰论坛通过了《上海宣言》，倡议将 10 月 31 日上海世博会闭幕之日定为“世界城市日”，让上海世博会的理念与实践得以永续，激励人类为城市创新与和谐发展而不懈追求，这是当时参与方最多、得到认可程度最高的国际文件之一。《上海宣言》指出，今天，50％以上的人已经居住在城市，我们的星球进入了城市时代。城市化和工业化在带给人类丰富现代文明成果的同时，也伴随着前所未有的挑战。人口膨胀、交通拥挤、环境污染、资源紧缺、城市贫困、文化冲突，正在成为全球性的问题。为了解决上述问题，《上海宣言》提出在可持续发展的经济、社会与环境三大支柱基础上建设“和谐城市”的构想，并提出七大倡议：创造面向未来的生态文明，追求包容协调的增长方式，坚持科技创新的发展道路，建设智能便捷的信息社会，培育开放共享的多元文化，构筑亲睦友善的宜居社区，促进均衡协调的城乡关系。作为一份由世博会主办方起草，由各参展方和所有参与者共同见证、广泛认同并发表的纲领性文件，《上海宣言》在世博会展览展示、文艺活动与系列论坛的思想成果基础之上，体现了各方的共识和愿景，这是思想的声音。《上海宣言》也是国际展览局首次与世博会主办方合作发布的宣言，联合国与国际展览局的深度参与，也是宣言的一大创举。

一个宣言要成为最高级别的世界性文件，必须经过联合国专门的手续来批准。设立“世界城市日”要从倡议变为现实，还需要一系列的程序和流程：首先，要由中国政府，通常是经由中国驻联合国代表团以书面形式向联合国大会提出设立“世界城市日”的要求，并在文件中详尽解释此举的初衷和目的。其次，当此提议经联合国大会批准后，方能列入联合国大会的正式议程，交由有关各方进行谈判和讨论。最后，只有联合国大会通过决议，“世界城市日”才能正式设立。

为了将这一倡议真正付诸实施，我连续3年提案建议和奔走呼吁，推动联合国将上海世博会的闭幕日即10月31日确定为“世界城市日”。2012年，联合国可持续发展大会在巴西里约热内卢举办，这是继1992年联合国环境与发展大会及2002年南非约翰内斯堡可持续发展世界首脑会议后，国际可持续发展领域举行的又一次大规模、高级别会议。我与几位同事一起赶往里约热内卢，利用这一难得的机会，再次为《上海宣言》鼓与呼。2012年6月17日下午，在联合国可持续发展大会举行期间，由上海市人民政府主办，联合国及中国外交部、住房和城乡建设部支持的“城市挑战与城市未来”主题边会在里约热内卢举行。这是联合国可持续发展大会“中国角”举办的首场主题边会活动，联合国可持续发展大会秘书长代表联合国祝贺主题边会举行，指出联合国和上海市政府在上海世博会期间紧密合作，上海在城市可持续发展方面有许多经验值得与各国分享。我受上海市政府委托，在边会上发表演讲，提出上海世博会高峰论坛发表《上海宣言》倡议“将上海世博会闭幕之日（10月31日）定为世界城市日”，这将有助于加强世界各国各地区之间城市建设、管理和发展的相互交流与合作，有助于促进城市可持续发展、促进人类与城市和谐共处。与会的各界人士对我们的倡议反响热烈，表示热情支持。2013年12月6日，第68届联合国大会第二委员会193个成员国一致通过，决定自2014年起将每年的10月31日确定为“世界城市日”，这也是联合国成立以来，第一个由中国政府倡议并成功设立的国际日，也是中国为全球城市可持续发展、构建人居领域人类命运共同体作出的一项重要贡献，意义深远。这也昭示着我们要继续弘扬“后世博时代精神”，为人民未来的生活更美好不懈努力。

2022 年 3 月，联合国人居署在肯尼亚内罗毕召开的 2022 年执行局第一次会议上，宣布在中国政府支持下设立“上海全球可持续发展城市奖”，并将在当年 10 月 31 日世界城市日全球主场活动中颁发首届奖项。由此可见，上海世博会的成功得到了全球公认，“城市，让生活更美好”理念深入人心。

值得一提的是，中国首个国际性博览馆、国际展览局唯一官方博物馆、官方文献研究中心——世博会博物馆，也是世博遗产的承载。2010 年 11 月 1 日，在上海世博会闭幕后的第二天，上海市政府常务会议上通过了建立世博会博物馆的决定。仅过了三周，国际展览局和上海市政府在巴黎正式签署《世博会博物馆合作备忘录》，明确在上海合作共建世博会博物馆，作为国际展览局唯一官方博物馆及官方文献中心。这是国际展览局在全球范围内首次开展这样的合作。

2010 年上海世博会的影响不会由于世博会的闭幕而结束，我们对于世博会的纪念，不应该仅停留在 2010 年 10 月 31 日这一天，而应当一直坚持下去，进一步地发扬光大，这就是“世界城市日”设立的原因所在。所以，后世博时代既有物质的也有精神的遗产，两个方面都要努力，我以为，要在以下方面加以后续利用：园区要利用下去，希望它能够成为上海新的经济文化交流中心，其中要有相当比例是公益项目。规划要继续传承下去，包括设施。例如世博会中 37％是绿化覆盖的，其中的公园被永久保留成为城市的绿肺。最核心的就是精神传承、理念传承，这才是真正的后续利用。世博会所形成的“世博精神”，应当提炼成为民族的宝贵财富。

2003 年，在“弘扬‘申博精神’座谈会”上，上海人民在申办世博会过程中所形成的“申博精神”被概括为：“胸怀祖国、不负使命”的信念，“万众一心、顽强拼搏”的作风，“顾全大局、团结协作”的风格，“精益求精、追求卓越”的品质，“自信从容、博采众长”的风范。这一内涵丰富的“申博精神”在世博会的申办过程中凝固和形成，在世博会的筹划和举办过程中逐步发扬光大，亦可以为“世博精神”提供参考。

上海世博会是一本写在大地上的百科全书，是中国人对世界的伟大贡献，主编是中国，但每一章、每一节都不是中国独立完成的，是由世界上所有参与者、支持者共同书写的。世博会的成功是对习近平总书记倡导的“人类命运共同体”的成功阐述，这一精神同样应当引领未来。没有一个伟大的实践是唾手可得的，要有勇气、激情和决心才行。构建人类命运共同体是人类社会迈向未来的壮举，值得我们坚守，值得我们推动，更值得我们共同完成。

一是坚定信心众志成城。当今世界正经历百年未有之大变局。中国作为全球化领航者之一，面对人类共同的问题和挑战，要与世界更紧密地携起手来，和国际社会共同努力，朝一个目标奋力前进，这才是对构建人类命运共同体的最好诠释。上海世博会的成功就是“得道多助”的充分体现，在纷繁复杂的国际背景下，站在历史正确的一边，心往一处想、劲往一处使，维护全球化的核心价值，形成“人同此心，心同此理”的国际氛围、国际理解、国际支持，我认为，这是中国对世界的重大贡献，也是中国最好的经验。

二是世博传承历久弥新。今天，我们进入了城市时代，上海世博会重要创举之一的城市最佳实践区，更值得我们在创新中使其焕发蓬勃的生机。上海正在加快建设世博文化公园，我建议将其打造成城市最佳实践区展示中心，借鉴世博会期间成立的国际遴选委员会做法，每五年选择一批是现实存在的，而不是虚拟的；是有创新价值的，而不是抽象的；是可以复制推广的，而不是孤芳自赏的城市最佳实践案例，由参观者评选优胜。这样的集中展览既丰富了城市魅力，更提供了可以不断学习和借鉴的鲜活案例。在条件成熟时，可以城市最佳实践区展示中心为基础，倡议成立城市最佳实践联盟，为世界各类城市发展作出中国独特的贡献。遴选全球城市实践最佳范例一定能使我们认识更清醒、目标更明晰、决心更增强。

2014 年，全球首个“世界城市日”活动全球启动仪式在上海举行，2021 年 10 月，世界城市日中国主场活动暨首届城市可持续发展全球大会在上海举行，并且上海市委、市政府宣布要将上海打造成为世界城市日的永久主场。在 2022 年世界城市日全球主场活动暨第二届城市可持续发展全球大会上，习近平总书记致贺信并指出，世界城市日全球主场活动秉承“城市，让生活更美好"理念，致力于推动全球城市可持续发展，对共创普惠平衡、协调包容、合作共赢、共同繁荣的发展格局具有重要意义。"世界城市日"的确立，与联合国的千年发展目标相契合，符合时代精神与世界各民族的共同利益，应成为全世界人民共同纪念的日子，建议要以世界城市日全球主场活动为平台，对城市化不断产生的新问题保持国际交流和相互合作的良好氛围，并以此推动全世界更加关注城市化背景下人类宝贵精神遗产的保留和传承。

踏上中国式现代化的新征程，世博精神永续流传，激励我们不断前行，成为新征程的追梦者、践行者。

图书在版编目(CIP)数据

法治中国 ：从上海世博会到进博会的探索实践 / 周汉民主编. -- 上海 ：上海人民出版社，2024. -- ISBN 978-7-208-19038-2

Ⅰ. D920. 0

中国国家版本馆 CIP 数据核字第 2024K401W8 号

责任编辑 张晓玲 宋子莹

封面设计 一本好书

法治中国

——从上海世博会到进博会的探索实践

周汉民 主编

邱一川 张圣滢 副主编

出　版 上海人民出版社

(201101 上海市闵行区号景路 159 弄 C 座)

发　行 上海人民出版社发行中心

印　刷 上海商务联西印刷有限公司

开　本 720×1000 1/16

印　张 19.25

插　页 2

字　数 260,000

版　次 2024 年 8 月第 1 版

印　次 2024 年 8 月第 1 次印刷

ISBN 978 - 7 - 208 - 19038 - 2/D・4367

定　价 90.00 元